中国社会创新蓝皮书（2023）

宋厚亮　主编
北京止于至善文化院　出品

中国财富出版社有限公司

图书在版编目（CIP）数据

中国社会创新蓝皮书. 2023 / 宋厚亮主编. —北京：中国财富出版社有限公司，2024. 1

ISBN 978-7-5047-8017-1

Ⅰ. ①中…　Ⅱ. ①宋…　Ⅲ. ①社会发展—研究报告—中国—2023　Ⅳ. ①D668

中国国家版本馆CIP数据核字（2023）第226564号

策划编辑	李彩琴	**责任编辑**	张红燕　孟　杨	**版权编辑**	李　洋
责任印制	梁　凡	**责任校对**	孙丽丽	**责任发行**	董　倩

出版发行	中国财富出版社有限公司		
社　　址	北京市丰台区南四环西路188号5区20楼	**邮政编码**	100070
电　　话	010-52227588 转 2098（发行部）		010-52227588 转 321（总编室）
	010-52227566（24小时读者服务）		010-52227588 转 305（质检部）
网　　址	http: //www. cfpress. com. cn	**排　　版**	宝蕾元
经　　销	新华书店	**印　　刷**	宝蕾元仁浩（天津）印刷有限公司
书　　号	ISBN 978-7-5047-8017-1 / D · 0208		
开　　本	710mm × 1000mm　1/16	**版　　次**	2024 年 1 月第 1 版
印　　张	15.75	**印　　次**	2024 年 1 月第 1 次印刷
字　　数	258千字	**定　　价**	88.00 元

序言

2023年是中国改革开放45周年。

由改革开放推动的中国式现代化行进至此，中国呈现出农业社会、工业社会和后工业社会三种社会文明形态交织共存的基本结构。尽管工业化和城市化加速推动社会转型进程，表现为改革开放以来农业社会文明形态加速萎缩、工业社会文明形态急剧扩张，但从社会学的社会变迁理论研究可发现，社会变迁包含了环境变迁、人口变迁、经济变迁、科技变迁、生活方式变迁、社会制度变迁、社会价值观变迁、文化变迁等庞杂的体系。在这个体系中有的变迁快，有的变迁慢，而社会价值观的变迁就表现得十分缓慢，进而造成三种社会文明形态并存且各有问题，同时又因为交织而相互碰撞、冲突乃至难以调和，带来了多样性的社会问题。此外，全球化带来的风险让社会呈现出难以预见的脆弱性，这是我们所处时代充满复杂挑战的本质。

面对如此空前多样、复杂的社会问题，社会创新家们以社会创新（social innovation）为思想和行动方向，针对具体的“小问题”采取改变的策略，乐观地应对大规模的挑战，相信世界是可以被改变的。与发达国家相比，中国的社会创新凭借“后发优势”表现出了更具多样性的可能，这与中国社会转型带来的一系列社会问题息息相关。

十几年来，中国自下而上涌现出的以解决社会问题为导向的社会创新，成为社会领域极具活力的行动之一，在公共领域和私人领域之间，社会创新以先锋实验的姿态积极参与了诸多社会问题的解决，不仅形成了有效的解决方案，同时丰富并重构了社会生态系统、拓展了社会空间。尽管目的都是解决社会问题，但社会创新却是对第三部门的更高超越，公益组织、社会企业、企业甚至公民个体都可以是社会创新的行动主体，特别是在由互联网与移动互联网所重塑的全球与国家，跨部门联合的社会创新行动远远超越了过去的单一力量。

社会创新既是一种全球理论，也是一种实验行动，更是一种生产力。在社会创新的推动之下，教育、医疗、养老、环保等诸多领域都发生着变革，它甚至在某些领域推动着科技创新和商业创新，这在过去是无法想象的。面向未来，社会创新将在与科技创新、商业创新的整合中成为更具推动力和变革力的生产力。

由北京止于至善文化院策划出品的《中国社会创新蓝皮书》，将在一年一度的出版过程中发现社会创新的趋势、总结社会创新的模式，促进理论与行动的激荡。

宋厚亮
2023年10月

CONTENTS
目录

社会企业篇

企业篇

案例篇

总论篇

社会创新：当代创新理论与实践的“新范式”

□ 纪光欣 孔敏*

● 摘 要

作为一个正在兴起的、有价值的研究论域，社会创新的概念认知一直存在不同的观点。社会创新中的“创新”传承着熊彼特创新理论的基本精神，但在创新目的、创新对象、创新方式的“社会性”方面却具有相对独立而明确的内涵，使之与技术创新区别开来。社会创新在当代社会变革中的独特作用日益凸显，成为一个相对于技术创新而言、具有独特内涵与价值的创新范式。

● 关键词

社会创新；技术创新；社会目的；社会问题

社会创新（social innovation）既是当代政府治理转型和复杂社会问题挑战共同催生的社会变革内生机制，又反映着约瑟夫·熊彼特（Joseph Schumpeter）创新理论产生以来从技术创新向社会创新的“范式转换”（paradigm shift），可以看成创新理论与实践的“社会转向”（social turn）。社会创新首先被理解为一个与社会组织及其功能有关的理论与实践问题，即社会创新是以社会组织为主体的创新行动，以此与政府创新、企业创新相区别。但由于社会创新问题本身的复杂性，也由于不同学科认知的差异，国内外学界对社会创新的内涵及其本质一直有着不同的理解，社会创新仍缺乏一个清晰明确、普遍认可的概念，以致有

* 作者简介：纪光欣，中国石油大学（华东）马克思主义学院教授，硕士研究生导师；孔敏，中国石油大学（华东）经济管理学院行政管理专业硕士研究生。

“社会创新：流行语（buzz word）还是恒久术语（enduring term)?”的疑问（Pol，Ville，2009）。这在很大程度上制约着社会创新理论研究的深入和对社会创新实践价值的认识。本文期望在辨识国内外已有的社会创新研究成果的基础上，澄清在社会创新基本内涵上的歧义性或模糊性，准确把握社会创新的认知维度和概念内涵，阐明社会创新作为当代创新独立“范式”的根由，为深化社会创新理论研究和社会创新政策实践提供了一个共识点（Howaldt，Schwarz，2010）。

一、概念渊源与问题提出

根据现有文献，1973年，管理学家彼得·德鲁克（Peter Drucker）最早提出了“社会创新”概念，[①]但他自始至终没有给出一个明确的定义，它有时是指企业面向社会需求或社会问题的创新，有时是指创新创业和管理精神在社会领域的应用，而企业、政府和非政府组织都可以作为主体来发起社会创新（纪光欣、岳琳琳，2012）。加拿大心理学家司徒·康格（Stuart Conger）也是“社会创新”概念的创始者，1974年他发表了以社会发明（social invention）为题的论文。[②]1994年，德国社会学家沃尔夫冈·查普夫（Wolfgang Zapf）从社会学角度阐发相对于技术创新而言的社会创新，并强调了它对社会转型与发展的重要性。[③]这些早期研究对社会创新的定义各不相同，但探寻社会领域变革与进步的动力机制则是共同的目标。2000年以来，社会创新开始成为社会学、政治学、行政学、管理学等多学科关注的全球性话语，其主要标志：一是2003年詹姆斯·菲尔斯（James Phills Jr.）等创办斯坦福大学社会创新研究中心和《斯坦福社会创新评论》专业期刊，并撰文探讨社会创新的概念内涵（Phills Jr.，et al.，2008）；二是2006年英国社会创新先驱者杰夫·摩根

---

① 据考证，德鲁克在其1973年的代表作《管理：使命、责任、实务》中已经提出“社会创新”概念，1984年发表《把社会问题转化为商业机会：企业社会责任的新意义》一文，系统论述了企业社会创新问题。

② 司徒·康格列举的济贫法、儿童法案等都是面向社会问题的社会变革，中文直译为《社会创新》（赖海榕编译），参见《马克思主义与现实》，2000年第4期。

③ 据查普夫研究，1980年以后西方学术界开始从社会技术、新服务行业、新生活方式以及政治创新、企业内新组织形态等维度来探讨社会创新问题。

（Geoff Mulgan）主持撰写《社会硅谷》研究报告（Mulgan，et al.，2006），结合他所推动的英国社会创新实践，系统梳理了社会创新的演变过程，阐述了社会创新对当代社会发展的重要价值。这些研究建构了社会创新理论的基本概念框架，引发了更多研究者的兴趣。同时，来自社区、社会组织、企业的社会创新实践呈现出蓬勃发展的态势：美国学者斯蒂芬·戈德史密斯（Stephen Goldsmith）通过发生在美国的大量生动案例，展示出社会创新在激发社会活力中的实践价值（Goldsmith，2010）；许多领先企业将社会创新作为企业社会责任践行的新机制，并促成企业与非营利机构的深度融合（Jupp，2002）；像穆罕默德·尤努斯（Muhammad Yunus）那样的"公民企业家"在各个社会领域成为社会创新的积极行动者；[①] 英国、美国政府都曾设立第三部门或社会创新办公室等协调机构，以推动构建政府、企业与公民社会组织之间的伙伴关系；欧盟委员会2013年发表《社会创新指南》等一系列报告，阐述社会创新对欧盟各国应对复杂社会挑战的紧迫性（European Commission，2013）。相对于实践及政策层面的遍地开花，社会创新理论在基本概念认知上的分歧仍是一个有待解决的基础问题，当前社会创新是一个几乎人人都喜欢但仍没有一个精确而被广泛接受的定义的术语（Hochgerner，2011），普遍困惑于社会创新概念的模糊性，影响了这一学术论域的深度开掘，也影响着公共政策领域对社会创新实践的推动。

国内学者自20世纪90年代以来开始关注社会创新问题，[②] 但该问题引起广泛关注则始于2006年。[③] 2006年，中央编译局和杰夫·摩根创办的英国杨氏基金会在北京共同举办首届"社会创新与建设创新型国家"国际研讨会，以及

① 穆罕默德·尤努斯因创立"格莱珉银行"（Grameen Bank）而获得2006年诺贝尔和平奖，使社会创新理念在全球范围内广为传播。

② 据查证，国内研究社会创新最早的文献是项保华1993年发表的《社会创新与技术创新协同作用机制研究》(《科学管理研究》1993年第4期）；王雅林和晚春东2002年发表的《论社会创新》从社会学角度对社会创新的讨论最充分也最接近当代社会创新的研究主旨（《学习与探索》，2002年第1期）。

③ 2006年或可称为"中国社会创新研究元年"，"中英社会创新项目"的启动和杰夫·摩根报告的发表，直接推动了国内社会创新研究，俞可平、何增科、王名等国内知名学者都发表了相关论文。首届"社会创新与建设创新型国家"国际研讨会的综述见刘承礼《社会创新的含义与实践——"社会创新与建设创新型国家"国际研讨会综述（一）》(《经济社会体制比较》，2006年第6期）；杰夫·摩根研究报告中文节译见《社会硅谷：社会创新的发生和发展》，张晓扬译（《经济社会体制比较》，2006年第5期）。

杰夫·摩根《社会创新宣言》的发表，推动了国内社会创新研究的兴起。而我国推进政府职能转变，加强社会治理创新、深化社会体制机制改革则成为社会创新研究的现实动因。同时，全球范围内公益慈善、企业社会责任模式转型共同催生着社会企业、企业社会创新等模式的快速成长，许多致力于改变社会的社会企业家、社会创业者推动着解决各类社会问题的创新行动。社会创新的实践实际上已经走在理论研究的前面，由于国内社会创新研究总体上处于起步阶段（郑琦，2019；陶秋燕等，2019），并明显受到国外相关研究进展的影响，在概念认知、研究主题、理论价值等问题上同样缺乏统一而清晰的认知，实践上主要局限于社会组织、企业的自主社会行动，尚未进入公共政策议程。

总之，作为一个有价值、有前景的研究论域和政策领域，能否构建一个相对明确而内涵清晰的社会创新概念，社会创新能否成为一个独立的创新范式，已经成为国内外研究共同的“痛点”，那些对社会创新研究能否成为“新的创新研究领域”表达疑问的观点正是这种困惑的集中反映。[①] 更多的学者相信并期望在综合分析现有社会创新概念不同认知的基础上，通过“批判性反思和建设性对话”（Dawson，et al.，2010），构建一个有效的社会创新概念框架和“工作定义”（Cajaiba-Santana，2014）或“共享或共同的定义”（Balamatsias，2018），才能为社会创新作为新的创新范式奠定充分的理论前提，也才能推进社会创新研究和政策实践。

二、社会创新概念的认知维度与基本内涵

当前，国内外有关社会创新的理论研究或政策报告在展开其论题之前，几乎都有对不同社会创新定义的比较和评述，并给出各自的定义，这也显示当前社会创新概念仍缺乏共识的理论现状。社会创新研究在很大程度上是基于传闻性证据和案例研究，缺乏统一的范式。这些文献在城市和区域发展、

① 参见：HAVE R P V D，et al. Social innovation research：An emerging area of innovation studies？［J］. Research Policy，2016，45（9）：1923-1935. POL E，VILLE S. Social innovation：Buzz word or enduring term？［J］. Journal of Socio-Economics，2009，38（6）：878-885. 2011 年，欧盟委员会在《维也纳宣言》中提到，社会创新主要用作社会和技术变革背景下的一种描述性隐喻，而很少作为一个具有清晰范围的、独特而明确的术语而出现（见 *Vienna Declaration: The Most Relevant Topics in Social Innovation Research*）。

公共行政（公共政策）、社会运动、管理、社会心理学、经济和社会创业等不同领域之间依然是碎片化、不连续和分散化的（Cajaiba-Santana，2014）。这些不同的社会创新定义既与社会学、行政学、政治学等学科视野有关，更与创新主体、创新对象（客体）、创新目的（价值）、创新方式方法等认知维度密不可分。这些不同学科领域或认知维度的概念呈现多维并存、相互交叉的情形，但综合分析这些略显杂乱、多样的概念（见表 1），仍可以发现社会创新概念内涵上的共性特征，并使之与技术创新明显相区别。

表 1　国内外社会创新概念的认知维度及主要定义

认知维度	具体内容	代表性学者或组织	社会创新定义
创新主体	社会组织（NGO/NPO/第三部门）	杰夫·摩根	为满足社会需要的目标所驱动且主要通过具有社会目的的组织来开发和扩散的创造性的活动和服务
		俞可平	社会领域的各种创新活动或社会公共领域的创新，公民团体、社会组织和社会企业是社会创新的重要主体
		王名	一个涉及社会生活的基本理念、组织和制度的创新过程，即组织创新和制度创新。各类新型社会组织及其所建构的社会网络，是社会创新的重要主体
		何增科	公民和公民社会组织等社会行动者在社会领域为解决社会问题、满足社会需求而率先发起和实施的富有成效的创造性活动
		臧雷振	以社会目标为指向、以创新为手段，通过发挥公民个体和社会组织的创新能力，完善社会服务功能，弥补政府和市场不足，促进社会改革与进步的过程
		钱为家	公益组织是社会创新的启动者，他们是社会问题解决方案提供者、社会行动实践者、社会资源整合者或社会伙伴倡导者
	企业（营利组织）	德鲁克	既是企业把“解决社会问题和满足社会需求看作企业创造利润的机遇和履行社会责任的途径”，也是“将管理的基本思想和技术运用到新问题和新时机上”
		罗莎贝丝·莫斯·坎特	企业履行社会责任的新战略，利润驱动的企业与目标驱动的社会部门之间新型伙伴关系的建立开辟了解决社会问题和创造利润的新途径
		Rachel Jupp	企业利用组织、财务和人力资源来有效地回应棘手的社会问题或利用企业的经验和专长创造社会价值，它要求把社区参与同公司核心业务、专长或创新结合起来

续表

认知维度	具体内容	代表性学者或组织	社会创新定义
创新主体	企业（营利组织）	Jérôme Auriac	企业社会创新是企业与非政府组织“共同创造”的过程，这种新型合作伙伴关系贯彻在项目设计、实际执行到结果共享的各个阶段，它既有利于企业抓住市场和未来机会，也有助于非政府组织实现自身使命
		Canestrino	一种寻找新产品和服务的方法，不仅满足消费者的功能需求，也要满足他们作为公民的更广泛强烈的愿望。它专注于如何管理公司的知识，以便获得利润和实现社会目标
		吴绒	企业将社会责任融入商业运作中，通过商业运作和创新手段，在解决社会问题的同时收获经济回报，实现企业与社会双重价值的一种商业创新模式
	多元主体合作（跨部门伙伴关系）	欧盟委员会	最有效的社会创新是非营利组织、企业、政府三个部门的跨界合作
		詹姆斯·菲尔斯	非营利组织、政府、企业三个部门合作解决影响我们的社会问题，创新之花开在多部门汇合处
		罗伯特·格林	促进组成社会结构的各利益相关者（公共部门、私营企业和自由市场、民间社会、慈善部门和公民个人）之间达成合作和伙伴关系的助推力
		Rafael Ziegler	在公民社会、市场和国家之间关系上的多部门合作：公私关系的“国家—市场”合作，社会企业中的“市场—公民社会”合作，“影子国家”的“国家—公民社会”合作
		陶秋燕	具有社会属性的特定主体通过确立特定的社会目标，提供创新的解决方案，并与利益相关者共同生产、实施，以解决社会问题、创造共享价值及进一步推动社会变革的过程
创新对象（客体）	社会需要/社会问题/社会挑战	詹姆斯·菲尔斯	任何比现有方法更新颖更有效的社会需求和社会问题解决办法，创造的价值（利益）首先归于社会整体而不是私人个体
		欧盟委员会	满足社会需要和创造新的社会关系或合作的新的理念（产品、服务或模式）的开发和实现
		Patrick Dawson	解决社会挑战和满足社会目标，以增进社会福利
		Goldenberg	个人和团体发起的应对社会和经济挑战的新的或改进的活动、机构、服务、过程或产品的开发和应用

续表

认知维度	具体内容	代表性学者或组织	社会创新定义
创新对象（客体）	社会需要/社会问题/社会挑战	尤尔根·霍华德	在某些行动领域或社会背景下，某些行动者或行动者群体以明确的目标所推动的社会实践的新组合或重新配置，比现有的实践基础更好地满足或应对社会需要和社会问题
		丁元竹	通过一些制度设计来改变目前人类应对诸如就业、人口、福利等社会问题的困境
	社会制度/社会结构/社会关系	司徒·康格	创造那些改变人们相互关系方式的新的程序、法律或者组织。它解决具体的社会问题或使迄今为止还达不到的社会秩序或社会进步成为可能
		斯托·海斯卡拉	社会文化的、准则的和法规的制度结构变革，能提高社会的集体权力资源，改善其经济和社会绩效，核心是社会大众的集体学习过程
		沃尔夫冈·查普夫	达到目标的新途径，特别是那些改变社会变迁方向的新的组织形式、新的控制方法和新的生活方式，值得推广并将其进行制度化
		Cajaiba-Santana	面向社会变革的新的合法性社会实践的集体创造。解决社会问题不是社会创新的根本，必须引起社会制度或结构上变化
		Nancy Neamtan	社会创新是指社会关系的新形式，包括制度和组织创新、生产和消费的新形式、经济与社会发展间的新关系
		Michael D. Mumford	为了实现共同目标而提出的社会关系和社会组织新理念的产生和实现（如新社会制度的创造、政府新理念的形成、新社会运动的开展等）
		Frances Westley	一个引入新的产品、流程或项目的复杂过程，它深刻改变创新赖以发生的社会系统的基本惯例、资源、权力流或价值观
		Frank Pot	比组织创新更宽泛的概念，它包括动态管理、灵活组织、聪明工作、技能开发、组织间网络等，是创新过程的一部分，也是技术创新的补充
		经济合作与发展组织（OECD）	社会创新是观念、流程、产品的变革、组织变革、金融变革和利益相关者与地方的新关系

续表

认知维度	具体内容	代表性学者或组织	社会创新定义
创新目的（价值）	社会目的/社会价值	Hans-Werner Franz	一种新的更有效率和效果并具有社会目的及社会手段的社会实践
		王雅林	以明确的社会目标为导向，通过创造或采用新的社会技术、方法、途径和程序，以增强社会能力和建立新的规则体系，高效率地推进社会变迁进程
		盛亚	以明确的社会目标为指引，基于创造性的手段，有效解决社会问题、创造社会价值、推动社会进步的过程，其主体可以是多元的，其方法可以是商业的
	提升社会变革与公民参与能力	The Young Foundation	同时满足社会需要（比现有方法更有效）和导向新的或改进的能力和关系，或资产和资源更好利用的新的解决方法（如产品、服务、模式、流程等），既有利于社会，又能增强社会行动能力
		Stefan Neumeier	共同利益网络中一个群体的人们在态度、行为和观念上的某些实际的改变，核心是“资产建设”
		Moulaert	从利益相关和物质或非物质资源分配方面，面向社会系统功能自下而上转变的授权和政治动员过程
		Eduardo Pol	社会创新的目标领域是生活品质和人的寿命，这些与人的生命、生活、发展密切相关的创新
		欧盟委员会	最终目的在于增进人类福祉，不仅对社会有益，而且也能增进个体行动能力
		Noorseha Ayob	社会创新的两个传统：弱传统是由创新引起的个人总效用的增加；强传统是在不同群体间合作过程和权力关系的重组
		David Adams	通过创造应对变革的新的和可持续的能力、资产或机会来满足未被满足需求的一种突破性方式

注：表中内容是笔者根据相关文献整理而成，为便于表述，有多位作者时只标示第一作者。

社会创新上述定义的共同点是与技术创新（technological innovation）或企业创新（business innovation，也称商业创新）相比较而定义的。显然，社会创新与技术创新的不同主要在于创新的目的和对象，而与企业创新的区别在于创新的主体和目的。但也仅此而已，因为无论从创新对象、创新目的，还是从创新主体的角度上，都难以准确地定义内涵与外延都略显复杂的社会创新，并将其与技术创新或企业创新明显区别开来。因为政府、企业也经常是社会创新的主体，社会创新同样也可以提供新的产品或服务，也可以创造经济价值，而企业社会创新也可兼顾满足社会需求或解决社会问题。这表明，准确定义社会创新，必须在辨识“社会创新”语义的基础上，从多重维度整合上来准确把握社会创新的独特内涵与本质，避免单一学科或维度的定义而产生的歧义。

（一）社会创新的语义分析

社会创新是由“社会”（society）与“创新”（innovation）两个词“组合”而成的一个“新概念”，它们各有所指。

首先，这里的“创新”是在熊彼特创新理论意义上的内涵规定，与企业创新、技术创新中的“创新”精神是一致的，具体包含以下内容。①形式的新颖性。这不完全是指原创的，但对用户、环境和应用来说，必须是“新的”，也可以是现存因素的“新”组合。②结果的明确性。这是指必须创造出新的价值或带来实际的绩效改善，应该比以往的方式方法更有效。③过程的非均衡性。创新是一个“创造性破坏”的过程，即对原有均衡状态的打破，开拓出新的状态或方向。④主体的特定性。熊彼特以创新阐释经济发展，技术创新的主体就是企业和企业家，创新精神就是企业家精神。熊彼特对“创新”内涵的阐释也是“社会创新”的应有之义，只不过是指向社会领域或社会价值。同样，社会创新不一定总是全新的，它们经常是现存因素的新组合或杂交（Mulgan，et al.，2007）。可见，“社会创新”应该是比现存的更有效的社会需要满足或社会问题解决的新方式方法，它打破已有的社会结构或社会关系状态，建立起能够实现社会目标或创造社会价值的新制度、新结构或新关系。总之，在“创新”的精神实质上，不同社会创新概念的认知中并无明显歧义，都是对熊彼特“创新”理论的传承与应用。

其次，社会创新概念认知的差异性主要来自“社会”一词含义的多重性。宽泛地说，所有创新都是“社会的”创新，任何创新都会产生（积极的或消极的）“社会的”影响。正如詹姆斯·菲尔斯所言，作为限定语的“社会”对社会创新的定义确实是一个“核心又特别恼人的问题”；尤尔根·霍华德等也说，社会创新的“社会”属性一般是不确定的；还有人认为社会创新的概念不准确（conceptual imprecision）主要在于“社会”的多种用法，如社会合作形式、集体创新方式、社会部门角色、社会影响等（Ayob，et al.，2016）。正是“社会”的多义性带来社会创新定义的不确定性：①“社会”首先从“主体”的角度被理解为社会组织（NGO/NPO/第三部门），社会创新就是以社会组织为主体的创新，这是最直接明确的定义方式，也是国内社会创新定义的主流观点（见表1）。确实，社会组织是当代日益活跃的社会创新主体，但不是所有社会创新都是社会组织承担的，政府、企业也经常是社会创新的主体，甚至是更重要的主体。即便社会组织在社会变革中发挥着越来越突出的作用，也不意味政府关键作用的降低或让渡（Have，et al.，2016），社会组织还需要与企业进行合作。②“社会”常常被从“目的或价值”的角度来阐释，社会创新必须实现社会目的、创造社会价值（如福利、公平、正义等），以此区别于创造经济价值的技术创新。当然，社会创新可以创造经济价值，但必须同时创造社会价值或最终归于社会目标。③“社会”又被从“对象”（客体）的维度上来界定社会创新，即那些指向教育、就业、医疗、福利、贫困等社会需要或社会问题，或改变社会制度、社会结构与社会关系的创新。这是最容易识别的因素。④“社会”还从“实现方式”或“创新方式方法”层面上来规定社会创新，它意味着“集体行动”或“社会合作”，即多元主体合作或跨部门伙伴关系，这是社会创新的一个突出特征。可见，准确把握社会创新的本质内涵关键是要深入把握“社会性”这一社会创新内涵的本质特征和关键识别因素。

（二）社会创新的社会性内涵

综合国内外研究，充分体现社会创新的独特内涵及特定价值，并与技术创新、企业创新形成明显区分的是创新的目的和价值、创新对象、创新方式等方面的“社会性”特质。在“目的（ends）和手段上（means）都是社会的”可以成为简单明确定义社会创新的基本维度（Murray，et al.，2010），当然，还需要增加创新对象的维度。

第一，社会创新目的的社会性。社会创新多种定义中提及的“满足社会需求、解决社会问题、应对社会挑战、创造社会价值”等都属于社会目的，如“任何比现有方法更新颖、更有效的社会需求和社会问题的解决办法”，又必须“创造出的价值（利益）首先归于社会整体而不是私人个体”（Phills Jr., et al., 2008）。这些社会目的经由社会创新过程而实现出来成为社会结果，也就是创造了社会价值。社会创新不只是新理念、新想法，更应该是新实践、新行动，是把创新的社会目标付诸实践或实践的组合，产生社会结构性变革或改变社会某些方面的创新过程及其效果。只是在具体阐述中，有的强调社会制度、社会关系、社会组织等结构变化，有的强调人的观念、能力方面的更新；有的强调社会的整体变革，有的突出个体或群体的改变；也有的强调社会创新结果的多重性。总之，衡量社会创新的根本标准在社会价值，它的直接结果包括社会需要的满足、社会问题的解决或社会福利的改进，但它必须同时引起社会制度或结构上的变革，能够带来社会自身变革及其参与者能力的提升（Adams, et al., 2008），也就是它的根本目的在于“激活、培养和利用（activating, fostering, and utilizing）整个社会的创新潜力”（Howaldt, et al., 2016）。

第二，社会创新对象的社会性。社会创新是面向“社会”领域的创新，即创新的对象必须是“社会的”，这主要是指与人们生活密切相关的教育、医疗、就业、生态保护等方面的“社会需要”（social needs）或贫困、失业、贫富差距、弱势群体保护等“社会问题”（social problems）。与面向市场需求的企业创新、技术创新不同，那些以社会需要与社会问题为对象的创新就是社会创新，它因此被公认为满足日益多样的社会需要和复杂多变的社会问题挑战的必然选择。但是，面对具体的社会需要和社会问题，政府垄断或市场主导的传统解决方式都已经捉襟见肘，现有的社会制度、法律、治理方式等也往往存在局限性，需要通过改变或重新“组合”这些现有的制度规范、组织结构、关系状态来应对，这实际上意味着社会创新也以社会制度、社会结构、社会关系等为对象。当然，无论哪个方面，社会创新主要面向区域发展、社区治理或社会某些领域的制度、某类社会关系等具体对象，并以新的手段来寻求解决之道。

第三，社会创新方式方法的社会性。社会创新“用新的手段，比以往的实践更好地达到公认的目标（更好地治理社会问题）”（Zapf, 2000），即体现熊彼特定义的“创新”精神。但追根究底，社会创新的这种“新颖性”主要是通过“社会性”来实现的，[①]即它不再是以单一主体或某种固定成型的模式来应对不断涌现的社会问题，而是通过一种类似熊彼特所说的“创造性破坏”的过程，或者引入新的机制和实现方式，或者通过原有机制、方式等因素的“新组合”来实现。这种“社会性”方式主要有两个方面：一是社会合作，即社会组织、企业、政府多元主体伙伴关系或跨部门合作关系，“创新之花开在多部门的汇合处”（Phills Jr.，et al.，2008）；二是社会资源、社会权力、社会关系等要素的重新“组合”，这本质上还是来自政府、企业、公民社会各自职能定位或专长的互补与协同。这两个方面在现实中都有复杂多样的表现形式与交叉融合的关系，在创新实践中构筑起一个包括政策制定者、企业参与者、社会组织等各类主体以及公民多元参与、复杂动态的社会关系网络或利益相关者网络，“只有集体行动才能导向创新，单独的个人不能引起创新。社会创新是在共同利益网络中合作的团体行动的结果”（Neumeier，2012）。而那些“社会行动者”（社会企业家）就是这个网络上的一个个节点，他们发起的每一个社会创新行动都会牵动网络中的多个社会主体、社会资源、社会关系，共同聚焦于具体的社会问题，并以“新的”或重新“组合”的方式加以解决。这种从实现方式的“社会性”对创新内涵的规定，也是社会创新不同于技术创新或企业创新的重要特征。

总而言之，可以从创新的社会目的、社会对象、社会实现方式三个方面的特质来共同界定社会创新的独特内涵，并以此与技术创新、企业创新明确区别开来。不过，社会目的与社会对象存在一定模糊或交叉问题（英文中的“objectives”既是“目标”，也是“对象”），所以许多文献往往都强调在创新的“目的和手段上是社会性的”。但是，严格来说，一个面向社会对象（如社会需求）的创新也可以是企业创新或技术创新；而一个具有社会目标或社会价值的创新也未必一定属于社会创新（有可能是政府创新）。另外，单从“主体”即社会组织角度来定义社会创新，既排斥了企业的重要作用，也忽视了

① JÜRGEN HOWALDT，MICHAEL SCHWARZ 曾指出，与其他创新一样，社会创新之“新”，并不必然意味着“好”，它在规范的意义上是指“社会期望的”，而且这种“社会”属性也具有不确定性。

政府的重要责任，更无法体现“社会合作”这一典型特征。因此，在“范式”意义上，社会创新必须同时满足创新目的、创新对象、创新方式三个方面的“社会性”，也就是说，社会创新本质上是“集体行动”或“社会合作行动”，是多元社会主体（政府、企业、社会组织）为了实现社会目标，面向社会领域（社会需要、社会问题或社会制度、社会结构等），通过社会合作方式而开展的创造性实践活动，它应该既能产生积极的社会结果，又能增强社会自身变革或相关参与者的行动能力。历史地看，单一主体（政府、企业、社会组织）或公民个人都曾经并仍在发起或推动社会创新，但是，社会创新的本质不在于单一主体的创新行动，而在于多元主体或跨部门的社会合作行动。这也是社会创新作为当代社会变革机制的根本价值所在。

三、社会创新作为一种创新范式的理据

“范式”（paradigm）概念是由美国哲学家托马斯·库恩（Thomas Kuhn）最早提出的，代表某一学科领域的学术共同体成员所共享的世界观、基本原则与规范、技术的集合，一个范式就是“一个公认的模型或模式（Pattern）”（Kuhn，2003），它提供了学术共同体阐释某类现象或问题的标准、规则，是“一个科学领域在发展中达到成熟的标志”。一个理论一旦成为“范式”，它必然会“吸引一批坚定的拥护者，使他们脱离科学活动的其他竞争模式”（Kuhn，2003）。显然，在库恩范式理论的意义上，社会创新在定义维度、概念内涵、阐释框架、学术认同、实践指向等方面，都已经成为与技术创新或企业创新明显不同的创新理论的“竞争模式”，“如果认为蒸汽机、计算机或智能手机的发明和扩散与国家健康保护系统、企业社会责任概念或小额贷款系统的发明和社会传播不同，那么，就有充分的理由认为，技术创新与社会创新之间有着内在的区别”（Kuhn，2003）。这其中具体的理据，可以从如下几个方面来说明。

第一，社会创新与技术创新同时产生于现代化进程之中。作为一项社会变革实践，社会创新是伴随工业革命及其所引发的社会结构转型而产生的社会问题解决机制，不仅与技术创新产生于同一个现代化进程，而且在某种程

度上还是技术创新赖以发生的社会条件。工业革命在欧洲的发生，决不单纯是蒸汽机等技术创新驱动的结果，而是包括产权制度、企业组织、信贷、保险、法律乃至价值观念、生活方式等一系列社会变革共同作用的结果。熊彼特就以“仅仅制造出好肥皂是不够的，必须使人们养成爱洗手的习惯”来说明来自社会生活领域的变革对技术创新的重要性。德鲁克也曾通过社会保险、分期付款制度等实例，说明“社会创新远比蒸汽机车或电报更为重要”（Drucker，2002）。随着创新价值的凸显和创新意识的自觉，制度创新、组织创新、文化创新等新的创新实践越来越发挥出驱动社会各领域变革的积极作用。而现代社会的治理转型和复杂多样的社会矛盾使得源自社会自身的变革与突破越来越频繁，社会创新发挥着越来越显著的作用，并逐渐进入理论研究和政策议程的视域，“19 世纪和 20 世纪的社会发展是受技术进步和经济规律驱动的，而 21 世纪的社会发展则来源于鼓励社会和制度变化的社会创新”（格林等，2015）。正如熊彼特所揭示的创新是经济发展的本质和内在动力一样，社会创新正在重塑当代社会自我发展的本质和内在动力，并将与技术创新协同推动社会进步。

第二，社会创新代表创新理论演进的新阶段。熊彼特的创新理论是面向经济和企业领域的技术创新，但由于创新的主体是企业组织，技术创新必然与组织、管理方面的创新相联系，因此，熊彼特所说的创新包括产品创新、工艺创新以及组织创新、管理创新等，他也注意到技术创新的社会条件、社会过程和社会影响，但并没有把“社会创新”作为一个独立的创新类型来对待。20 世纪 70 年代，道格拉斯・诺思（Douglass North）提出了系统的制度创新（institutional innovation）理论来揭示技术创新背后的社会条件和动力机制，被称为“新熊彼特主义”，他的制度创新实际上包含着社会创新方面的内容（如工会组织、保险制度等）。20 世纪 80 年代末，爱德华・弗里曼（Edward Freeman）提出了国家创新系统（national innovation system）的概念，把技术、制度、文化、社会等创新融为一体，用以阐释创新生态系统的复杂性。德鲁克将熊彼特创新理论扩展到技术之外的管理乃至社会领域，明确提出了社会创新概念。2000 年以来，“社会创新突破了从经济和技术角度看待创新的局限性，扩展了对人际关系和实践的变革在创新中的作用的全面理解”（格林等，

2015），杰夫·摩根、詹姆斯·菲尔斯等不同学科学者共同构建起一个比较完整的社会创新理论框架。总之，社会创新可以看成熊彼特以来创新理论演进的新阶段，代表着创新范式的一次重要“转向”。

第三，社会创新作为独立创新范式基本成为学术共识。尽管对社会创新的概念内涵仍有不同的理解，但从国际范围的研究进展看，作为一种不同于技术创新的创新范式的独立地位和社会价值正在获得越来越广泛的认同。许多研究论文题目直接表述为诸如“社会创新：一个新兴的创新研究领域”“社会创新：走向一个新的创新范式”“理解社会创新：一个临时的框架”（Have，et al.，2016；Ayob，et al.，2016；Dawson，et al.，2010）等。有些以疑问语气探讨社会创新的论文，最后的结论都是认同创新理论的扩展性，肯定社会创新在内涵和价值上的独特性。“社会创新这个术语的流行在许多方向上扩展着这个概念，正在突破社会创新意味着‘含糊不清’这一旧的说法”（Ziegler，2017）。特别是欧盟委员会的《社会创新指南》和《维也纳宣言》都明确从理论研究到政策实践上提出创新系统从技术创新向社会创新范式转移的结论。可以说，国际创新研究已经基本建构起一个阐释当代社会变革动力、应对社会问题挑战、实现社会公正持续发展的新的创新理论框架，即社会创新已经成为库恩所说的科学共同体的“研究纲领”。

第四，社会创新概念具有相对明确而独立的内涵。概念的明晰是社会创新能否成为一个独立创新范式的基本前提。如前所述，作为一种创新形式，社会创新是直接面向社会领域或社会目标（社会需求和社会问题）的创新行动，与技术创新的社会条件或社会效应有着明显的区别；社会创新必须聚焦社会目标或创造社会价值，与企业创新直接追求经济利益或所产生的“外部性”（社会效果）也具有根本的不同。因此，不管有多少种社会创新的“定义”，社会创新都是一个可以在创新主体、创新目的、创新方式等关键方面与技术创新、企业创新明显区别开来、具有完整内涵的新的创新范式（见表2），而不能理解为技术创新的“附属物、副产品或结果”（技术创新范式的社会特征）。或者说，只有充分认识社会创新内涵的具体性和独特性，为超越熊彼特经济或技术创新视角，系统把握现代社会变革机制提供新的理论范式和政策框架（Howaldt，et al.，2016）。

表 2　　社会创新与技术创新、企业创新的范式比较

关键方面＼项目	技术创新	企业创新	社会创新
创新主体	企业	企业	政府、企业、社会组织，多元主体伙伴关系
创新目的	经济效益	利润最大化	社会福利改进，社会能力提升
创新对象	产品、技术、工艺	产品、服务、技术、管理	社会问题、社会需求、社会结构、社会制度
创新方式	生产条件或要素的新组合	企业资源、组织与人员的新组合	社会资源、权力、主体与实践的新组合或重新配置

资料来源：笔者根据相关社会创新概念整理所得。

第五，社会创新在应对当代社会挑战中的价值日益凸显。随着工业社会向后工业社会的转变，一方面，人类社会面临着日益复杂多变的社会需要与社会问题的挑战，呼唤社会结构、社会制度的深层次变革；另一方面，政府治理转型和公民社会的成长又在激发出多元主体参与社会变革的积极力量。这样，社会创新开始由工业社会中长期为技术创新所遮蔽的隐性状态中释放出来，“未来几十年中更加重要的创新将会在社会部门中出现，而不是在诸如信息科技或保险的商业部门出现”（Mulgan，et al.，2006）。有学者研究发现，对于当代成功的创新来说，技术创新可以解释其中的 25%，社会创新则可以解释其中的 75%（Pot，et al.，2008）。即便单就经济而言，来自教育、健康、医疗、文化、环境等领域的社会创新将成为经济发展的新业态或新增长点。这些社会创新还能为后工业社会更加复杂的技术创新或经济创新提供社会支持和促进作用，“像汽车、电子、网络等新技术的发展依赖于社会创新和依赖于技术或商业创新的一样多”（Mulgan，et al.，2007）。更重要的是，社会创新在应对社会挑战、满足社会需要的同时，又能通过社会自身的结构性调整和激发多元主体的能动作用而不断增强社会自身及其各主体的变革意愿与能力，促进社会可持续变革与包容性发展。尤尔根·霍华德（Jürgen Howaldt）等通过欧盟“社会创新驱动”项目，从绘制全球社会创新图谱中得出：“社

会创新在全球范围内应对21世纪社会、经济、政治和环境挑战的重要性”（Howaldt，et al.，2016）。如果说，技术创新是工业社会主导性的创新范式的话，那么，社会创新正在成长为后工业社会的主要创新范式之一（Howaldt，et al.，2016），并与技术创新共同构成当代社会发展的驱动力。

在我国，经过近年来的传播和研究，社会创新作为新的创新范式基本上已成理论共识，来自企业、社会组织和社区层面的社会创新实践也在各领域遍地开花。面对新时代的发展任务和社会主要矛盾的转化，需要总结社会体制机制改革的积极成果和借鉴欧盟等发达国家（地区）的成功经验，以建设创新型国家为导向，适时将社会创新纳入公共政策议程，启动社会创新行动，激发社会多元主体的力量，培育各领域积极的“社会行动者”，构建技术创新与社会创新互补协同的双轮创新驱动战略，为满足人们日益增长的美好生活需要和促进社会公平充分发展提供新的动力。

参考文献

［1］纪光欣，岳琳琳．德鲁克社会创新思想及其价值探析［J］．外国经济与管理，2012，34（9）：1-6.

［2］陶秋燕，高腾飞．社会创新：源起、研究脉络与理论框架［J］．外国经济与管理，2019，41（6）：85-104.

［3］郑琦．国外社会创新的理论与实践［J］．中国行政管理，2011（8）：71-75.

［4］查普夫．现代化与社会转型［M］．陈黎，陆宏成，译．北京：社会科学文献出版社，1998.

［5］德鲁克．创新与创业精神［M］．张炜，译．上海：上海人民出版社，2002.

［6］罗伯特·格林，克里斯托弗·福克斯，苏珊·贝恩斯，等．社会创新：应对当代社会挑战的方案？——理论和实践的概念定位［J］．国外理论动态，2015（7）：87-98.

[7] 库恩．科学革命的结构 [M]. 金吾伦，胡新和，译. 北京：北京大学出版社，2003.

[8] 杰夫·摩根，NICK WILKIE，SIMON TUCKER，等. 社会硅谷：社会创新的发生与发展 [J]. 经济社会体制比较，2006（5）：1-12.

[9] AYOB N，TEASDALE S，FAGAN K. How social innovation ‘came to be’：Tracing the evolution of a contested concept [J]. Journal of Social Policy，2016，45（4）：635-653.

[10] CAJAIBA-SANTANA G. Social innovation：Moving the field forward. A conceptual framework [J]. Technological Forecasting and Social Change，2014，82：42-51.

[11] DAWSON P，DANIEL L. Understanding social innovation：A provisional framework [J]. International Journal of Technology Management，2010，51（1）：9-21.

[12] GOLDSMITH S. The power of social innovation：How civic entrepreneurs ignite community networks for good [M]. Hoboken：Jossey-Bass，2010.

[13] HAVE R P V D，RUBALCABA L. Social innovation research：An emerging area of innovation studies? [J]. Research Policy，2016，45（9）：1923-1935.

[14] HOWALDT J，DOMANSKI D，KALETKA C. Social innovation：Towards a new innovation paradigm [J]. RAM. Revista de Administração Mackenzie，2016，17（6）：20-44.

[15] JUPP R. Getting down to business：An agenda for corporate social innovation [M]. London：Demos，2002.

[16] MURRAY R，CAULIER-GRICE J，MULGAN G. The open book of social innovation [M]. London：Nesta，2010.

[17] NEUMEIER S. Why do social innovations in rural development matter and should they be considered more seriously in rural development research?-Proposal for a stronger focus on social innovations in rural development research [J]. Sociologia Ruralis，2012，52（1）：48-69.

[18] PHILLS J A，DEIGLMEIER K，MILLER D T. Rediscovering social innovation

[J] . Stanford Social Innovation Review，2008，6（4）：34–43.

[19] POL E，VILLE S. Social innovation： Buzz word or enduring term？ [J] . The Journal of Socio–Economics，2009，38（6）：878–885.

[20] POT F，VAAS F. Social innovation，the new challenge for Europe [J] . International Journal of Productivity and Performance Management，2008，57（6）：468–473.

[21] ZIEGLER R. Social innovation as a collaborative concept [J] . Innovation：The European Journal of Social Science Research，2017，30（4）：388–405.

中国社会创新实践发展历程

□ 娄蓬勃 *

● **摘 要**

社会创新自概念提出后，其实践逐渐在全球兴起。中国在社会创新概念引入之前，已经出现了准社会创新的实践探索。伴随西方社会创新概念的引入，现逐渐显示出构建具有中国本土特色的社会创新理论和实践的特征。在中国社会创新的本土化实践过程中，本土社会创新实践受到海外经验的直接影响，虽然政府部门在社会创新的引进和发展中起到主导作用，但总体来说，多元主体参与的本土社会创新实践依然是在曲折中发展。因此，本土化实践还有着概念范围模糊、理论发展缓慢、经验不足、专门政策未出台、创新能力有待提高等问题与挑战。

● **关键词**

社会创新；本土化实践；实践历程；实践挑战

一、社会创新的海外兴起

彼得·德鲁克于 1973 年首次提出了社会创新（social innovation）的概念，最初是类比商业领域的创新概念，将管理的基本思想和技术引入社会领域用于解决社会问题，号召企业参与社会创新进程。社会创新作为一个新事物，

* 作者简介：娄蓬勃，爱德基金会传一慈善文化基金高级项目经理。

为关系到社会大众利益的社会问题的解决提供了新指引。随着可持续发展目标成为全球共识，社会创新潮流于20世纪90年代开始在全球兴起，社会创新的理论内涵和实践得到了极大的丰富和发展。

英国的杨氏基金会（The Young Foundation）和美国斯坦福大学社会创新中心（Center for Social Innovation）构成了两大思想阵地，进行社会创新理论知识的生产传播。政府部门开始将社会创新纳入社会治理并制定推动社会创新的支持政策，企业开始将社会创新用于企业社会责任和业务竞争力的提升，同时越来越多的非营利组织将社会创新纳入战略发展层面，社会创新越来越多地以满足社会需求的产品或服务出现在大众视野。

近年来，以"社会企业""共益企业""影响力投资""社会创新设计"为代表的社会创新的新概念得到广泛重视，韩国、新加坡等亚洲国家的社会创新实践开始活跃起来。海外社会创新发展大事记见表1。

表1　海外社会创新发展大事记

时间	事件	描述
1973年	彼得·德鲁克第一个提出社会创新的概念	1973年，德鲁克在《管理：使命、责任、实务》一书中明确提出对于企业，社会创新至少与技术创新有同等重要的地位；1984年，德鲁克进一步阐述了把社会需要和社会问题转化为有利可图的商业机会的企业社会创新观①
1976年	尤努斯在孟加拉国进行乡村银行实验，为穷人提供贷款	1976年，尤努斯为42个村民提供了27美元的借款，同年作为担保人从国有银行获得贷款给穷人②
1980年	比尔·德雷顿（Bill Drayton）成立"阿育王（Ashoka）"	1980年，比尔·德雷顿认为创意驱动的社会创业家是世界上最强大的向善力量，成立"阿育王"支持社会创变③
1998年	英国国家科技艺术基金会（Nesta）创立，资金来源是英国国家福利彩票基金，支持社会创新	英国国家科技艺术基金会（Nesta）从支持创新者个人开始，进行了多元业务的探索，现在的业务范围包括健康、教育、政府创新、文化艺术等，现在已经发展成为一个独立的非营利组织④

① 纪光欣，徐霞．谁是社会创新理论第一人——社会创新概念探源［J］．创新与创业教育，2016，7（4）：1-3.

② 尤努斯．穷人的银行家［M］．吴士宏，译．北京：生活·读书·新知三联书店，2006.

③ 参见 Ashoka's History，https：//www.ashoka.org/en-us/story/ashokas-history。

④ 参见 A brief history of Nesta，https：//www.nesta.org.uk/brief-history-nesta/。

续表

时间	事件	描述
1999 年	美国斯坦福大学商学院设立社会创新中心（Center for Social Innovation）	斯坦福大学商学院为培养解决全球问题和环境挑战的领导者，设立社会创新中心。2003 年，社会创新中心创办季刊《斯坦福社会创新评论》[①]
2003 年	英国牛津大学赛德商学院创办斯科尔社会企业研究中心（Skoll Centre for Social Entrepreneurship），进行社会企业相关的教学与研究工作[②]	斯科尔基金会资助成立斯科尔社会企业研究中心，斯科尔基金会的创办人杰夫·斯科尔是 eBay 的首任总裁
2005 年	英国大学生在伦敦创立社会创新社群网络 Impact Hub	Impact Hub 目前在全球 60 多个国家或地区拥有 100 多个站点，[③] 为社会创新提供社群联结、孵化、空间支持等
	杨氏基金会（The Young Foundation）正式成立	杨氏基金会的前身是 Michael Young 于 1954 年成立的 The Institute for Community Studies，2005 年更名为杨氏基金会。[④] 杨氏基金会于 2010 年发布报告 *The Open Book of Social Innovation*，2012 年发布报告 *Social Innovation: What It Is, Why It Matters, and How It Can Be Accelerated*
2006 年	美国非营利组织共益实验室（B Lab）发起共益企业（Benefit Corporation，简称 B Corp）认证	共益企业是为了实现商业驱动社会向好而提出的一种新的商业形态，目标是取得商业和社会利益的双重成就。共益实验室提供一套“成为不断成长与反思的好公司”的评估认证体系和认证服务
	新加坡非营利组织社会创新园（Social Innovation Park）成立	社会创新园通过集合公众、公共部门和私人部门的创变力量，为每个生命个体和社会带来积极改变，其特色业务为运营一家集餐厅、教育空间为一体的社会创新主题农场[⑤]
2007 年	韩国出台《社会企业育成法》	韩国出台《社会企业育成法》，制定了社会企业认证标准和促进措施。韩国社会企业促进局，负责监督该法案的实施，为社会企业提供认证、能力建设、财政奖励等支持[⑥]

① 参见 History of the Center for Social Innovation，https：//www.gsb.stanford.edu/experience/news-history/history/csi。

② 参见 Skoll Centre for Social Entrepreneurship，https：//www.sbs.ox.ac.uk/research/centres-and-initiatives/skoll-centre-social-entrepreneurship。

③ 参见 https：//impacthub.net/。

④ 参见 The Young Foundation，Our History，https：//www.youngfoundation.org/about/history/。

⑤ 参见 Social Entrepreneurship and Eco-park Development（SEED），http：//www.socialinnovationpark. org/seed/。

⑥ 参见 Introduction，韩国社会企业促进局官网，http：//www.socialenterprise.or.kr/_engsocial/?m_cd=0101。

续表

时间	事件	描述
2007 年	新加坡政府在社会发展青年及体育部设立的社会企业委员会发布《社会企业委员会报告》	该报告对新加坡社会性创业与社会企业、社会企业委员会、鼓励与促进企业社会责任、建立社会企业前置环境与创造社会企业家精神的文化等开展了周密的调查研究，对推动新加坡社会企业后续政策的出台起到了非常重要的推动作用①
2009 年	美国白宫成立社会创新办公室（White House Office of Social Innovation and Civic Participation）	在奥巴马政府时期，美国白宫成立社会创新办公室，尝试发挥政府在社会创新中的领导作用
	国际社会创新与可持续设计联盟（DESIS）成立	国际社会创新和可持续设计联盟由意大利米兰理工大学 Ezio Manzini 教授发起，致力于在全球推进社会创新和可持续设计。2015 年 Manzini 教授出版专著 *Design, When Everybody Designs: An Introduction to Design for Social Innovation*，系统阐述了面向社会创新的设计原则、方法和观点，为该设计领域奠定了理论基础②
	美国洛克菲勒基金会发起成立全球影响力投资网络（Global Impact Investing Network，GIIN）	全球影响力投资网络是链接各类资产管理者、资产拥有者和服务机构的全球行业领军平台和较大的影响力投资人社区之一
2010 年	英国开始发行社会影响力债券（Social Impact Bond）	2010 年，英国社会金融有限公司（Social Finance Ltd.）发行了世界上第一份“社会影响力债券”，与英国司法部合作在彼得伯勒监狱开展该项目。社会金融资助包括慈善组织和社会企业在内的专业社会服务机构，为彼得伯勒监狱约 3000 名刑期在 12 个月以内的男性犯人提供“一站式服务”，包括饮食、住房、培训课程、心理支持等，全方位帮助他们重新融入社会③
2011 年	欧盟发起支持社会创新的 TEPSIE（The theoretical，empirical and policy foundations for building social innovation in Europe）计划	TEPSIE 计划是欧盟为提升社会创新能力实施的研究计划，通过社会创新相关的基础研究为政策制定者、研究者和实践者提供支持④

① 李健 . 社会企业政策：国际经验与中国选择［M］. 北京：社会科学文献出版社，2018.

② 巩淼森 . 面向社会创新的服务设计：江南大学 DESIS LAB 的探索历程［J］. 创意与设计，2017（2）：100-104.

③ 参见社会影响力债券：投资社会变革，英国文化教育协会全球网站，https：//www.britishcouncil.cn/programmes/society/news/sib-overview。

④ 参见 TEPSIE，https：//www.youngfoundation.org/projects/tepsie/。

续表

时间	事件	描述
2012 年	英国通过《公共服务（社会价值）法案》〔*Public Services（Social Value）Act 2012*〕	该法案要求公共部门兼顾社会、经济和生态效益，并且在购买服务中直接体现。该法案还提供工具包指导服务提供方优化产品服务，以解决不同的社会问题①
	英国启动世界上首家社会投资银行——大社会资本（Big Society Capital）	世界上首家社会投资银行“大社会资本”在伦敦证交所正式启动。来自英国银行体系内的 4 亿英镑休眠账户资金以及 2 亿英镑多家商业金融巨头的投资共同构成了总额高达 6 亿英镑的大社会资本，用以支持社会企业和志愿组织为社会问题提供大规模的解决方案
2014 年	联合国开发计划署发布报告 *Social Innovation for Public Service Excellence*（《社会创新促进公共服务卓越化》）及“社会创新工具包”	该报告从社会创新的定义、内涵、规模化等多个层面论述了社会创新在优化公共服务、解决社会问题中的作用。②社会创新工具包旨在促进社会创新，并为创意想法的产生与落实提供模板③
	新加坡星展基金会社企奖助金计划启动	星展基金会提供 5 万 ~25 万新加坡元的奖助金给那些产品适合社会需求，销售和收入已获市场证明，并且准备扩大规模的社会企业
2016 年	英国《经济学人》发布报告 *Old problems, new solutions: Measuring the capacity for social innovation across the world*（《老问题，新解答：测度世界各地的社会创新能力》），该报告发布了“社会创新指数 2016”的测度结果	该报告从政策制度框架、资金支持状况、社会创业水平和公民社会发育程度四个维度对选定的 45 个国家的社会创新指数进行了评估

① 参见 Social Value Act：information and resources，https：//www.gov.uk/government/publications/social-value-act-information-and-resources/social-value-act-information-and-resources。

② 参见 Social Innovation for Public Service Excellence，https：//www.undp.org/publications/social-innovation-public-service-excellence。

③ 参见联合国开发计划署与英国国家科技艺术基金会推动中国社会创新，联合国开发计划署网站，https：//www.cn.undp.org/content/china/zh/home/presscenter/pressreleases/2014/08/undp-and-nesta-collaborate-to-enhance-social-innovation-in-china.html。

二、社会创新的本土化实践

在社会创新概念引入之前，中国已经出现了准社会创新的实践探索。例如，1985年四川省引入国际小母牛组织项目；20世纪90年代，中国社会科学院农村发展研究所、中国扶贫基金会、经济学家茅于轼在农村开展小额信贷扶贫工作；1999年，郑卫宁创建中华残疾人服务网；2002年，北京富平学校成立。以上探索发生于社会创新概念引入之前，现在被认为是典型的社会创新。

社会创新是一个外来概念，中国的社会创新本土化进程是一个西学东渐的过程，并逐渐显示出构建具有中国本土特色的社会创新理论和实践的特征。中国的社会创新启蒙于知识精英和海外驻华机构的倡导，初步发展于基金会和政府部门的资助引导以及民间组织的实践探索。社会创新作为新事物，天然具有旺盛的生命力。随着社会创新理论与实践在中国本土化过程中的碰撞与发展，中国社会创新的本土化进程已进入快速发展期。未来，将有更加多元的社会创新主体在丰富的社会领域中探索解决不同的社会问题，为全球可持续发展目标的实现贡献中国智慧与力量，融合于全球社会创新发展的潮流中。

2000—2010年是社会创新启蒙阶段。中国知识精英了解了社会创新，并通过开展交流活动进行倡导。2006年，中共中央编译局和杨氏基金会召开的“社会创新与建设创新型国家”国际研讨会引进了当时最前沿的社会创新理论。《如何改变世界》一书的翻译出版，让更多的知识精英了解到了社会创新，一部分公益基金会开始将社会创新纳入业务经营和战略发展中。

2011—2020年是本土化社会创新理论和实践丰富发展的阶段。海外驻华机构、跨国企业、本土研究机构、政府部门和公益基金会引导了众多民间组织开展社会创新活动。随着“公益创投”“社会创新设计”“社会企业”等社会创新相关概念和理论的发展，本土社会创新主体迅速响应和参与。社会创新主体层面的活跃形成了社会创新家群体，逐渐在机构转型、制度变革和社会发展层面发挥影响力。

中国社会创新的本土化实践发展有如下几个特点。

1. 政府部门在社会创新的引进和发展中起到了主导作用

由中共中央编译局主办的“社会创新与建设创新型国家”国际研讨会是中国社会创新本土化实践的启蒙和开端。研讨会在中国政府、企业、公益组织、高校和研究机构中广泛地普及了社会创新概念，这股力量也汇聚到国际社会创新发展中，社会创新变得更加主流化。此后，民政部、国务院发展研究中心、上海市民政局、成都市政府、佛山市顺德区政府等有关部门以研究倡导、政府购买、政策支持等多种方式参与到促进社会创新发展的工作中。

2. 社会创新的本土化实践受到海外经验的直接影响

海外社会创新为中国社会创新提供了思想和实践的基础性支持。首先，中国机构与海外合作开展的社会创新活动促进了中国社会创新的本土化发展。例如，具有标志性意义的“社会创新与建设创新型国家”国际研讨会是与英国社会创新领军机构杨氏基金会合作举办。英国文化教育协会在中国推出的社会企业项目培养了一批重要的社会创新的本土化实践者。中外合作还产出了一批有关社会创新的研究报告和论著以及研讨会和研究中心等活动、机构。另外，中国16家共益企业受到了美国共益实验室认证。

其次，借鉴海外社会创新模式产生了社会创新本土化实践探索。例如，受美国阿育王资助模式影响南都公益基金会推出银杏伙伴计划，江南大学设计学院DESIS研究中心、Impact Hub上海是其国际社会创新网络的组成部分。

3. 多元主体参与社会创新

除了各级政府在社会创新本土化实践过程中的积极推动，高校、企业、社会组织等多元主体也广泛参与社会创新。

社会创新逐渐成为高校的学术研究热点，高校成立的社会创新相关学术机构包括中共中央编译局比较政治与经济研究中心、北京大学中国政府创新研究中心、社会企业研究中心、江南大学设计学院DESIS LAB、北京师范大学中国公益研究院中英社会企业与社会投资研究中心、清华大学x-lab（x-空间）、深圳国际公益学院公益金融与社会创新中心、中国人民大学中国公益创新研究院、中国人民大学—尤努斯社会事业与微型金融研究中心、清华大学公共管理学院社会创新与乡村振兴研究中心等。

主打社会创新项目支持的基金会包括南都公益基金会、北京乐平公益基金会、友成企业家扶贫基金会、爱德基金会、深圳市社会公益基金会、爱佑慈善基金会、億方公益基金会、广东省和的慈善基金会等。其他社会组织包括 SEED 社会创新种子社区、佛山市顺德区社会创新中心、中国社会企业与影响力投资论坛、Aha 社会创新学院、恩派公益等。

大力支持社会创新的企业包括英特尔（中国）、二十一世纪传媒、海航集团、汇丰中国等。

4. 社会创新本土化实践在曲折中发展

在中国众多的社会创新探索中，受到内外部环境、机构战略调整以及自身运营情况等的影响，有些社会创新探索圆满完成了阶段性目标，但也有一些社会创新项目昙花一现，值得后继者参考反思。英国文化教育协会社会企业项目于 2009 年在中国启动，2016 年 3 月正式结束，共培训了 3200 多名社会企业家，目前该协会在社会创新领域的工作主要为经验和资源分享。中共中央编译局比较政治与经济研究中心、北京师范大学中国公益研究院中英社会企业与社会投资研究中心、清华大学 x-lab、深圳国际公益学院公益金融与社会创新中心、中国人民大学中国公益创新研究院、中国人民大学—尤努斯社会事业与微型金融研究中心、清华大学公共管理学院社会创新与乡村振兴研究中心等学术机构或趋于沉寂，或更名调整研究方向。二十一世纪传媒旗下 21 世纪社会创新研究中心、海航集团社会创新创投竞赛等已经停止运营；英特尔（中国）发起的社会创新计划、社会创新周仅持续到 2013 年。

近年来，在政府部门、基金会和企业等相关主体的推动下，社会创新在社会企业、公益创投、影响力投资等相关概念上得到了延展，相关学术研究与一线实践活动呈现活跃状态。例如，成都市政府出台促进社会企业发展的政策，共益企业认证数量不断增加等。社会创新的发展也呈现出与互联网等新技术结合、社会创新的本土化实践与国家时代主题相呼应的特征，逐渐融入乡村振兴、脱贫攻坚、可持续发展等实践，为社会问题的解决提供新范式。

中国社会创新发展大事记见表 2。

表 2　中国社会创新发展大事记

时间	事件	描述
2006 年	中共中央编译局和杨氏基金会在北京举办“社会创新与建设创新型国家”国际研讨会	中国首次举办关于“社会创新”的大型国际会议，得到了中央政府、地方政府以及国际社会的高度重视和支持。此次会议共有 16 个国家和联合国、欧盟等多家国际组织的 100 多人参加，与会者围绕“社会创新的历史、概念、理论、脉络及实践”“中英两国有关社会创新的案例”“用社会创新解决问题的方法”，以及“未来十年的优先发展项目”四个专题进行探讨
	《如何改变世界》中文版出版	戴维·伯恩斯坦的这本书以社会企业家为核心概念，以美国阿育王基金为线索，介绍了一些著名的世界公益组织、典型案例和代表人物，反映了公益组织在世界的兴起及其对传统社会的改造。该书将社会创业家普及到中国公益组织等相关领域，被认为是社会创新的行动指南。同年，阿拉善 SEE 生态协会与北京天下溪教育咨询中心共同举办“社会企业家与公益事业”研讨会，邀请作者戴维·伯恩斯坦就“社会企业家”及“社会企业家与中国公益事业的发展”进行了交流
2008 年	社会企业研究中心（SERC）成立	中心完成了超过 80 个的本地社会企业案例，在上海财经大学开设了硕士和 MBA 的“社会创业”学分课程，并在 2013 年发布第一份中国社会企业白皮书，考察了社会企业在中国的起源、发展及未来趋势
	中国香港政策研究基金会发起第一届社企民间高峰会（SES）	社企民间高峰会于 2008 年由香港政策研究基金会创立，以倡导社会企业家精神，2014 年转接至非营利组织香港社会创业论坛独立主办
2009 年	英国文化教育协会在中国推出社会企业项目	社会企业项目于 2009 年在中国启动，2016 年结束。项目提供技能培训、导师计划、英国的专业支持及对接社会投资机会。2009—2012 年，英国文化教育协会实施社会企业家技能培训项目①

① 参见“社会企业”的中国先锋，英国文化教育协会网站，https ://www.britishcouncil.cn/programmes/society/news/SE-programme。

续表

时间	事件	描述
2009年	深圳市社会公益基金会启动“社会创新·公益创投”战略转型	自2009年开启专业化转型以来，基金会聚焦“支持社会创新项目的资源枢纽和公益创投平台”的发展战略。[①]2012年基金会承办首届中国公益慈善项目大赛，到2023年已经连续举办12届
	江南大学设计学院成立DESIS研究中心	2011年更名为“江南大学DESIS国际联合实验室（DESIS Lab），是江南大学设计学院在服务设计与社会创新领域开展科研、教学、实践和交流的综合性研究平台，实验室的应用研究和实践探索主要集中在有机农业与食品网络、积极性福利与公共服务、可持续交通与智慧城市、医疗健康与老龄化等领域
2010年	英特尔（中国）有限公司和民政部社会福利与慈善事业促进司发起“芯世界”公益创新奖	2012年，“芯世界”公益创新奖正式更名为“芯世界”公益创新计划，包含资金支持、能力建设、案例整理、交流合作、公众参与、志愿服务六大支持模块，打造了品牌活动“社会创新周”
	北京乐平公益基金会注册成立	该基金会的历史可以追溯到2002年成立的北京富平学校和北京富平家政服务中心，[②]是中国较早出现的社会企业。基金会自2016年开始进行共益企业、《斯坦福社会创新评论》中文版的引进和相关倡导工作
	南都公益基金会推出银杏伙伴成长计划	阿育王创始人比尔·德雷顿与南都公益基金会徐永光会面，讨论社会企业家议题，[③]同年南都公益基金会推出银杏伙伴成长计划
	友成基金会[④]发起“新公益嘉年华”倡导社会创新	“新公益嘉年华”是友成基金会发起的社会创新倡导性平台，该项目在2010年、2012年和2014年举办了3届[⑤]

① 参见深圳市社会公益基金会关于我们，深圳市社会公益基金会网站，https：//www.szscf.org.cn/about/introduce.html。

② 参见北京乐平公益基金会网站，http：//www.lepingfoundation.org.cn/about。

③ 参见阿育王创始人拜访南都基金会，南都公益基金会网站，http：//www.nandufoundation.org/content/494。

④ 友成基金会为简称，原名友成企业家扶贫基金会，2022年更名为友成企业家乡村发展基金会。

⑤ 参见友成企业家乡村发展基金会网站，http：//www.youcheng.org/upfile/files/年报/友成年报2016—十周年专刊.pdf。

续表

时间	事件	描述
2010 年	首届“中国社会创新奖”在北京正式启动	“中国社会创新奖”由中共中央编译局比较政治与经济研究中心、北京大学中国政府创新研究中心等机构共同发起，旨在发现和鼓励各类社会组织的创新行为，总结并宣传推广社会创新的先进经验，促进社会公平与善治。该奖项在 2010 年、2012 年和 2014 年举办了 3 届
2011 年	“育公益创投”成立	“育公益创投”是中国本土成立的首家人民币公益创投管理机构。2012 年，新湖集团、爱德基金会和育基金共同成立“新湖·育”公益创投基金。“新湖·育”初始资本为人民币 1000 万元，由“育公益创投”进行管理。投资对象包括金羽翼、西乡县妇女发展协会、米公益、益修学院
2012 年	广东二十一世纪传媒股份有限公司（以下简称二十一世纪传媒）发起“21 世纪社会创新”项目	二十一世纪传媒成立“21 世纪社会创新研究中心”，通过在 21 世纪经济报道及相关媒体上进行新闻报道，并开展编译出版、沙龙论坛等线下活动，积极倡导“社会创新”理念，对“社会创新”进行前瞻探索并保持持续关注；主办或支持开展的项目包括海航集团社会创新创投竞赛、社会创新年度国际论坛暨“社会创新奖”评选、社会创新沙龙、中美新公益慈善峰会及纪录片等①
	上海市民政局启动上海社区公益创投	2009 年以来，上海各级民政部门对公益金的资助方式做出了创新性探索，引进了公益创投和公益招投标的市场化购买公共服务的运作机制。2012 年，上海社区公益服务项目招投标（创投）被纳入了民政部与上海市的部市合作协议，并被写入 2012 年《上海市政府工作报告》②
	SEED 社会创新种子社区成立	项目主要开展 SEED Camp、SEED Fellowship 和 SEED LAB 等活动。SEED Camp 立足于中美社会创新领域最前沿。SEED Fellowship 代表 SEED 从全球发掘与选拔有想法、有行动力的社会创新华人青年，并对其进行长期培养和扶持。SEED LAB 为社会创新项目提供高影响力、高可持续性的发展战略、量化影响力评估与社会资源联结服务③
	佛山市顺德区社会创新中心成立	佛山市顺德区社会创新中心是地方政府设立的法定机构，其定位是顺德社会创新智库和支持平台以及区域社会创新生态圈和价值观构建者④

① 参见新浪财经，http：//finance.sina.com.cn/focus/21sjshcx/。

② 参见中国政府采购网，http：//www.ccgp.gov.cn/gpsr/jyjl/201710/t20171018_9004136.htm。

③ 参见上海真爱梦想公益基金会网站，https：//www.adream.org/special-fund/seed 种子伙伴专项公益基金 - 详情页面。

④ 参见佛山市顺德区社会创新中心网站，http：//www.ss-ic.org.cn/index/page/page.html?fid=1。

续表

时间	事件	描述
2013年	爱佑慈善基金会开展公益创投业务	爱佑慈善基金会依托多年来积累的经验和资源，通过为社会组织提供定制化资金、资源拓展、战略指导、管理（人力资源、财务、IT）辅导、品牌活动等多方面支持，帮助有潜力的创变组织不断成长，通过规模化、高效率、可持续地运营，最终实现垂直领域社会议题解决和行业协同
	億方公益基金会成立	億方公益基金会是一家资助型基金会，其使命为关注公益研究与社会企业，支持民间公益组织，推动社会创新发展，重点资助公益研究和社会企业
	中国香港特区政府成立社会创新及创业发展基金（以下简称社创基金）	社创基金为香港的社会创新发挥催化剂功用，致力促进商界、非政府机构、学术界及慈善机构与公众合作，以创新的方案解决贫穷和社会孤立问题，缔造社会效益。社创基金的目标：建立和支持能吸引、启发和培育社会创业精神的计划和试验项目，透过社会创新，冀望产生社会效益，建立社会资本，以提升市民福祉，加强社会凝聚力
2014年	英国大使馆文化教育处中国社会投资家代表团提出的“社创硅谷”项目落地清华大学	“x–lab·社创硅谷”从2014年11月开始，6个月内筹措启动；启动后的12个月，将筛选200个项目进入学习；选出30个项目进行孵化，并开展下一轮投资；投资目标拟订为1000万元人民币①
	中国社会企业与影响力投资论坛成立	17家支持社会企业与社会投资的基金会、社会企业研究机构、公益创投机构联合发起“中国社会企业与社会投资论坛”，致力于推动中国社会企业行业的发展。后更名为“中国社会企业与影响力投资论坛”，由北京市级民办非企业单位北京社启社会组织建设促进中心运营②

① 参见中英联手打造中国“社创硅谷”，21世纪经济报道，http：//finance.sina.com.cn/roll/20150713/005922663170.shtml。

② 参见中国社会企业与影响力投资论坛网站，http：//www.cseif.cn/category/82。

续表

时间	事件	描述
2015年	英国大使馆文化教育处与北京师范大学中国公益研究院共同成立“中英社会企业与社会投资研究中心”	“中英社会企业与社会投资研究中心”专注于社会企业和社会投资行业生态系统的建设，充分利用国际特别是英国的资源，让中国的社会企业更多地与国际接轨，通过政策研究与实践探索、评价机制建构、以交流倡导及教育培训来推动和激励中国社会企业与社会投资的发展，从而引领全球社会创新[①]
	中国首个民间社会企业认证办法出台	由北京大学公民社会研究中心、北师大中国公益研究院、南都公益基金会、深圳市中国慈展会发展中心和社会企业研究中心等五家机构联合主办的《中国慈展会社会企业认证办法（试行）》在第四届中国慈展会期间发布[②]
	广东省和的慈善基金会[③]推出“社会创新·青年行动”资助计划	“社会创新·青年行动”资助计划为具有潜力、创意和社会影响力的青年团队，提供项目活动资助及团队能力建设支持，进一步为青年朋友提供支持空间，去创造、试验及确立他们协同解决社会问题的对策[④]
	Aha社会创新学院翻译完成杨氏基金会的《社会创新启示录》（*The Open Book of Social Innovation*）	Aha社会创新学院在取得杨氏基金会和英国国家科技艺术基金会正式授权后，通过“闪翻”项目组织志愿者完成了*The Open Book of Social Innovation*的中译本《社会创新启示录》
2016年	深圳国际公益学院公益金融与社会创新中心成立	该中心是国际公益学院商业向善和高效慈善专业智库，聚焦领域为影响力投资、社会影响力债券、公益创投、慈善信托、绿色金融、普惠金融和社会企业等，提供国内外资本向善的实践路径，促进中国公益金融和社会创新的本土探索和国际合作，推进全球可持续发展目标实现

① 参见中英社会企业与社会投资研究中心在京落成，英国文化教育协会网站，https：//www.britishcouncil.cn/programmes/society/news/press-conference。

② 参见南都公益基金会网站，http：//www.naradafoundation.org/content/4668。

③ 原名为广东省何享健慈善基金会。

④ 参见广东省和的慈善基金会网站，http：//www.hefoundation.org/content/487。

续表

时间	事件	描述
2016年	中国人民大学中国公益创新研究院正式成立	研究院以慈善文化、公益领域跨部门合作、公益部门治理为主要研究方向，旨在通过学术研究、人才培养、实践咨询、社会倡导和决策参与，成为引领公益思想、开创学术前沿、推动社会创新的研究教育基地和新型民间智库①
	联合国开发计划署驻华代表处和国务院发展研究中心共同撰写了《中国人类发展报告2016》	报告在总结中国过去发展经验教训，尤其是社会创新经验的基础上，分析中国社会经济背景和特性，参考了国际相关发展经验，为中国应对挑战提出了通过社会创新提高人类发展包容性、减少不平等的政策建议②
	社会价值投资联盟（深圳）成立	社会价值投资联盟（深圳）是中国首家专注于促进可持续金融的国际化新公益平台③
	“第一反应”成为中国大陆首家获得认证的共益企业	“第一反应”是一家提供急救培训和赛事生命救援服务的公司，致力于解决救护车到达前的有效救助，搭建全民互助急救平台，将互助互救发展为中国社会的常态
2017年	中国人民大学成立中国人民大学—尤努斯社会事业与微型金融研究中心	中心将以研究为导向，着手开展开发与社会事业、微型金融、中国格莱珉银行模式相关的案例和学术论文，搭建学者与实务界人士沟通交流平台，在选定的中国贫困地区复制格莱珉银行模式，翻译具有代表性的有关格莱珉银行的学术论文或编译相关书籍，在全校范围内开设内容涉及社会事业与微型金融的本科生课程等工作。2018年中心出版了中国首部社会企业管理案例集《社会企业家精神》④
	Impact Hub Shanghai 成立	Impact Hub Shanghai 是中国内地第一家 Impact Hub，也是首家专注影响力创新、创业孵化及影响力投资的社群平台

① 参见中国人民大学网站，http：//cipsi.ruc.edu.cn/gywm/jj/index.htm。

② 联合国开发计划署驻华代表处，国务院发展研究中心．中国人类发展报告 2016：通过社会创新促进包容性的人类发展［M］．北京：中译出版社，2016.

③ 参见社会价值投资联盟（深圳）网站，https：//www.casvi.org。

④ 参见中国首部社会企业管理案例集《社会企业家精神》出版，中国公益慈善项目交流展示会网站，http：//www.cncf.org.cn/cms/content/11656。

续表

时间	事件	描述
2017年	南都公益基金会将规模化社会创新作为战略重点	在“建设公益生态系统，促进跨界合作创新”的新战略（2017—2019年）下，南都基金会的业务板块调整为行业建设、规模化社会创新、社会企业三大板块，其中规模化社会创新板块是战略重点。规模化社会创新板块采用发起、领导 / 协调、资助以及操作等方式，通过建设和运营中国好公益平台，促进针对真实社会问题或需求的有效公益产品的规模化[①]
	南都公益基金会理事长徐永光《公益向右 商业向左》一书出版	这是一本从宏观上介绍中国社会企业发展之路的书，通过公益与商业关系光谱图的构建，对比了公益组织与社会企业的关系，主张公益市场化，反对公益行政化、公益道德化。本书的出版引发了“二光之争”为代表的对公益、道德及商业等相关问题的热烈探讨
2018年	成都市人民政府办公厅出台了《关于培育社会企业促进社区发展治理的意见》	该文件促进了成都市建立包括登记注册、评审认定和扶持、服务、监管在内的全过程工作体系，促进和服务社会企业创设、运行和发展壮大等一系列支持社会企业发展的政策落地
	“公益与商业关系国际研讨会”在中国人民大学召开	会议围绕“公益的本质和价值观、公益行业与商业资本的关系”“商业策略作为公益创新模式”“互联网对公益与商业关系的影响”“企业社会责任的理论与实践”四个主题，对公益与商业的关系进行了深入的讨论[②]
	清华大学公共管理学院社会创新与乡村振兴研究中心成立	社会创新与乡村振兴研究中心旨在通过持续努力，将中心发展建设成为社会创新与乡村振兴领域的高端智库，促进领域内学术界、政府、企业和社会组织间合作，推动领域内的人才培养[③]

① 参见关于《南都公益基金会2017—2019战略修正案》的决议，南都公益基金会网站，http：//www.nandufoundation.org/Uploads/editor/file/20170308/1488955608518234.pdf。

② 参见“公益与商业关系国际研讨会”平行论坛A：公益的本质和价值观、公益行业与商业资本的关系，中国人民大学网站，http：//cipsi.ruc.edu.cn/dwjl/xshy/8e5af3e04ad842e0add0dc81f86b27a4.htm。

③ 参见清华大学公共管理学院社会创新与乡村振兴研究中心成立，清华大学网站，https：//www.tsinghua.edu.cn/info/1182/48738.htm。

续表

时间	事件	描述
2019年	“2019社会创新家TOP10”榜单发布	“2019社会创新家TOP10”榜单涵盖7大领域，分别是教育、环境、残障、医疗健康、乡村发展、科技公益以及30岁以下的社会创新家，共有70位社会创新家入选
	汇丰中国社会企业支持计划启动	汇丰中国社会企业支持计划2019—2020年发布会暨TOP20首场路演由汇丰中国社会企业支持计划、恩派社会企业孵化器主办，旨在推动社会企业在中国的发展，让商业惠及人人
2020年	ABC美好社会咨询社举办第一届“ABC社会创新挑战赛”	大赛聚焦“将好的idea，变成解决社会问题的好方案”，吸引了来自知名高校学生、企业在职青年以及本身正在尝试社会创新行动者的参与[①]

三、社会创新的问题与挑战

（一）社会创新的概念范围

彼得·德鲁克提出社会创新概念以“商业手段解决社会问题”为主要特征。在杨氏基金会和斯坦福社会创新中心发布的相关报告中，不惜笔墨用来描述社会创新的概念，但至今为止社会创新依然是一个相对模糊和相当灵活的概念。政府部门、企业、公益组织都从各自的角度理解和定义社会创新，社会创新的理论研究者和实践者对于社会创新的概念也有明显不同的认识。近来在社会创新概念之上延申出了社会企业、社会创新设计、影响力投资等相关概念，各个社会创新主体对社会创新的概念定义还没达成一致，很大程度上阻碍了各界的对话和沟通，这与社会创新要求多元主体参与的特征发生了明显的冲突。

① 参见聚焦青年创办力量 2020年ABC社会创新挑战赛完美落幕，凤凰网，https：//gongyi.ifeng.com/c/7xhATNaoa1Y。

（二）社会创新的理论发展

尽管社会创新本土化以知识精英的理论倡导为开端，但相关理论介绍和研究依然匮乏，对社会实践的探索难以起到有效的指导作用，形成了社会创新实践无序但丰富活跃的现象。另外，社会创新的相关理论起源于西方学术界，与中国的现实和发展并不能完全匹配套用，急切需要适用于本土社会现实的理论创新。

（三）社会创新本土化的经验总结与思考

社会创新实践中一些社会创新主体走在了前面，出现了具有启发性的创新成果，目前在社会创新优秀案例的挖掘、分析和交流上仍显不足。社会创新实践本身具有高风险和不确定性的特征，更容易受到外部环境变化的影响，中国社会创新的本土化实践也在曲折中前行。二十年间开展的很多实践如昙花一现，一个项目或活动在开展初期投入大量资源，一时风光无限，但后续没有任何结果。这个过程中遇到了什么困难？有哪些教训值得留给后面的社会创新者？目前没有答案。

（四）社会创新的政策支持

从海外社会创新大事记的梳理中发现，欧美以及亚洲的很多国家和地区都在政府层面出台了支持社会创新的专门法案或政策。在中国本土化的实践中，对社会创新的政策支持仅限于有限的地方政府出台的相关政策，更广地域以及中央层面的专门政策还未出台，相关的政策倡导也远远不足。

（五）社会创新的社会关注度与能力差距

目前中国社会创新的普及在很大程度上得益于政府在近些年大力推动的“社会管理创新”，再加上社会创新概念存在模糊性，社会大众对社会创新的认知不足，社会创新发展的根源动力受到限制。伴随着中国负责任大国的国际形象和经济体量的提升，中国的社会创新环境和创新能力形成了短板。在英国《经济学人》发布的“社会创新指数 2016”中，美国和英国分列第一名和第二名，中国在 45 个选定的国家中排名第 40。

参考文献

［1］纪光欣，徐霞．谁是社会创新理论第一人——社会创新概念探源［J］．创新与创业教育，2016，7（4）：1–3.

［2］尤努斯．穷人的银行家［M］．吴士宏，译．北京：生活·读书·新知三联书店，2006.

［3］李健．社会企业政策：国际经验与中国选择［M］．北京：社会科学文献出版社，2018.

［4］联合国开发计划署驻华代表处，国务院发展研究中心．中国人类发展报告 2016：通过社会创新促进包容性的人类发展［M］．北京：中译出版社，2016.

实验篇

河边扶贫实验：发展主义的实践困惑

□ 李小云*

● **摘 要**

河边扶贫实验是在脱贫攻坚战中采用现代化方式扶贫的一个具体案例，其整体框架是通过在河边村植入一个现代的新业态，从而提升村民的收入水平，摆脱依赖低收入传统农业的生计结构，并最终帮助村民走出贫困陷阱。河边扶贫实验的结果初步显示，一旦采用现代福利标准，脱贫就会具有很强的现代性路径依赖。河边扶贫实验对村庄物化改造和村民收入提升的成效是显著的，但是，由于乡村传统的物质基础和社会关系系统本身很难支撑现代产业的发展，该扶贫实验又面临可持续性的挑战。与此同时，河边村村民在“去农化”生计遭遇挑战以后所采取的生计“再农化”，有力地展示了小农的生存韧性。河边扶贫实验遭遇的恰恰是小农在现有条件下解决乡村贫困问题所面临的长期困惑，这也正是中国特殊的国情赋予乡村扶贫的现实意义。

● **关键词**

扶贫；河边实验；小农

自近代以来，贫困问题一直处在中国现代建设过程的核心。咸丰十一年（1861 年），近代思想家冯桂芬在《校邠庐抗议》中提出了“以中国之伦常名

* 作者简介：李小云，中国农业大学人文与发展学院教授，中国农业大学国际发展与全球农业学院 / 南南农业合作学院名誉院长，小云助贫中心发起人 。

教为原本，辅以诸国富强之术”[①]的主张，奠定了中国应对西方世界的“中学为体，西学为用”的策略，这一策略从某种意义上为中国采用现代化的方式摆脱贫困提供了框架。严复认为，“故居今而言救国，在首袪此贫。惟能疗贫，而后有强之可议也，而后于民力、民智、民德可徐及也”。[②]他将贫困放置在中国所有问题之核心，提出了以路矿扶贫、教育扶贫、综合扶贫等为内容的改造小农经济的扶贫主张。1919 年，孙中山致函美国商务部部长威廉·瑞德菲尔德（William Redfield），请求美国援助中国的工业。孙中山认为中国的发展需要外资，即便获得不了外资，美国至少可以向中国派出专家和发明者帮助中国实现工业化。从冯桂芬提出的学习西方富强之术，到严复的改造小农以及孙中山的吸引外资促进工业化，都反映了中国近代知识精英对于中国贫困落后原因的基本认知。贫困是中国自近代以来国民心理最大的阵痛——这一阵痛来自和西方发展对比的巨大差距，也是中国近代传统和现代问题论战及实践的主要历史语境。

中国共产党主张通过变革中国的社会生产关系来摆脱贫困。这一主张基于经典马克思主义关于资本主义是生产贫困的根本性制度，只有通过彻底改变资本主义的生产关系才能彻底解决贫困问题的基本论断。[③]与此同时，中国共产党也将社会现代化作为摆脱贫困的主要内容。从早期在中央苏区和陕甘宁边区实施土地改革、扫除文盲、发展现代教育，到建立合作社、发展经济等措施，均显示了中国共产党在改变中国贫困落后方面对于现代化路径的认同。这是理解中国当代扶贫工作的政治基础和历史背景。

中华人民共和国成立以后，消灭旧的生产关系所产生的减贫效益凸显。1950 年 6 月 30 日，《中华人民共和国土地改革法》正式颁布，在全国范围内分期分批实施土地改革，到 1952 年年底基本完成之时，全国 3 亿多农民无偿获得了约 7 亿亩土地和其他生产资料。1950 — 1956 年，中国粮食

① 冯桂芬 . 校邠庐抗议［M］. 上海：上海书店出版社，2002.

② 参见严复：《读新译甄克思〈社会通诠〉》，载《严复集》第 1 册，北京：中华书局 1986 年版，第 149 页。

③ 参见马克思：《雇佣劳动与资本》，载《马克思恩格斯选集》第 1 卷上册，中共中央马克思恩格斯列宁斯大林著作编译局编译，北京：人民出版社 1972 年版，第 380 页。

产量从13213万吨提高到19276万吨。[①]然而，后革命时代的建设远比土地改革要复杂得多。虽然贫困具有一定程度的客观性，但是现代意义的贫困和落后则是资本主义与封建主义对比之下产生的政治经济和社会文化产物，因为资本主义最大的进步意义在于物质生产的极大丰富。这就意味着中国即便实现了无产阶级革命的胜利，仍然需要不同程度地借助资本主义的生产关系来发展生产力。这正是改革开放的基本背景，也是中国社会主义道路的基本特色。可问题恰恰在于，虽然“发展”的修辞和“社会主义初级阶段”及“三个代表”的话语减少了意识形态的张力，但是改革开放之后不断增加的社会不平等所导致的贫困的生产与再生产，使中国特色社会主义不断遭遇理论和实践的挑战，这也是到2020年年底中国完成消除绝对贫困的政治背景。

中国过去四十多年大规模减贫的主要经验是，除非贫困的小农完全融入现代的生产方式和城市之中，否则农村贫困的缓解和消除将会是很困难的，这就是所谓的脱贫的路径依赖。正如科利尔（Paul Collier）和德肯（Stefan Dercon）针对非洲居高不下的贫困所言，根据发达国家和最近几十年亚洲新兴国家的经验，非洲如果希望实现经济增长和减贫，就需要考虑以下几个方面：一是大规模减少农业人口；二是大规模增加城镇和沿海地区人口；三是减少远离城市和沿海地区的农村人口数量；四是大幅度提高农业劳动生产率；五是大幅度提高农业生产总量。[②]中国农村减贫的实践和科利尔、德肯的理论观点都包含着一个主导主流扶贫实践的教义，即对传统社会的现代化改造是摆脱贫困的根本出路，而城市化、工业化及农业现代化则是摆脱贫困的有效路径。

1982年，国务院成立“三西”（河西、定西和西海固）地区农业建设领导小组，开始实施“三西地区农业建设计划”。[③]这一计划旨在通过改善“三西”

---

① 在国家统计局网站检索“粮食产量”得到的结果，参见https：//data.stats.gov.cn/search.htm？s=%E7%B2%AE%E9%A3%9F%E4%BA%A7%E9%87%8F。

② COLLIER P，DERCON S. African agriculture in 50 years：Smallholders in a rapidly changing world？［J］. World Development，2014，63：92-101.

③ 参见李培林、魏后凯、吴国宝：《扶贫蓝皮书：中国扶贫开发报告（2017）》，北京：社会科学文献出版社2017年版，第69页。

地区的农业基础设施条件，提高粮食生产水平，继而解决“三西”地区普遍存在的温饱问题。这是中国当代扶贫工作的开端。“三西地区农业建设计划”的基本含义在于确定了通过经济发展来摆脱贫困的扶贫战略，即被官方反复强调的“开发式扶贫”或“扶贫开发”。1994 年，中国政府开始实施“八七扶贫攻坚计划”，目标是到 2000 年，用 7 年的时间解决 8000 万人口的温饱问题。2001 年，中国政府正式宣布：“中国贫困人口温饱问题的基本解决、生活质量的大幅提高，与世界绝对贫困人口持续增加的情况形成了鲜明的对照”。[①] 但中国政府在其后发布的 21 世纪第一个十年《中国农村扶贫开发纲要（2001—2010 年）》中又提出，2001—2010 年农村扶贫开发的主要任务之一是继续解决剩余贫困人口的温饱问题，[②] 暗示了农村温饱问题并未完全解决，扶贫之后仍然存在“剩余贫困”问题。2011 年，中国政府发布 21 世纪第二个十年《中国农村扶贫开发纲要（2011—2020 年）》，确定按照 2010 年不变价，将农民年均可支配收入达到 2300 元作为 2020 年全面消除农村绝对贫困的目标，并为实现这一目标发起了世界规模最大、力度最强、动员程度最广泛的脱贫攻坚战。2019 年，中国官方宣布，农村贫困人口已减少到 551 万人，97%的建档立卡户实现了“两不愁，三保障”，[③] 这预示着到 2020 年将会如期实现脱贫目标。与此同时，中国官方也释放出即使农村绝对贫困消除，农村的贫困仍然会以相对贫困的形式存在，扶贫工作仍将继续等信息。[④] 脱贫和“剩余贫困”的反复并存不仅是扶贫效果的问题，更重要的则是传统与现代相纠缠的问题，这是中国农村扶贫之难的深层次原因。

中国消除贫困的成就是举世公认的。以云南省昆明市官渡区季官社区（前身为季官村）为例，任何人置身其间，都很难相信 10 年前这里还是一个贫困村。2009 年季官村村民人均年收入只有不到 2000 元，村内仅有 7 间砖瓦房，

---

① 参见国务院新闻办公室：《2000 年中国人权事业的进展》，中国政府网，http：//www.gov.cn/ziliao/flfg/2005-05/26/con-tent_1287.htm，2020 年 6 月 2 日访问。

② 参见国务院：《中国农村扶贫开发纲要（2001—2010 年）》，中国政府网，http：//www.gov.cn/zhengce/content/2016-09/23/content_5111138.htm，2020 年 6 月 2 日访问。

③ 参见《全国 97%的建档立卡贫困人口实现脱贫》，搜狐网，https：//www.sohu.com/a/392711302_119038，2020 年 6 月 2 日访问。

④ 参见刘永富：《脱贫攻坚任务完成后将转向缓解相对贫困》，中华网，https：//news.china.com/domesticgd/10000159/20200312/37906589.html，2020 年 5 月 5 日访问。

其余均为农户自建的土坯房，道路狭窄，卫生环境恶劣；而2019年季官社区居民人均年收入已超过了50000元，全部居住在与城市居民一样的现代化小区里。季官社区是中国过去四十多年摆脱贫困历程的一个缩影。由深圳市这样的从“小渔村”发展成为国际大都市的大故事和许许多多季官社区这样的小故事构成的中国经济社会变迁的宏伟叙事是中国历史性巨变的缩影，同时也是一个摆脱贫困的范式，它包含了中国持续解决农村贫困问题的路径依赖。中国农村扶贫的对象是千千万万的小农，按照马克思的观点，小农生产方式“既排斥生产资料的积聚，也排斥协作，排斥同一生产过程内部的分工，排斥社会对自然的统治和支配，排斥社会生产力的自由发展”，“它只同生产和社会的狭隘的自然产生的界限相容”，①因此，扶贫同时也意味着通过工业化和城市化对小农进行改造。现代化的扶贫成就是显而易见的，但是要解决中国乡村社会大规模的小农户的生存困境，拓展小农户的发展空间，则与常态化的扶贫及实施乡村振兴的战略息息相关，②这是中国小农长期存在这样一种特殊国情赋予乡村扶贫的现实意义。

本文既不是关于消除贫困的理论阐述，也不是针对如何消除贫困的实证研究，而是对笔者亲历主导的一个贫困村庄的扶贫实验工作的介绍及其有限的反思。一方面，从社会科学尤其是人类学和实证社会学的角度看，与作为“旁观者”的一般调查和参与式观察不同的是，“亲历者”（insider）基于自身的工作和体验，运用民族志或自我民族志（auto-ethnography）的方法，可以提供比一般的调查和参与式观察更具有反思能力的过程细节；③另一方面，“亲历者”也会由于自身利益和认知的局限而产生对于社会事件过程的片面解读、误读甚至遮掩，从而导致自反性思考意义的减弱。同时，在中国的语境下，对扶贫过程的客观陈述、批判性的分析都会受到诸多的客观制约。因此，采用“亲历者”的方法更难完整和真实呈现他所经历的过程，这一点对于笔者

① 参见马克思的《资本论》第1卷，中共中央马克思恩格斯列宁斯大林著作编译局编译，北京：人民出版社2004年版，第872页。

② 吴重庆．小农户视角下的常态化扶贫与实施乡村振兴战略的衔接［J］．马克思主义与现实，2020（3）：8-15，195。

③ 参见DAVID MOSSE，“Preface and Acknowledgements，” in DAVID MOSSE（ed.），Adventures in Aidland：The Anthropology of Professionals in International Development，New York・Oxford：Berghahn Books，2011。

而言尤其困难。这些因素不仅直接影响了本文的质量，也挑战了本文的学术伦理。尽管如此，笔者仍然希望将自己作为“亲历者”所展开的5年扶贫实验的局部过程以自述的形式呈现给学术界，供读者参考、批判和学习。本文的主要目的是呈现从开展贫困诊断到形成各种扶贫项目的关键过程，因此文章主要是叙述性的介绍，而非学术性的理论分析。由于媒体对笔者的扶贫实验有过大量的报道，基于通常的学术研究所采用的匿名处理已经无太大意义，所以本文在介绍和讨论中均采用真实地名和人名。本文第一部分首先介绍针对河边村的贫困诊断的路径和结果，第二部分介绍河边扶贫实验（以下简称河边实验）的核心项目“瑶族妈妈的客房”的实验内容和结果，第三部分则介绍围绕“瑶族妈妈的客房”所涉及的产业发展问题，第四部分为结论和讨论。

一、河边村的贫困：一个基于发展主义范式的解读

认识贫困是扶贫的基础，不同的认识范式导致不同的扶贫策略。钱伯斯（Robert Chambers）认为，对于认识贫困和扶贫而言，有两个不同的范式。一是专家即社会学家和发展学家的认识，这一认识主要基于如何测量贫困，在这一范式下的扶贫一般都是通过增加收入和改善消费来实现的；二是贫困人口自己对于贫困的认识，这一认识在表述上往往涉及资产、脆弱性和安全的问题。[①] 虽然笔者早期曾经受到钱伯斯贫困替代性认识思想的影响，但是在现有扶贫资源分配管理体制的约束下，笔者只能按照钱伯斯提出的第一种框架展开河边村的贫困诊断，所以，河边村的贫困诊断实际上沿袭了发展主义的知识路径。但是笔者同时也注意到了贫困动态的重要性，因为从改善扶贫政策效果的角度讲，对于贫困的认识需要超越静态分析的框架，从生命周期和

① 参见 ROBERT CHAMBERS，“Poverty in India：Concepts Measurement and Reality，” IDS Working paper，in B. HARRISS WHITE，et al.（eds.），Poverty in India：Research and Policy，Delhi：Oxford University Press，1992。

跨代的动态角度认识贫困。[①]为此，笔者在生计动态变化和发展主义路径分析的框架下，基于观察和感受形成了有关河边村表征贫困和基于数据形成了河边村规范性贫困的一系列结论，其核心为河边村是一个陷入贫困陷阱的、群体性贫困的深度贫困村。

河边村位于云南省勐腊县勐伴镇。勐腊县以前是国家级贫困县，2019 年退出贫困县。河边村 2011 年被确认为国家级贫困村，全村 57 户，共 206 人，除 2 人为汉族以外，其余村民均为瑶族，被确认为蓝靛瑶族。由于原居住地山高路远，无法通电，自 1982 年起，村民陆续由原居住地迁移到现址，在南腊河上游支流的小河两侧形成了现在的村庄，故名为河边村（实为上河边村）。河边村地处西双版纳热带雨林自然保护区内，平均海拔 800 米，年平均气温为 20℃，年均降水量在 1600~1780 毫米。按照 2015 年的调查数据，河边村有土地 782.3 亩，其中水田 145.7 亩，旱地 636.6 亩，橡胶林地约 2800 亩。人均水田 0.67 亩，人均旱地 2.95 亩。农户主要种植水稻、玉米、甘蔗，养殖业主要是数量很少的冬瓜猪养殖。农户的主要收入来源是甘蔗种植、砂仁采摘、外出打工及国家转移性补贴。河边村整体上呈现为传统小农的状态。

2015 年年初的河边村除了村民小组的办公房之外，全村没有一栋砖混结构的房屋，村民都住在没有窗户、没有卫生间、没有厨房的“三无”破旧木房里，做饭就是在外面搭一个柴火架子。进村的路是一条 8 公里长的盘山土路，是政府补贴、村民自己修的砂石路，雨季只有摩托车可以勉强通行，汽车无法进村。村里没有学校，上小学要到山下的行政村勐伴村村委会所在地，初中在镇里，高中在县城里。河边村的孩子从上小学就开始住校，每周五家长用摩托车接或学生自己走路回家，周日家长再送回学校，因此摩托车是村民必备的交通工具。2015 年年初笔者到访河边村时，村民唯一的希望就是能搬到山下生活，因为他们要到山下买生活必需品，孩子要到山下的学校上学，打工也都在山下，而砍甘蔗、割胶不是每天要做的事，可以骑摩托车上山做。有着大片水田的傣族村纳卡村的生活就是河边村村民的梦想。政府实际上也

① 参见 TONY ADDISON，DAVID HULME，RAVI KANBUR，“Poverty Dynamic：Measurement and Understanding from an Interdisciplinary Perspective，” in TONY ADDISON，DAVID HULME，RAVI KANBUR（eds.），Poverty Dynamics：Interdisciplinary Perspectives，New York：Oxford University，2009。

在纳卡村附近开了地，每户都给了宅基地，有的村民也盖了简易的房子。按照发展主义的视角来衡量，与中国内地乡村普遍存在贫富差异不同的是，河边村整体性的贫困状态较为明显。

实验团队入户调查的数据显示，2015 年河边村村民人均可支配收入仅为 4303 元，远远低于同年云南省农民人均可支配收入 8242 元和全国农民人均可支配收入 11422 元的水平，很显然河边村处于显性收入贫困状态。2015 年，河边村人均消费支出为 5098 元，远远低于全国农民人均消费支出 9223 元的水平，可见河边村也处于消费性贫困状态。村民收入中，工资性收入占 21.71%，农业收入占 51.99%，政府转移性收入占 20.39%，呈现出明显的生计依赖农业的特点。根据村民对 2015 年前三年生活状况的回忆，他们普遍认为自从通了电和自来水，特别是 2013 年开始种植甘蔗以后，生活水平有了提升，但之后全村的经济状况一直都维持在 2015 年的水平。假定 2015 年河边村处于贫困状态的话，那么可以认为河边村在 2015 年之前事实上处于所谓的长期性贫困状态。为了比较系统地了解河边村的贫困状态，实验团队根据自己调查得到的 2015 年全村可支配收入数据选择 F 统计量，使用统计产品与服务解决方案（Statistical Product and Service Solutions，SPSS）软件进行单因素方差分析，分析了不同农户家庭人口的数量对收入的影响。在给出显著性水平 $\alpha=0.05$ 的条件下，计算检验统计量的观测值和概率 p 值为 0.43，远远大于 0.05 的显著性水平，得出不同类型农户家庭成员数量对人均可支配收入无显著影响的结论；进一步的检验显示，p 值为 0.14，远高于 0.05 的显著性水平，农户家庭人口数量的差异并未对收入产生影响（见表 1）。与此同时，笔者又对河边村农户的人均收入分布做了统计，发现全村农

表 1　　2015 年河边村农户收入的单因素方差分析

	平方和	*df.*	均方	F	显著性
组间	51673752.71	5	10334750.54	1.77	0.14
组内	262371778.48	45	5830483.97	/	/
总数	314045531.19	50	/	/	/

数据来源：李小云、苑军军：《脱离“贫困陷阱”——以西南 H 村产业扶贫为例》，载于《华中农业大学学报（社会科学版）》2020 年第 2 期。

户收入呈现正态分布，村民收入高度集中，村民贫富差异不明显，这是一个典型的没有富人的村庄。

河边村村民2015年人均消费支出为5098元，人均可支配收入为4303元，支出高于收入，人均累计债务3049元，农村信用合作社将河边村划入了不能继续提供贷款的村。村民的消费主要是在支付小孩上学费用、看病以及购置摩托车和汽油等方面。河边村村民债务居高不下的主要原因是收入增长缓慢，村民反映2013年种植甘蔗以后，村民的收入大致维持在2015年的水平，显示出收入提升的刚性约束；但同时，村民的支出逐年上升，而且很多支出的刚性特点日益突出。大多数家庭的摩托车汽油费每年在2000~3000元。每个上小学或中学的小孩每周都需要20~30元的各种费用。在现代商品性消费的推动下，河边村处于债务不断累积的状态，呈现出典型的“发展性贫困”。一方面，河边村村民生活在与现代化物质生产有很大差距的相对落后状态，这一状态下的社会生产关系自身的机制在于维系低水平物质生产的均衡，无法实现物质生产的提升。另一方面，村民没有能力搭上现代化的列车，但同时又被卷入现代的消费体系中，形成了所谓的贫困的再生产。

一般来说，以奥康纳（Alice O’Connor）为代表的基于福利缺失视角的研究者与政策制定者都倾向于认为贫困是个体或者国家福利体系的失败。河边村贫困诊断的结论也是一样。上述针对河边村贫困生产和再生产机制的认识的政策含义是，河边村的贫困是由发展不足导致的，以此形成了河边实验“现代对接传统”的扶贫框架。由于发展不足，河边村呈现出所谓的“脱贫难”，官方将这类贫困村定义为“深度贫困村”，并认为这些村庄的贫困是“难中之难”，针对这些村庄的扶贫是“重中之重”。从对河边村收入和支出的预测可以进一步理解针对这样的村庄的扶贫之所以“难”的原因。如表2所示，假设按照农民年均收入增长9%、支出维持在2015年的水平，而且新增的收入均用于还债，不新增债务，那么，河边村的村民要到2021年才有可能还清债务。但是这一生计状态意味着村民的消费没有改变，既没有增加积累，也无力建造新的房子，也就是说，村民到2021年仍将维持2015年的贫困状态，这就是所谓的“贫困陷阱”和“长期性贫困”。河边村呈现出的贫困的长期性和顽固性印证了21世纪以来关于“贫困为什么长期存在”的一些理论观点。鲍勒斯（Samuel Bowles）等一批长期研究贫困问题的经济学家认为，索罗（Robert Solow）1956年提出的个体努力的缺乏是导致贫困的主要原因①的理论，无法解释贫困持续存在的普遍现象，实际上，在个人努力发挥作用之前，存在所谓的“贫困陷阱”。②这一观点将奥康纳认为贫困是因为缺乏机会的观点具体化为缺乏发展个体经济的能力。

表2　　对河边村村民收入和支出变动的预测

年份	2015	2016	2017	2018	2019	2020	2021
人均收入（元）	4303	4690	5112	5572	6073	6620	7216
人均支出（元）	5098	5098	5098	5098	5098	5098	5098
人均累计债务（元）	3049	3457	3443	2969	1994	472	-1646

数据来源：李小云、苑军军：《脱离“贫困陷阱”——以西南H村产业扶贫为例》，载于《华中农业大学学报（社会科学版）》2020年第2期。

基于上述针对河边村贫困的诊断，实验团队认为，第一，政府确定到2020年要实现脱贫，虽然2015年河边村村民的收入已经超过了当年的贫困线，但是河边村的债务水平过高，因此，除非免除所有债务并且不发生新的债务，否则到2020年，按照纯收入计算是无法实现脱贫的；第二，即便免除所有债务并且不发生新的债务，按照2015年的生计结构和收入路径预测，到2020年可以实现2300元（2010年不变价）的脱贫线目标，但前提是消费维持在2015年的水平，很显然，这种脱贫仅仅是收入表观性的；第三，即便消费水平与收入水平同步增加，农户无法产生积累，按照每户建房需要15万元资金估算，河边村村民仍然无法自力更生实现住房保障的目标。在此条件下，到2020年实现脱贫需要两个条件：一是村民收入水平大幅度提升，二是村民福利缺失的短板由政府提供支持来补齐。

① SOLOW R M. A contribution to the theory of economic growth［J］. The Quarterly Journal of Economics, 1956, 70（1）: 65-94.

② 参见 SAMUEL BOWLES, STEVEN N. DURLAUF, KARLA HOFF, “Introduction,” in SAMUEL BOWLES, STEVEN N. DURLAUF, KARLA HOFF（eds.）, Poverty Traps, Princeton : Princeton University Press ; New York : Russell Sage Foundation, 2006。

基于收入和消费分析而形成的对河边村贫困状况的认识直接推动形成了向河边村投入资源的扶贫计划，即建设基础设施和生活设施（道路和住房等），建立教育和医疗保障，发展高收入产业，其主要思路是推动河边村的现代化改造，通过传统与现代的有机衔接实现脱贫。很显然，这一诊断在方法上聚焦了村民生计的结果，但正如格林（Maia Green）等人所指出的，这样的贫困诊断实际上很难把握农户所嵌入的外部因素对贫困的影响，[①]因此造成了其后形成的扶贫方案对很多结构性因素的忽视。基于这一过程形成的河边实验的各种项目在实施过程中与贫困生产和再生产机制相缠绕，使扶贫场域中的政治经济和社会文化呈现出复杂的景观。这一复杂性的主要特点是现代与传统具有巨大的张力，使得河边实验成为发展主义知识遭遇的战场。

二、“瑶族妈妈的客房”：“去农化”扶贫路径的尴尬

塔考克（Isabelle Tsakok）根据对包括中国在内的全世界不同类型国家乡村发展的比较认为，成功的农业和农村的转型一般有四个特点：农业在国民生产总值中的比例下降，农业就业比例下降，农业生产力持续几十年有提升，以及一半以上的农民持续几十年收入有增长。[②]这也是农村贫困减少的过程。塔考克的观点代表典型的通过社会经济转型来摆脱农村贫困的主张。河边实验基于收入和支出关系所展开的河边村贫困诊断在框架方向上与塔考克的观点也是一致的。这个框架的主要假设如下。首先，政府的教育和医疗扶贫措施已经覆盖了全村，政府不大可能再对农户在这些方面的支出予以补助，因此，弥补支出缺口只能依靠农户“自力更生”。其次，按照上述对村民收入和支出的预测，如果基于到2020年脱贫的要求，河边村有以下两种可能的选择。其一，由于河边村没有一户拥有安全住房，要到2020年实现住房保障的扶贫

① GREEN M，HULME D. From correlates and characteristics to causes：Thinking about poverty from a chronic poverty perspective［J］. World Development，2005，33（6）：867-879.

② TSAKOK I. Success in agricultural transformation：What it means and what makes it happen［M］. Cambridge：Cambridge University Press，2011.

目标，农户建房的最低资金需求为10万元，如果政府能无偿为每户提供资金10万元，农户的收入以年均9%的增速增长，并且不产生新增支出，河边村到2020年就可以实现收入达标和“两不愁，三保障”的脱贫目标。这一方案的前提是政府无偿为农户提供10万元资金支持，但是这一方案属于低水平脱贫方案。其二，如果政府为每个农户提供10万元支持，同时农户能有一个使收入倍增的产业，假定一个产业需要3年见效，从2015年算起，到2018年就可以实现人均可支配收入8000元，这意味着河边村村民到2020年将会接近或超过全国农民平均收入水平，这一方案属于高水平脱贫方案。但是实现这一方案需要两个条件：一是政府提供10万元支持；二是有一个能创造倍增收入的产业，并且农户有从事这个产业的能力。

鲍勒斯等人认为，对于陷入贫困陷阱的贫困群体或个体而言，在发挥个体的能动性之前，这个群体或个体需要在金融资本和人力资本方面达到一个所谓的“关键性门槛”（critical threshold），否则，贫困人口很难越过贫困陷阱。[①] 在河边村贫困诊断的过程中，有一个笔者在与村民的共同日常生活中反复体验并且备受困扰的问题，即贫困的“外生性”和“内生性”的关系问题。村民之所以通宵收甘蔗的主要原因是糖厂需要将大量的甘蔗集中拉出村外，这样可以节约运输成本，而村民为了确保甘蔗糖分含量达标，必须在甘蔗成熟时全村动员彻夜收甘蔗。随着甘蔗面积的扩大，亚洲野象的破坏成了甘蔗生产最大的麻烦。辛苦种植的甘蔗被大象破坏，农户只能获得每亩700元的补偿，而投入的资金和劳力成本每亩在1000元以上，补偿不足以弥补损失。因此，我们很难将河边村的贫困看作“内生动力不足”的情况。瑶族村民由于语言文化等方面的限制，很少远距离外出打工，下山打工每天也只有80~100元的收入，并且都有季节性，收入受到很大的限制。很显然，在社会经济快速转型的条件下，河边村贫困的“外生性”特点非常明显，贫困实际上被深深地嵌入发展的制度中。[②] 即便对于相信个人努力可以致富的美国兰

① 参见SAMUEL BOWLES，STEVEN N. DURLAUF，KARLA HOFF，“Introduction，” in SAMUEL BOWLES，STEVEN N. DURLAUF，KARLA HOFF（eds.），Poverty Traps，Princeton：Princeton University Press；New York：Russell Sage Foundation，2006。

② 李小云，吴一凡，董强，等．发展性贫困的生产：制度与文化的田野对话——一个Y族村庄生活的发展叙事［J］．广西民族大学学报（哲学社会科学版），2019，41（3）：164-174.

克（Mark Rank）而言，也认为贫困是个人的失败的观点只是一种迷思，贫困主要是就业歧视和社会保障缺位造成的结构性失败所致。①一方面，河边实验在宏观上将河边村的贫困主要视为结构性的，很多实验需要的条件正是在脱贫攻坚的政策下解决这一结构性问题的举措，如农村低保、教育和卫生等社会公共服务；另一方面，河边实验在微观上则将河边村的贫困看成是农户陷入了一个只能获得低收入的传统生产方式和体系中，需要开发新的收入空间，但是农户能力不足，无法挖掘出新的机会。

由于在现有的生计策略中难以挖掘出能大幅度提高农户收入的产业，河边实验团队和村民首先开发出了“雨林鸡蛋”项目。河边村村民养的鸡主要在田间和雨林里寻食，鸡蛋很小，蛋黄很黄，属于典型的“有机蛋”，非常适应城市高收入群体的需求。2015 年实验团队开始利用微电商开发“河边雨林鸡蛋”，通过固定客户订单的形式展开销售。然而这一项目运行一段时间以后就出现了问题。虽然鸡蛋卖到了 10 元一个，被人戏称为“河边金蛋”，但是为了保证鸡蛋的“原生性”，无法采用现代化饲养方式扩大生产规模，而且当地鸡的品种也不适合集中大规模养殖，一旦大规模养殖就容易暴发鸡瘟。由于一户一年最多也只能出产 50~100 个蛋，即便按当初设想的 10 元一个“金蛋”来算，收入也不高。2015—2016 年，全村总的鸡蛋销售额不过区区几万元，显然无法满足村民大幅度提高收入的扶贫要求，只能停止。河边实验的第一个“小农生产扶贫”项目遭遇挫折，这也直接导致了河边实验转向“去农化扶贫”的实验。

事实上，河边村在传统农业结构中挖掘高收入产业将会非常困难。河边村地处西双版纳热带雨林之中，冬季温暖，夏季夜晚凉快，而且背靠望天树雨林公园，可以发展高端休闲康养新业态。基于这一设想，河边实验团队与村民共同讨论形成了通过建设“瑶族妈妈的客房”带动河边村新业态产业发展的规划。“瑶族妈妈的客房”的设计是利用政府的建房扶贫资金，在村民的住宅中单独建造一套客房，即把客房建在瑶族村民的家里，实现乡村康养旅

① RANK M R，HIRSCHL T A. Rags or riches? Estimating the probabilities of poverty and affluence across the adult American life span［J］. Social Science Quarterly，2001，82（4）：651-669.

游真正意义上的社会性，这样就可以找到扶贫和乡村振兴的有机衔接点。然而，实施这一项目存在诸多困难。首先，政府需要将原计划用于河边村扶贫的各种资金进行调整整合，以便能够发展新业态产业，特别是政府安居房原设计为标准化的砖混结构住房，并计划通过招标引入建筑公司承建，建设“瑶族妈妈的客房”属于改变项目用途。其次，按照发展新业态的规划，村民的新房需要建成西双版纳热带干栏式木楼才能吸引外来客人居住，但是村民不愿意。他们祖祖辈辈住在这种木房子里，儿子找不到媳妇，要建山下的那种砖混结构房。最后，客房嵌入村民家中，如何管理这些客房，谁来负责管理运营也是问题。

政府对在河边村发展新业态的设想予以支持。按照云南省政府的规定，易地搬迁计划中每户可以得到 6 万元的 20 年无息贷款（按新政策 2018 年起贷款变为补助，不用偿还），建档立卡户可以额外得到 4 万元建房补助，另外政府还整合了住建部门每户 1 万元的危房改造费用。这意味着，河边村普通农户可以得到 7 万元的建房补助，22 个贫困户则可以得到 11 万元的建房补助，除此之外，政府的扶贫项目支持了通村道路、村内道路和饮水设施的建设。河边实验团队在勐腊县注册了“小云助贫”民间组织，实验团队先后筹集 300 多万元为全村每一户装修了“瑶族妈妈的客房”，建设了卫生间、厨房、会议设施、幼儿园和村内的景观等。经过 5 年的扶贫，河边村发生了多方面的变化。一是感官贫困彻底消失。用外来人的话讲，这是一个真正的美丽乡村。二是村民的收入有了很大的提升。2016 年河边村户均收入为 8860 元，2017 年增加到 20263 元，2018 年为 29131 元，2019 年达到了 30000 元以上。2019 年，河边村还有两户村民购买了汽车。

收入和支出模式是河边村贫困诊断的重要内容，也是形成河边实验的基础。开发能大幅度提高农民收入的新业态产业是河边实验的核心。从 2017 年开始，“瑶族妈妈的客房”的居住功能逐渐完善，带动了河边村自然教育、亲子游、康养、小型会议及餐饮业的发展，河边村开始经历生计策略的转型。由表 3 可见，2015 年，河边村农户收入中工资性收入约占 22%，农业收入约占 52%；到 2018 年，来自新业态的收入约占 40%，而农业收入下降到约 9.7%。新业态收入的高占比和农业收入占比的大幅下降显示了河边村村民的生计结构发生了根本的变化，农户收入开始摆脱对农业的依赖，河边实验初步实现了通过发展高收入产业打破依赖低收入传统农业的目标，村民的收入呈现了“去农化”的特点。

表 3　　2015—2018 年河边村农户的收入结构

收入结构	2015 年		2016 年		2017 年		2018 年	
	金额（元）	占比（%）	金额（元）	占比（%）	金额（元）	占比（%）	金额（元）	占比（%）
工资性收入	5345.46	21.71	1367.27	15.79	3558.46	17.56	6280.65	21.56
农业收入	12802.91	51.99	4570.72	52.78	5956.54	29.40	2833.23	9.73
非农业经营收入	210.55	0.85	525.45	6.07	648.08	3.20	2609.68	8.96
政府转移性收入	5021.46	20.39	1648.18	19.03	2171.62	10.71	4670.34	16.03
财产性收入	1247.09	5.06	548.73	6.34	1253.85	6.19	1072.58	3.68
新业态收入	0	0	0	0	6675.14	32.94	11664.97	40.04
户均总收入	24627.47	100	8660.35	100	20263.69	100	29131.45	100

数据来源：李小云、苑军军：《脱离“贫困陷阱”——以西南 H 村产业扶贫为例》，载于《华中农业大学学报（社会科学版）》2020 年第 2 期。

河边村开发的新业态产业为河边村村民带来了可观的收入。嵌入农户的瑶族特色木楼客房每晚房价为 300 元，由雨林瑶家合作社负责运营，并收取 10% 的管理费。每个农户均有一套面积不等、风格各异的嵌入自家小楼的客房，2018 年，建好客房农户的新业态产业户均收入为 14737 元，农业收入仅为 3012 元。不仅如此，各种新业态的活动从 1 月到 12 月持续不断，为村民带来了不间断的即时收入，解决了农户长期以来缺乏流动资金，收入只能等到农作物收获以后，而平时主要依靠借贷流动资金的困境。而且，新业态在村民的家里开创了就业和收入的新空间，农户外出打工开始减少，大大缓解了潜在的留守问题。从事新业态产业以管理客房和提供其他服务为主，不会影响日常的农业生产，属于附加性的产业增值。

但实践发现，新业态产业特别是餐饮业属于劳动密集型，各种会议和自然教育营地等活动需要占用农户大量时间，而且这些活动很难像农业生产那样按照季节做计划，一旦有人来开会，农户就得停下日常的工作去接待客人并为其提供各种服务，在家增加就业的优势还是大打折扣。2018 年，很多农户停止种植水稻，理由是忙不过来。河边实验原本希望新业态的发展不能影响粮食生产，而且将粮食生产作为复合型产业体系中的基础性产业，但事实上新业态分割和碎片化了农户的劳动时间，影响了农业生产。河边村甘蔗种植面积的逐年减少就是新业态替代效应的典型例子。由于甘蔗的价格是和蔗糖含量挂钩的，而糖的含量又和能否按时收割直接相关，因此，集中快速收割对于农户十分重要，但是河边村的甘蔗都种在山坡地上，很难进行机械化收割。自从发展甘蔗种植以来，河边村逐渐形成了连户帮工的模式，但连户帮工是一个分享劳动力的链条，这个链条建立在相互出工的基础之上，是一种劳力互换行为。一旦几户不能出工，势必会影响其他农户的甘蔗收割，从而导致帮工链条的断裂。如果有几户表示不种甘蔗，其他户也会跟着不种。到 2019 年，河边村几乎停止了甘蔗的种植。在新业态高收入的影响下，河边村农户的收入结构逐渐趋向单一化。2019 年，河边村开始引进花椒种植作为对甘蔗的替代，虽然种花椒比种甘蔗节约投入和劳力，但花椒在挂果之前仍然需要一定的管理，很多农户表示精力不够，导致花椒的收成受到影响。

河边实验通过专家、政府与村民的合作成功地实现了贫困农户生计策略的转型和收入的提升，与现代生产方式的对接也使得河边村进一步连接了市场。原本粮食完全自给的河边村，2019 年时全村 57 户只有大约 20 户种了水稻，其余 30 多户都从市场购买大米。然而，2020 年年初新冠疫情突发导致河边村来自新业态的收入几乎为零。虽然 7 月以后解除了隔离，但原先计划实施的自然教育项目都因为没有招到人而不得不取消，2020 年新业态遭遇重创。河边村除了经营餐厅的几户人家由于收入较高有积累以外，大多数农户将之前新增的收入拿来偿还了建房的债务，或者做了新的投资，几乎没有了什么积累，有的农户甚至只能借债购买粮食和支付小孩上学的费用。疫情导致不少农户重新跌入了收入性贫困陷阱。

疫情期间，大多数河边村农户都恢复了水稻种植。面对河边村生计趋于单一化的问题，实验团队与村民努力开发复合型产业体系，引入了蔬菜种植、养鸡、养鱼、雨林养蜂等辅助性产业，这些辅助性产业示范户都获得了 5000

元至 10000 元不等的收入。河边村村民生计“再农化”和“多元化”的意义显示了河边实验团队基于发展主义路径展开的“去农化”扶贫策略的局限性。

农业季节性生产的特点无法让农民实现充分就业，但可以实现弹性就业，[①] 因此，河边实验希望通过“瑶族妈妈的客房”所带动的新业态产业来填补就业空间，如通过在村里举办小型高端会议的方式来培育一种在同一个空间能使农业和非农业就业有机结合的模式，从而实现劳动时间的优化配置，提高农户总收益。可实践表明，虽然新业态活动在时间上的不确定性并不会从根本上影响不同产业的兼顾，但是一旦有了高收入的新业态，村民就会趋向于减少劳动强度高的其他生产活动。笔者与几位停止水稻和甘蔗种植的村民讨论了这一问题，村民认为 2018 年来村里的人太多，一年不断，再种地太累了。新业态产业不仅在收入上挤压农业，而且在总体效用（如腾出了休息的时间）上的优势也在无形中加剧了“去农化”现象，这也体现了现代化对传统农业的文化性消解。基于发展主义视角设计的河边实验在新冠疫情下的遭遇清楚地显示了众多学者在中国现代化语境下对小农命运关切的现实意义。[②] 从发展主义的角度讲，如果河边村能像季官村那样被完全城市化，那么河边村的脱贫也许不会是个梦想，但是河边村是一个远离城市的边远山区村庄，“去农化”扶贫在给村民带来收入增加的同时，也导致了村民生计结构的脆弱。更为重要的是，贫困乡村缺乏城市的那种风险防御和保障系统，“去农化”以后的村民一旦遭遇大的风险，即刻就会陷入困境。如果将贫困的村庄不仅“去农化”而且“去土地化”，其结果则更是不言而喻。河边实验虽然强调小农扶贫需要复合型产业应对生计风险，但是“瑶族妈妈的客房”带动的新业态产业还是造成了明显的“去农化”结果，导致河边村村民生计结构脆弱，风险加大，这也显示出基于发展主义的扶贫范式的某种困境。与季官村不同的是，河边村村民仍然有土地，疫情时村民迅速回归农田，也显示了陈

① 吴重庆．小农户视角下的常态化扶贫与实施乡村振兴战略的衔接［J］．马克思主义与现实，2020（3）：8–15，195.

② 参见吴重庆、张慧鹏：《小农与乡村振兴——现代农业产业分工体系中小农户的结构性困境与出路》，载于《南京农业大学学报（社会科学版）》2019 年第 1 期；姚洋：《重新认识小农经济》，载于《中国合作经济》2017 年第 8 期；陈军亚：《韧性小农：历史延续与现代转换——中国小农户的生命力及自主责任机制》，载于《中国社会科学》2019 年第 12 期。

军亚所提出的小农“脆而不折，弱而不怠”的抵御风险的韧性。[①] 小农户这种韧性的基础是土地，因此，从某种程度上讲，正是小农户的大量存在，才使得近代以来中国工业化和城市化过程中产生的各种风险能够得以转移。[②]

三、传统衔接现代：河边实验的迷思

季官村的叙事是一个现代覆盖传统的象征。这在宏观上涉及中国近代以来国家发展的重大理论问题，同时也涉及工业化、城市化、小农等诸多微观实践问题。尽管在新的时期强调新的发展观和新的发展方式，但是国家的发展目标始终未能超越对现代发展范式的依赖。在这样的条件下，消除农村绝对贫困也就不是一个简单的福利转移的社会工程，而恰恰是改造传统小农的过程。[③] 正如梁漱溟所言，中国近百年的自救历程恰恰也是消解乡村的历史。[④] 在此语境下，河边实验实际上也是一个具有发展理想主义色彩的乡村现代化的实验。

传统农业社会是一个贫穷的社会，或者说勤劳并不能致富，勤劳的功效是十分有限的。[⑤] 河边村不完全是一个传统的农业社会，但在总体上却是一个典型的“勤劳的传统社会”。因此，河边实验的总体设想是将河边村带入“勤劳的现代社会”。“瑶族妈妈的客房”所带动的新业态不仅是对产业物理空间的再造，而且也是一个将城市偏好的现代制度移植到乡村的过程。2015 年年初的河边村，满村都是猪和鸡，对于村民来说，这就是生活和文化。村民在家门口随意撒点玉米，自家的鸡群就会过来。猪舍就在房子的边上，喂猪很方便，老人都可以做。发展新业态产业需要改善村内环境，建设村里的绿色景观，但是种上的花草很快就被鸡和猪破坏，人畜混住造成卫生状况恶劣。

① 陈军亚 . 韧性小农：历史延续与现代转换——中国小农户的生命力及自主责任机制［J］. 中国社会科学，2019（12）：82–99，201.

② 温铁军，等 . 八次危机：中国的真实经验 1949—2009［M］. 北京：东方出版社，2013.

③ 李小云，徐进 . 消除贫困：中国扶贫新实践的社会学研究［J］. 社会学研究，2020，35（6）：20–43，242.

④ 梁漱溟 . 乡村建设理论［M］. 北京：商务印书馆，2015.

⑤ 徐勇 . 农民理性的扩张：“中国奇迹”的创造主体分析——对既有理论的挑战及新的分析进路的提出［J］. 中国社会科学，2010（1）：103–118，223.

于是，河边实验筹资在远离村庄的地方建造了集体猪舍，可是将猪舍从村里转移到集体猪舍整整花了两年的时间，村民不愿意把猪移走，原因很简单：路太远，老人和妇女喂猪有很大困难。人畜混住是传统乡村社会家庭劳动分工模式下特定社会生产关系和生产方式的一部分，人畜分离也就意味着传统的劳动分工模式的改变。去过河边村的人会发现，早上有很多妇女挑着担子到集体猪舍去喂猪。根据笔者的估算，妇女花费在喂猪方面的时间比过去增加了至少三倍以上。河边实验在设计“瑶族妈妈的客房”项目时，提出了实验需要有性别敏感性。“瑶族妈妈的客房”将妇女的劳动空间与创收空间整合在一起，为增加妇女的在家就业提供了条件，[①]但是，养猪空间的外移又增加了妇女的负担。发展主义的干预往往是线性的，而社会结构是复杂的，这就导致了干预结果的复杂性。在河边村围绕着鸡和猪的去处所引发的争议看起来是“干净卫生”与“脏乱差”的斗争，但实质是传统和现代之间的较量。“脏乱差”是传统乡村社会物质生产方式和社会生产关系的产物，是乡村固有的特点。与河边村相比，季官村是干净和卫生的，但其背后是城市社会和物质生产、再生产的社会关系体系。河边村新业态产业的发展不仅涉及生计结构的调整，更重要的是城市价值及相应的社会和物质生产关系向乡村的侵入。从某种意义上讲，“脏乱差”是“乡村性”的表征，而“干净卫生”则是城市的符号，其背后是两种不同的经济社会和文化体系。

“瑶族妈妈的客房”所带动的新业态不仅改变了河边村农户的生计结构，也在改造村民尤其是年轻人的技能和知识。如果说新业态产业主导农户收入是“去农化”的象征，那么，村民技能和知识特别是价值观等方面的改变则是实质性的“去农化”。河边实验为了体现以村民为中心的理念，建立了河边青年工作队。实验项目请来建房、砌砖等方面的师傅，现场教授村民学习各种技术。外出承包建房也成了一部分年轻人重要的收入来源。过去这些年轻人外出打工一天只能挣 100 元，现在一天可以挣到 200~250 元，他们对于从前的农业失去了兴趣，很多农民也不愿意去割胶了。从事餐饮业的几户村民

① 李小云，陈邦炼，宋海燕，等．“妇女贫困”路径的减贫溢出与赋权异化——一个少数民族妇女扶贫实践的发展学观察［J］. 妇女研究论丛，2019（2）：5-16.

说，做饭有点累，但是钱来得快而且多。他们对于河边实验做的花椒项目不积极，当初动员给补贴大家都不愿意种，但是政府聘请的厨师到村里培训做面食，村民都积极参加，培训一周后参加考试拿到了证书。恩格斯讲“资本主义生产方式的发展，割断了农业小生产的命脉”，[①] 发展主义的扶贫措施实际上消解了小农的生产方式。实验团队几乎每天都与村民围绕“景观”“花园”“整洁”等话题进行讨论。河边青年工作队成员的主要任务就是按照这些标准建设村庄。随着这一发展主义视角的扶贫工作不断推进，外来的人都说村里越来越好，河边村越来越不像农村。河边实验用发展友好的方式将现代价值逐渐移植到传统的河边村，但是这个由专家和政府强力嫁接的现代文化形态能否持续则尚需观察。

河边实验的设计希望通过客房的嵌入让村民成为管理客房的“小业主”，以此逐渐将村民培养成为能经营自己资源的“企业家”。但是，当他们单独面对市场时难免会出现拉客抢客、低价竞争的现象，而且单个农户也无法对接市场，这是“去小农扶贫”方式的核心软肋。一般情况下，政府往往鼓励企业介入，通过“公司加农户”的形式将农户与市场对接，被称为“发展能力替代”，这种方式虽然可以解决小农户难以对接市场的问题，但往往会导致扶贫收益的大量外溢。[②] 为了避免扶贫收益的外溢，河边实验采用全体村民以客房入股的方式建立了河边村农户股份合作社（雨林瑶家合作社），同时培养青年管理团队管理合作社的日常运营，从而确保新业态利益留村。考虑到村干部平时政府安排的事多，村民选举 3 名村干部分别担任合作社的董事长、监事长和董事，聘用 6 名青年村民为合作社的管理人员，对管理团队进行了入住身份录入登记、财务和发票开具等方面的培训。实验团队对于合作社的日常管理提供技术支持，团队与村民共同制定了合作社的详细管理规定。所有客人均须通过合作社安排入住，村民不得私自揽客，并按照合作社的要求负责客房管理。客房收入的 10%用于合作社的管理费用，出租会议室的收入也

---

① 参见《马克思恩格斯选集》第 4 卷，中共中央马克思恩格斯列宁斯大林著作编译局编译，北京：人民出版社 2012 年版，第 356 页。

② 李小云，徐进 . 消除贫困：中国扶贫新实践的社会学研究［J］. 社会学研究，2020，35（6）：20–43，242.

都归合作社。管理团队按月获得底薪，年底拿业绩奖励。合作社的收入除了支付管理团队费用以外，主要用于村里的绿化、垃圾处理及幼儿园的费用支出等。河边实验所引入的合作社运营机制几乎完全照搬了现代企业的管理模式。基于青年人趋向城市和现代就业的特点，河边实验为合作社配置了现代化的办公场所和办公设备，从而打造乡村的“现代就业空间”，力图将城市的“现代”拉入乡村的“传统”之中，在乡村实现“三产融合”。准城市工作空间和工作方式的客观条件，外来人员对于河边村工作条件的高度评价，以及经济收入的激励，的确激发了青年团队的工作热情，河边村也被外界描绘为一个真正的美丽乡村。但是日常的实践显示，现代与传统的对接远远比预想的更为复杂和艰难。这也暴露出了基于发展主义路径的移植性干预遭遇乡村社会的一系列困境，其背后则是困扰乡村现代化建设的现代与传统之间的结构性张力。

现代化并非仅指一个企业或办公空间、办公设备，而是与工业和城市相互联系的更大的物理空间，如商场、街道、各种文化娱乐设施以及城市型的社会关系体系和社会网络，除非追求安逸的后现代生活，否则再美丽的河边村仍然只是一个村庄。村民很盼望外面的客人来，也不全是为了钱，外面来的人多了，村民觉得热闹，客人走的时候，村民往往依依不舍。河边村建设成了勐腊县第一村，但是村里还有很多年轻的单身男性没能找到愿意来村里生活的女孩，其他村子的女孩还是愿意到城市里去。河边村发生了翻天覆地的变化，但是这个只有 57 户的村庄一年居然有 4 个家庭离婚，均是妇女离家外出，似乎美丽的河边村对于她们并没有太大的吸引力。河边村成了为外面人修的花园。这种空间上的人文选择悖论让河边实验的理想主义陷入了冷酷的困境之中。

合作社的管理机制是依据现代个体主义就业模式而设计的。这一就业模式主要是基于教育和技能专业化，适应市场和厂商需求而定的。嵌入现代城市中的政府官僚体系、企业、社会组织，甚至个体就业都与教育、技能培训、工资、社会保障、住房等一系列生活文化体系紧密联系在一起。个体只要符合相关的要求即可获得生活的保障和各种便利的服务。河边村里无法提供这些，快递是到不了村里的，村里发生各种问题诸如路坏了、停水断电了，常常要几天才能得到解决。将河边村的青年农民放置在一个看似得到现代化管理的环境中，就如同给他们戴了个现代的帽子，但他们还是农民，除了接个电话，安排客人入住，开个发票以外，他们还需要打理自己的客房，还要种地。村里人觉得合作社的青年人拿了工资，就得干集体的事，他们成了村里解决问题的工作队。“去农化”的扶贫让他们成了“非农非城的人”。外来的现代主义扶贫导致他们认同的混乱和对未来的迷茫。合作社的几个成员说他们真的不想干了，觉得没有意思。这些来自村民的微观社会心理叙事暗示着除非像季官村那样将整个村子整合在城市中，否则靠一个戴着现代帽子的“新业态”是很难带动贫困落后的村庄真正走向现代化的。虽然不能说河边实验将现代要素转移到乡村出现了根本性的失败，但是村民从开始的兴高采烈到现在的迷茫依然暗示了在传统和落后的乡村中强力植入现代生产关系和生产方式的困境。

与很多乡村一样，河边村也是一个通过亲缘关系联结在一起的传统村庄。平均主义是村里维持社会秩序的基本逻辑。合作社理事会成员都是村干部，按照合作社一开始的规定，他们是不取酬的，但是他们觉得自己是领导，吃亏了，所以做起工作没有积极性，甚至给管理层的年轻人出难题。最后经过讨论，只能修改规定，给他们发放一定的报酬。客人来到村里不是每次都能家家户户住人，管理团队很难分配客源，只能由实验团队出面解决，导致实验团队无法将分配客源的工作转交合作社管理团队。河边村的新业态主要靠承办会议和各种形式的休闲、自然教育活动，但是河边村不是靠近城市的乡村，很难采用城郊民俗村的运营模式，只能依靠市场宣传和各种社会关系。合作社的管理团队既缺乏主动对接市场的能力又没有任何社会关系，客源严重依赖实验团队的协助。一旦实验团队撤出，即会面临可持续发展的困境。河边实验所遇到的问题印证了梁漱溟关于西方近代的发展是从商业到工业，而中国从农业到工业的道路将会遭遇到中国乡村社会关系的障碍的观点。

四、结论与讨论：河边实验的经验与启示

在一个宏大的语境下讨论贫困和脱贫，有时候显得过于空洞。但是，扶贫的过程的确是中国近代的现代性实践的一个集中写照，脱贫攻坚尤其突出。

在这个过程中取得的成就和遭遇到的挫折都集中反映了外部输入的现代化和内部萌生的变迁冲动的交汇。现代化的形式如工业化和城市化是来自外部的，而追求变化是中国内生的。贫困一直都是这个过程中的核心变量。在这个语境下，从清末以来出现的各种革命思潮和社会改良运动，到20世纪80年代初开始的农村扶贫工作，贫困一直都被看作经济落后的产物，因此，中国的扶贫实践一直都伴随着国家的现代化历程。安德森（Locke Anderson）在1964年发表的《利益均沾：经济增长与美国家庭贫困的程度》一文中提出了经济增长有助于减少贫困发生的观点。[①]这一研究对于扶贫有利于穷人的经济增长理论产生了重要的影响。但是需要指出的是，这一理论观点主要基于美国社会中家庭几乎全部处于依赖就业生计结构的特点，而且美国不是欧洲那样的福利国家，家庭的社会保障如医疗和教育等开支均主要依靠就业获得工资来支付。在美国，无论从宏观上讲增加就业机会，还是从微观上讲机会均等，都直接涉及就业，都是围绕着家庭的收入，因此，收入和消费指标也就成为衡量贫困的主要指标。

现代贫困研究领域一个广泛的共识是经济增长是减贫的必要条件，但不是充分条件，只有当穷人能够受益于经济增长时，贫困才能减少。从经济学角度讲，经济社会转型是减贫的核心动力，这也就是依托工业化和城市化减贫的路径。改革开放以来中国农村贫困的大规模减少主要遵循了这一路径。这也是原发型和很多后发型国家贫困减少的基本经验。河边实验开展5年来，河边村农户收入的大幅度提升也显示了通过现代化方式推动减贫的积极作用。这一经验继续发挥作用需要工业化和城市化不断推进直到农村人口大幅度减少，在此条件下，对占比较少的农村人口和对于国民经济贡献不大的农业展开反哺，从而实现城乡的均衡发展。但是，在我国农村人口数量很大，转型不可能在短期内完成的情况下，城镇化注定是一个漫长的过程。小农户的长期存在具有其必然性和合理性，[②]对滞留乡村仍以农业为生的贫困人口而言，

---

① ANDERSON W H L. Trickling down：The relationship between economic growth and the extent of poverty among American families［J］. The Quarterly Journal of Economics，1964，78（4）：511-524.

② 参见吴重庆、张慧鹏：《小农与乡村振兴——现代农业产业分工体系中小农户的结构性困境与出路》，载于《南京农业大学学报（社会科学版）》2019年第1期；姚洋：《重新认识小农经济》，载于《中国合作经济》2017年第8期；陈军亚：《韧性小农：历史延续与现代转换——中国小农户的生命力及自主责任机制》，载于《中国社会科学》2019年第12期。

减贫工作就会变得十分复杂。一方面，如果按照现代的福利标准来衡量，大量的人口滞留乡村以农业为生，贫困的缓解会很缓慢；另一方面，在小农数量庞大的条件下，依托现代化手段的快速脱贫势必存在不可持续的问题。因此，我们需要考虑一个缓慢现代化的脱贫策略。河边实验的重要启示之一是针对小农的贫困标准不能参照城市就业人口的标准，针对小农的扶贫目标是在确保降低风险的条件下提高收入。河边实验显示小农的脱贫需要在低风险生计系统的支持下伴随着社会转型而逐步实现，因此激进的所谓“去农化”的发展主义扶贫路径是值得商榷的。

从对贫困的认识范式的角度讲，基于收入和消费维度的贫困诊断只涉及了河边村贫困问题的一部分。如果仅基于对收入和消费的认识，会导致在扶贫策略的选择上对提高收入的技术路径的依赖。而一旦选择提高收入的技术路线，且选择的技术方案可以有效提高收入（如河边实验的“瑶族妈妈的客房”），就容易导致生计结构的单一化，并继而引发潜在的风险。问题恰恰是，由于小农数量庞大，国家无法提供充分的生计保障，一旦风险发生，小农即刻返贫，这也是河边实验所遇到的情况。这暗示了在社会经济转型不充分的条件下，如城市化速度放慢，城乡二元结构继续存在等，针对小农的可持续脱贫将会非常困难，因为经济社会转型不充分意味着河边村不能像季官村那样被彻底城市化。正如哈里斯（John Harriss）所指出的，当今贫困研究最大的问题在于将贫困与贫困人口的家庭特点如收入、消费和教育等联系在一起，这样的视角只能提供一些技术性的解决方案，无法触及贫困的根源，而河边实验的贫困诊断也存在这一缺陷。

在传统农业社会，农民面对着一个不可预知的自然世界，他们最大的愿望和幸福是平安，求稳怕变，小富即安。同时，他们也十分知足，能够娶妻生子，养家糊口，已是万幸，他们没有太多不切实际的幻想，也没有多少资本供他们折腾。[①] 实际上，河边村村民直到今天的日常生活叙事还是稳定和低风险，当问及疫情对他们的影响时，他们说只要能种一点地，有吃的，有点

① 徐勇．农民理性的扩张：“中国奇迹”的创造主体分析——对既有理论的挑战及新的分析进路的提出［J］．中国社会科学，2010（1）：103-118，223.

钱送孩子上学就挺好的。稳定和低风险是河边村村民的贫困指标。假如河边实验符合村民对于贫困的认识，实验的内容就应该是提高生计韧性和减少风险，这跟河边实验实际采用的路径是不同的。河边实验在贫困诊断中没有基于农户的视角，而是采用了主流专家和科技体系的认识路径。河边实验遭遇的困境说明，听取穷人声音并不容易，以贫困人口为中心不是在形式上参加扶贫项目，而应该是扶贫项目要基于他们对贫困的认知。

河边实验在关注水稻、甘蔗等种植业的低收入劣势的同时，把重点聚焦到了发展高收入的脱离农业的“新业态”方面，忽视了小农户生计策略的优先选择是规避风险。实验团队将多样化的农业作为辅助性而非主导性产业是对河边村贫困本质属性的误判。河边村的辅助性产业养鸡、养鱼和雨林养蜂的成功显示了基于农民技能的产业多样性既可以使农户获得可观的收益，又可以规避风险。陈军亚认为小农户的自主性造就了小农生存与发展的韧性，[①]而小农的韧性是其应对风险的基本机制。这种韧性不仅体现为生计结构对外部风险的抵御能力，更重要的是这一韧性主要基于乡村基本的物质和社会生产关系。河边实验主导的扶贫项目脱离了这样一个社会关系体系，使得河边实验看起来像一个不着地的“现代化孤岛”。河边实验恰恰忽视了多元化的农业有利于农户自主安排劳动时间，不会造成与其他种植业劳力安排的冲突，而选择农户不熟悉的“新业态”，打破了农户的韧性机制，导致了农户的脆弱。如果贫困诊断能够聚焦更多同样具有当地特色的小规模产业的开发，把新业态作为辅助性产业，河边村的产业扶贫模式将会更加可持续，并能更好地抵御风险。但是客观的困难是，现行扶贫资金的管理模式很难支持一家一户不同类型的小规模产业的开发。一般来说，扶贫资金倾向于支持大规模农业产业的开发，即使这类大规模的产业开发通过“公司加农户”的形式将小农与市场连在了一起，仍然未能解决农户的风险问题，甚至引发了更大的风险。贫困诊断的偏差主要来源于诊断研究的方法论的局限。河边实验所展开的贫困诊断虽然经历了长达半年的时间，但是这个过程未能聚焦河边村的社会过程、社会结构和社会

① 陈军亚．韧性小农：历史延续与现代转换——中国小农户的生命力及自主责任机制［J］．中国社会科学，2019（12）：82-99，201.

关系，而这些恰恰是在转型过程中生产和再生产贫困的主要要素。①

参考文献

[1] 冯桂芬. 校邠庐抗议［M］. 上海：上海书店出版社，2002.

[2] 吴重庆. 小农户视角下的常态化扶贫与实施乡村振兴战略的衔接［J］. 马克思主义与现实，2020（3）：8-15，195.

[3] 李小云，吴一凡，董强，等. 发展性贫困的生产：制度与文化的田野对话——一个Y族村庄生活的发展叙事［J］. 广西民族大学学报（哲学社会科学版），2019，41（3）：164-174.

[4] 温铁军，等. 八次危机：中国的真实经验 1949—2009［M］. 北京：东方出版社，2013.

[5] 徐勇. 农民理性的扩张："中国奇迹"的创造主体分析——对既有理论的挑战及新的分析进路的提出［J］. 中国社会科学，2010（1）：103-118，223.

[6] 李小云，陈邦炼，宋海燕，等. "妇女贫困"路径的减贫溢出与赋权异化——一个少数民族妇女扶贫实践的发展学观察［J］. 妇女研究论丛，2019（2）：5-16.

[7] 陈军亚. 韧性小农：历史延续与现代转换——中国小农户的生命力及自主责任机制［J］. 中国社会科学，2019（12）：82-99，201.

[8] 吴重庆，张慧鹏. 小农与乡村振兴——现代农业产业分工体系中小农户的结构性困境与出路［J］. 南京农业大学学报（社会科学版），2019，19（1）：13-24，163.

[9] 姚洋. 重新认识小农经济［J］. 中国合作经济，2017（8）：20-21.

[10] COLLIER P，DERCON S. African agriculture in 50 years：Smallholders in a rapidly changing world？［J］. World Development，2014，63：92-101.

① HARRISS-WHITE B. Poverty and Capitalism［J］. Economic and Political Weekly，2006：1241-1246.

［11］O’CONNOR A. Poverty Knowledge：Social Science，Social Policy，and the Poor in Twentieth–Century U.S. History［M］. Princeton：Princeton University Press，2001.

［12］ANDERSON W H L. Trickling down：The relationship between economic growth and the extent of poverty among American families［J］. The Quarterly Journal of Economics，1964，78（4）：511–524.

［13］SOLOW R M. A contribution to the theory of economic growth［J］. The Quarterly Journal of Economics，1956，70（1）：65–94.

［14］GREEN M，HULME D. From correlates and characteristics to causes：Thinking about poverty from a chronic poverty perspective［J］. World Development，2005，33（6）：867–879.

［15］TSAKOK I. Success in agricultural transformation：What it means and what makes it happen［M］. Cambridge：Cambridge University Press，2011.

［16］RANK M R，HIRSCHL T A. Rags or riches？ Estimating the probabilities of poverty and affluence across the adult American life span［J］. Social Science Quarterly，2001，82（4）：651–669.

喜憨儿洗车：心智障碍者就业的创新模式

□ 曹军*

● 摘 要

在我国残疾人群体中，心智障碍者占据相当比例。心智障碍者面临的诸多问题中，就业问题显得尤为突出。现有心智障碍者的就业主要依靠企业安置，但实际就业率十分低下，就业效果差。本文从分析心智障碍者就业优劣势入手，遵循不择优、分工协作、同业竞争的原则，提供一种心智障碍者就业的创新模式。同时，根据现实实践，说明心智障碍者就业模式中具体的培训方法与测评方式，指明心智障碍者就业模式的未来发展方向。

● 关键词

心智障碍者；残障就业；残障培训

一、背景

根据2006年第二次全国残疾人抽样调查数据推算，全国各类残疾人的总数为8296万人，其中智力残疾人数为554万人，精神残疾人数为614万人；在1352万多重残疾人中，还有大约430万人伴随有智力残疾，212万人伴随有精神残疾。近1600万心智障碍人士涉及的家庭人口约为6000万人，而这也意味着，在我国约每80个人中就有一位是心智障碍人士。由此可见，心智

* 作者简介：曹军，深圳“喜憨儿”洗车行创始人。

障碍者在我国残疾人群体中占有相当比例，由于其在情绪认知及个性行为特征等方面存在或多或少的障碍和缺陷，致使他们的生活独立性较差、社会依赖性较强、社会融入性较差以及社会接纳度较低，在生活康复、就业培训和社会保障等方面比正常人甚至比其他类别的残疾人面临更大困难，他们所在的家庭更是承受了物质和精神等方面的多重压力。心智障碍者是我国残疾人群体中一个较为特殊的弱势群体，同时也是我国贫困群体最主要的组成部分。在心智障碍者面临的诸多问题中，就业问题显得尤为突出。解决好心智障碍者面临的就业问题，是解决好心智障碍者所有问题的关键，也是保障心智障碍者劳动就业权，促进心智障碍者回归社会，共享经济社会发展成果最有效的途径。日本民营企业家大山泰弘著有《我们为什么工作》一书，其中写到，“人只有通过工作，才能被赞许、被需要，才能体会到作为人才有的幸福。只在家庭或是社会福利制度保护下生活是无法获得作为人的幸福感的。这些幸福感无与伦比，他们为此而拼命工作。”

二、心智障碍者就业现状

截至 2010 年年末，我国各类残疾人口数量及占比如下表所示，全国残疾人总数为 8502 万人，占全国人口总数 6.34%，全国有残疾人的家庭户共 7225

全国各类残疾人口统计（截至 2010 年年末）

类别	人数（万人）	占比（%）
视力残疾	1263	14.86
听力残疾	2054	24.16
言语残疾	130	1.53
肢体残疾	2472	29.07
智力障碍	568	6.68
精神残疾	629	7.40
多重残疾	1386	16.30
合计	8502	100.00

万户，占全国家庭总户数的 17.80%。

在履行《中华人民共和国残疾人保障法》《残疾人权利公约》的同时，我国各级政府和组织积极致力于推进残疾人社会保障体系和服务体系建设。“十一五”期间，城镇残疾人社会保险覆盖率由 34.80% 提高到 60.90%，农村残疾人参加新农合（新型农村合作医疗）的比例达到 96%，城乡 1000 万残疾人享受了最低生活保障，1000 多万残疾人得到不同程度的康复治疗，残疾人受教育水平不断提高，新增城乡残疾人就业近 180 万人，610 多万农村贫困残疾人通过扶贫开发解决了温饱问题，越来越多的残疾人实现了人生和事业的梦想，过上了幸福、有尊严的生活。与此同时，中国残疾人事业还面临许多挑战：在收入方面，残疾人家庭人均收入仅为全国平均水平的 60%；在教育方面，有相当一部分适龄残疾儿童未能上学；在就业方面，截至 2016 年年底，全国残疾人口基础数据库入库持证残疾人 3219.4 万人，城乡持证残疾人就业人数为 896.1 万人，一多半有就业能力的城乡残疾人未能就业；在社会服务方面，约 40% 的城乡未就业残疾人、70% 的农村未就业残疾人主要靠家庭供养，近 1/4 的城乡残疾人未参加任何社会保险。总之，在经济收入、教育、就业和社会服务等基本保障方面还不能满足残疾人的需求，这些都有碍于残疾人平等参与、融入社会生活。

根据 2006 年第二次全国残疾人抽样调查显示，我国残疾人就业率不足四成，心智障碍者就业率更低，他们平均就业率仅为 10%。来自民间机构的调研数据显示，在接受调查的 203 个心智障碍者家庭中，62% 的家庭监护人强烈希望心智障碍者能出去工作，而 42% 的心智障碍者本人也很希望有一份工作，但目前只有 2% 的心智障碍者正在普通雇用单位就业，而曾经在普通雇用单位就业的人群比例也只有 9%。对于很大部分的心智障碍者来说，他们能做的就是待在家里，接受父母或其他亲人的照顾。心智障碍者是残疾人中一个较为特殊的社会群体，党和政府历来十分重视残疾人乃至心智障碍者的劳动就业权益保护工作。《中华人民共和国宪法》第四十五条明确规定：国家和社会帮助安排盲、聋、哑和其他有残疾的公民的劳动、生活和教育。此外，政府及相关组织还陆续制定和出台了《中华人民共和国残疾人保障法》《关于进一步做好残疾人劳动就业工作的若干意见》《中国残疾人联合会关于进一步做好智力残疾人工作的意见》《中华人民共和国就业促进法》《残疾人就业条例》《关于发展残疾人辅助性就业的意见》《国务院关于加快推进残疾人小康进程的意见》等专门或涉及包括心智障碍者在内的残疾人就业的相关法律法规和政策文件；政府相关部门或组织还制定出台了《国家税务局关于民政部门举办的社会福利生产单位征免税问题的通知》《社会福利企业招用残疾职工的暂行规定》《残疾人就业保障金管理暂行规定》及《财政部 国家税务总局关于促进残疾人就业税收优惠政策的通知》等一系列优惠措施，充分体现了国家和政府对残疾人就业保障问题的重视。

在上述促进残疾人就业法律法规和政策文件指引下，我国残疾人就业形式主要有集中就业、按比例就业、公益岗位就业及自主创业等，虽然这些就业形式在我国探索残疾人就业过程中发挥了重要作用，但在经济社会转型的大背景下，受多重因素影响，我国残疾人就业，尤其是心智障碍者就业仍面临很大困境。

现有心智障碍者的就业主要依靠企业安置，但实际就业率很低，就业效果也不容乐观。尽管根据《中华人民共和国残疾人保障法》，全国各地均出台了相应的实施办法。2005 年 10 月起，《深圳市残疾人就业保障金征收实施办法》规定：本市机关、团体、企事业单位和其他经济组织，包括在本市登记的外地驻深单位和企业以及港澳台同胞和华侨投资的企业、外商投资企业，应按不低于上一年度平均在岗职工人数 0.5% 的比例安排残疾人就业。安排残疾人就业达不到 0.5% 比例的用人单位，每少安排一名残疾人，每年度按本市统计部门公布的上一年度在岗职工平均工资（宝安、龙岗两区分别按该区公布的统计数字）的 80% 缴纳残疾人就业保障金。部分企业为了遵守政策规定，会提供一定的就业岗位给心智障碍者群体。但这些工作大多数是工厂流水线作业，如果某个环节慢下来或者出错了，整个生产线都得停下来。由于心智障碍者在智力和行动力上都远不及普通人，常常会在工作过程中打乱流水线作业的秩序和节奏，严重影响企业的生产效率，因此，心智障碍者就业的持续性和雇主满意度均不高。

很多企业宁愿缴纳残疾人就业保障金也不愿雇用心智障碍者，因此心智障碍者只能挂靠在企业名下，获得一点经济支持。尽管这种方式能在一定程度上缓解心智障碍者家庭的经济压力，但无法为心智障碍者提供真正与社会交流的机会，他们只能待在家中，而长期的封闭生活不仅不利于培养心智障碍者基本的沟通和学习能力，还将进一步摧残他们脆弱的身心，社会问题更趋复杂严峻。

作为社会边缘人的心智障碍者无比渴望与社会握手，但是依靠现有就业方法及政策均无法满足这一社会需求。

三、为什么要探寻心智障碍者就业路

作为一个心智障碍孩子的父亲，我希望为孩子改变命运。2002 年，在我的孩子 7 个月大的时候被诊断为发育迟缓，医生说孩子将来智力水平会停留在 7 岁左右。任何一个父母都无法接受这个事实，这个痛苦一直煎熬了我十几年，一路走来，内心充满无奈。我考虑最多的问题是，将来有一天做为父母的我们不在了，孩子怎么办？在这个群体中还会出现一些极端事件，用结束生命的办法解决身后事，尽管难以接受却不断发生。

心智障碍者也被称为“喜憨儿”，类型有发育迟缓、智力障碍、自闭症、唐氏综合征、脑瘫等，他们背负着“社会最边缘群体”的标签。与肢残者、视障者或听障者比，心智障碍者更难适应社会，无法正常地工作、生活，是“残疾人中的残疾人”。由于智力方面的缺陷，他们常会被一些人冠以“智障”“傻瓜”“弱智”等刺痛性的称谓，在公共场所也常常被敬而远之。

如何让孩子们获得合适的工作和一定的独立生活能力，在父母老去之后孩子们还会有未来成了父母最大的担忧。

四、从改变观念开始

（一）如何看待“残疾”？

过去人们将残疾人称作“残废”，随着时代进步，改为“残疾”，实际上这种叫法也不准确，应当叫特殊需要人士或障碍人士。障碍人士不仅是在人群中直观看到他的异常问题，其实我们每个人都或多或少存在各种障碍，只是我们不以为然或者已经习惯了，这个障碍就是你生活中、工作中遇到的无法解决的很多问题，例如，家里水管爆了，是我们自己去修吗？需不需要求助？一定是需要求助的。社会需要分工协作，每个人做自己擅长的事情，同时回避自己不擅长的事情，我们每个人都会扬长避短。每个人都有很多事情是自己做不到的，特定的事情往往需要求助别人。近视眼在某种程度上也可以归为“残障”。如果高度近视者没有眼镜，他的生活一定不方便，看东西也会极其困难，如果此时看到他戴着眼镜可以打字、工作和学习，我们一定会说他“自强不息”，其实他仅需要一副眼镜而已。假如现在没有眼镜的发明，近视眼一定是一个特殊群体，但是如果给他配了一副适合的眼镜，他不就没有障碍了吗？这个障碍是怎样扫除的？我们需要做的就是给他配副眼镜扫除障碍，眼镜就是一个辅具，通过辅具实现了无障碍。

就是这样一个简单的道理：社会模型和医疗模型的视角区别。在我们生活当中有各种各样的障碍人士，比如，肢残人士，他需要的是轮椅、坡道、无障碍通行、宽体卫生间，让他能使用轮椅进出，他并不需要旁人伸手来帮扶。在残疾人群体中，每个人都想通过自己的努力证明自己和普通人是一样的，他们内心很渴望平等，就是不希望他人用特殊眼光来看自己。对于肢残人士需要给他一个轮椅，给他一个坡道，给他无障碍通行的条件，他想和你我一样自由地出行。他也希望晚饭后，坐着轮椅出门吹吹风、散散步，不想一出门就有人来搀扶。这是这类人群的真实需求，我们知道吗？其实我们犯的很多错都是没有搞清楚他们的真实需求，只是因为自己有恻隐之心想去帮扶，但这样的举动被残疾人叫作“温柔的歧视”。盲人，需要盲道，需要在十字路口能够听到不同的声音来提醒红绿灯的状态，其实盲人也希望别人不要随便搀扶自己。毕飞宇著有《推拿》一书，介绍了盲人是如何成长的，遇到问题是如何解决的，他们有自己解决障碍的方式，不希望人们总是用异样的眼光来看他们，每个人都希望得到别人对自己平等地尊重。

盲人现在有很多工作的方式，如果倒回四十多年前，行乞和算命是盲人的两类“工作”。改革开放以后，因为香港人进出深圳方便，来深圳消费的人多，推拿按摩行业欣欣向荣，个别盲人进入这个行业，有了收入，尝到了甜头，于是带动更多盲人从事推拿按摩。推拿行业发挥了盲人的比较优势，由于视力缺失，手指的触觉就异常灵敏，触摸手感优于普通人，对穴位的掌握远远高于普通人掌握的能力，这就是他们的比较优势。渐渐的这个行业被带动起来，由个体带动了群体的批量就业，最终推动了国家残联对于盲人推拿按摩专项扶持政策的出台，五大残障类别，只有盲人按摩是一个专项扶持的职业。国家残联由上至下推动盲人按摩帮扶政策的实施，开设盲人高等教育推拿专业的本科班，视障人士在接受教育的过程当中，学习并掌握了这一门技艺，毕业以后考取盲人执业资格证，靠一技之长可以养家糊口。

盲人按摩并不是说盲人只能做按摩，是先让这个群体掌握普适性的基本生存能力，然后在这个基础上根据个人爱好再探索和开发更多的就业模式。这是盲人走的一条路，给了我们一个很好的启发，要周全考虑到普适性、普惠性方面的需要，才能有效解决这个社会问题。

听障人士将来会越来越少，由于科技的发展和进步可以加快解决听力障碍问题，听障人士在很小的时候植入人工耳蜗，再进行科学口语发音的干预矫正，几年后和普通人交流就会没有太大障碍。

是不是心智障碍这个群体在我们国家多呢？也不是，美国、日本、中非、印度等国家或地区的心智障碍群体占总人口的比例为1%~2%。这说明该特殊群体的出现和经济、科技、医疗没有关系，发达国家、发展中国家和最不发达国家居然是同样的比例。我希望人们能看到并感受到这群永远长不大的孩子身上的闪光点，他们身上的纯真无邪、待人和善、与世无争、憨厚可爱、憨态可掬。他们为什么那么容易满足？他们为什么那么容易高兴？他们为什么那么容易幸福？我们能从他们身上学到些什么？

（二）确定方向

要真正解决这个社会问题，首先不要讲道德、不要卖苦情、不要寻怜悯，只想怎么靠智慧去解决，而不是组织向社会“化缘”。慈善和公益是两个概念。慈善是对弱势群体和困难人员的施舍和关怀，不是解决社会问题的根本、长久之计，例如，在救急、救灾等方面，确实需要紧急发动社会力量来帮扶个体渡过难关。公益是让不特定多数的社会成员普遍受益的社会活动。长期存在的社会问题需要解决，而这些社会问题都没有那么简单，每个社会问题的存在都是一个痛点，这些问题很多又与政府息息相关，可政府又没有办法有效解决。

所以，很多社会问题就需要用新的理念探寻解决之道，如公益结合商业的办法解决。要解决这类社会问题，就要设计造血功能，还要看这类社会问题利益相关方都有哪些，详细了解之后才能制定自己的目标方向。喜憨儿是特殊困难群体，与政府有关部门的职责密切相关，要依托政府部门，在政策精准帮扶的基础上，结合商业措施才能呈现一个完整的、大规模的、多方参与的解决方案。

五、精准识别心智障碍者的优劣势

如果没有经过精准识别匹配，就把心智障碍者安置在不适合的行业和岗位上，不但无法发挥他们的潜能，也不可能使其获得社会认可。那么究竟他们身上有什么优势，又有什么劣势呢？

通过细致观察和分析心智障碍者的优劣势，相较于其他类别残障群体，心智障碍者的劣势主要表现在思考能力的欠缺，而四肢运动能力健全，能听、能看、能跑、能跳是他们的优势。就业项目要获得成功，就必须充分挖掘和利用心智障碍者的优势来“拼凑”出大众接受的服务并以此创造价值。洗车这类行业投资不大、技术含量不高、可操作性强的工作更加适合心智障碍者。心智障碍者虽然智力低于普通人，但是四肢运动能力比较发达，洗车工作正好不需要太多脑力运动，仅通过机械的反复操作就可以很好地完成。同时洗车的工作需要直接与顾客接触交流，喜憨儿特有的喜悦、憨厚的特质可以带给来洗车的每一位顾客独特的服务体验，不仅有助于心智障碍者与社会的接触交流，也有利于帮助社会摈弃对心智障碍者甚至弱势群体的偏见。

洗车工作重复性强，心智障碍者从前的劣势在这里可以转化为优势，就是他们的“死心眼”“轴”“一根筋”等执拗的特性在工作中转化为了优势，他们可以不厌其烦、充满热情、心无旁骛地做好老师交代的工作项目，也正是他们这些优势特性才使得洗车的工作能够得到顾客的赞赏，从而实现特殊人士从事洗车工作具备了同业竞争的能力。

六、心智障碍者就业的原则

（一）不能择优

中国近1600万心智障碍人士中，轻度占比10%，中度和重度占比超过90%。如果采用择优原则，那么90%的心智障碍者将永远没有就业的可能。即使选择轻度心智障碍者就业，其在企业中也一定是最弱的员工，势必常常需要他人的帮助，给他人添麻烦的同时，自己也没有体现价值的自信，而且企业工作往往需要协调配合，这方面又是这类特殊人群的劣势，因此困难重重。

我们从前总是错误地认为让他们去到正常企业中就业就是最好的出路，我们也曾经尝试过，把培训好的能力优秀的孩子送到普通的洗车行就业，但是三五天的时间就被婉言退回来了，问题出在哪里？因为即使他们再优秀，来到普通洗车行他们永远是最差的。在那里同事还要照顾他们。企业里各项需要配合的工作他们能做得到吗？能配合得好吗？因此，像喜憨儿洗车中心这样的“半庇护就业模式”是最适合心智障碍者集中就业的，有一定的保护但又不隔离于社会，这里有特殊的环境、特殊的流程、特殊的管理、特殊的配置，配合特殊的人士，所以在这里要求的是“机器适应人，而不是人去适应机器”，工作要素的设计安排完全根据心智障碍者的特性因地制宜。

（二）分工协作、团队作业

心智障碍者有发育迟缓、智力障碍、唐氏综合征、脑瘫、自闭症等，每一类型特征不同、优劣势不同，可以相互协调、相互补充，取长补短，互相帮助。1个人做不好的事，5个人团结起来就有可能完成，所以“分工协作、团队作业”可以实现集体就业。将洗车的十几项工作流程拆分开，轻度心智障碍者多分配一些工作，中度心智障碍者少分配一些工作，重度心智障碍者可以只做一项工作，这样简单的分工创造出了生产力。

（三）同业竞争

洗车时间不延长。市场上一般洗一台车时间为 20~30 分钟，我们也是同样的标准，人多力量大的原理让心智障碍者达到了普通人洗车的时间要求。

干净的程度不打折。由于将心智障碍者的劣势转化为优势的工作分配，使得其“固执”“一根筋”“死心眼”的劣势在工作中却可以做到心无旁骛和不厌其烦，所以实现了干净程度不打折的要求。

收费价格和同业一致。2015 年 8 月 8 日至 2018 年 11 月 28 日深圳店的十多个心智障碍者洗车数量达 42356 台次，他们用双手洗出 4 万多台车，我感到很骄傲！我们中心还特别挂起来一个牌子：“正常收费，谢绝小费”，建立好规则，不收小费。收小费会产生很多负面问题，影响回头客。洗车是有服务半径的，2~3 公里范围内是门店的回头客，人们不可能专门从很远的地方来洗车。洗车又是具有自传播能力的行业，就看服务做得好不好，感受好我会告诉我的朋友，感受不好我也会告诉我的朋友。只要符合同业竞争的要求，顾客一定会说你好，靠劳动和产品赢得顾客的认可，这是有尊严、有价值的等价交换，决不能绑架别人的爱心和道德。这样，主动来我们店里办洗车卡的回头客达到 60% 以上，顾客愿意主动办卡，就是对我们服务的最真实的肯定。

由此可见，一开始就把规则制定好，顾客来了没有负担，认为这是一件很正常的事情，没有什么特殊性，这就是我们想传递给社会的价值观。事实上，顾客不把心智障碍者视为特殊群体就是对他们最大的尊重。

七、心智障碍者如何测评和培训

对洗车现场出现的问题做出及时反应，总结经验，快速完善作业流程和标准，形成最佳实践和做法。要想得到顾客的认可，就要做到洗车时间不延长、干净程度不打折，必须达到同业竞争水平。想做到这些，员工必须经过能力测评和培训。

冲水—打泡沫—擦泡沫—冲水—擦干，这些在普通人看来再简单不过的五个动作，对于心智障碍者而言，却是艰难的自我挑战。为了帮助他们达到洗车所需的能力，我们按实际操作标准自主研发了一个专供洗车使用的测评模块。这个模块以一般车型尺寸为标准，通过 18 宫格标线模拟出洗车所需的运动范围，训练和评测他们的观察范围和操作能力。在测评时，老师会在白板上撒满粉笔灰用来模拟车身灰尘，要求学员擦拭干净。等到学员认为自己完成了指令，老师就可以直观地根据每个不同分值的宫格完成情况以及操作连贯性进行评分。其中最容易观察和清洗到的中间部分，分值最低，四个角相对来说最难，分值也最高。通过这种方式可以了解学员的大运动和判断力程度，再进行针对性的培训和重复训练。

（一）职业能力测评

职业能力测评就是通过测评了解被测评者的能力，作为分组分工和培训的依据。能力测评模板是一块白板，长 3.6 米，高 1.85 米，底边离地 0.25 米，模仿了车身大小：高度相当于 SUV 车，长度是一般小型车的长度，底边是车底盘离地的距离。白板圈定了喜憨儿的工作能力范围，每个新来的喜憨儿都要经过该模板的测评。

（二）测评步骤

首先，在测评板上喷水，再撒满粉笔灰，模拟车身灰尘。

然后，给出指令让接受测评的喜憨儿用毛巾把测评板擦拭干净。同时依据量表，观察并记录测评过程的每个细节：被测评的喜憨儿愿不愿意蹲下去擦，愿不愿意弯腰去擦？抬手擦拭高度是多少？有没有更换毛巾的意识？是否观察到了底边和边角的污渍？用了多长时间？擦拭顺序怎样？等等，这些都是测评要点。

擦拭结束后，模板上会出现 18 宫格，每个宫格根据难易程度不同，设置分值不同：中间部分最容易擦到，因此分值较低；四周和底边处最难擦到，因此分值较高。擦干净的宫格得分，没有擦干净的宫格不得分。量表最终得分直观反映了被测评的喜憨儿的职业能力，得到 80~90 分的喜憨儿将会在未来分组中扮演重要角色。实践证明，通过职业能力测评基本能够准确识别喜憨儿的工作情况，准确反映喜憨儿的实际职业能力。

（三）基于测评的分组分工

在职业能力测评的基础上，可以对喜憨儿进行分组分工。具体来说，就是把喜憨儿分成若干小组，每个小组由 5 人组成，分别按照残障程度轻度、中度、重度进行搭配，如 1 个轻度、2 个中度、2 个重度，或 1 个轻度、3 个中度、1 个重度，小组成员分工协作完成工作。

分组分工，轻度者多做一点，中度者少做一点，重度者只做一项工作。这样，五六个喜憨儿通过分工协作可以用 20~30 分钟清洗完一辆车，在顾客等候时间上达到了同业竞争水平。我们同时探索开发出“起头擦拭”的概念和大小处不遗漏的方法，在干净程度上也达到了同业竞争水平。

1. 做到大处不遗漏和起头擦拭的规范

在接受职业培训之前，交给喜憨儿擦车门或擦玻璃的工作，可能会出现这样的情况：擦完车的一边后走到车的另外一边，由于车两面对称，他会认为另一边已经擦过了，就不再擦拭，这是大处遗漏。

我们解决大处遗漏问题的方法是，从左侧倒车镜起头擦拭，喜憨儿们以此为起点和终点转一圈，无论擦玻璃、轮胎、门板等都转一圈回来，由此大处遗漏问题得到解决。

2. 做到小处不遗漏和起头擦拭的规范

在接受职业培训之前，喜憨儿往往是随性点擦，看到哪里就擦哪里，容易产生小处遗漏，浪费时间。我们解决小处遗漏问题的方法是，把汽车拆分成块状识别，如玻璃、门板、翼子板、发动机盖、尾箱盖、车顶等。训练喜憨儿掌握擦完一块再擦另一块的顺序，每一块均从左上方起头，练习小角度左右横擦，反复操作，这样确保了每个部位擦拭干净，由此小处遗漏问题得到解决。

喜憨儿正式分配工作的时候，也是根据能力分配工作项目。喜憨儿此时会有什么感觉呢？擦拭完成一块感觉很好，就像得到一个小红花一样，再擦一块儿感觉更棒！他们有了自信心，工作自然有热情，赏识教育效果明显。

总之，通过“起头擦拭”的概念和大小处不遗漏的方法，洗车在干净程度方面也达到了同业竞争水平。通过已经做过的 300 例培训，结果显示 95% 的喜憨儿达到了预期能力，验证了该职业能力测评和培训的有效性和科学性。

八、社会适应能力培养

对于心智障碍者来说，工作的同时社会适应能力训练同样很重要。这部分的学习就需要有老师给予教学辅导，老师会利用工余的时间组织他们学习上课，有认字、体能训练，还有一些丰富多彩的娱乐活动。伙伴们在一起很高兴、很快乐，这一点非常重要。现在喜憨儿们每天上下班都是自己坐大巴车、坐地铁，曾有一个喜憨儿来工作之前没有坐过大巴车，也没有独自出过门，早期由家长来接送，慢慢由老师送他上车，家长在车站等着接。后来由老师尾随，尝试让他独自下班坐上公交车，家长尾随监看他是否独自回到家，流程做完了之后，反复训练，曾经的“死心眼”和“一根筋”的劣势又可以转换成优势，记住了上下班来回的路。同理，没有高要求，只要反复训练，喜憨儿就可以做好很多事。

为了实现喜憨儿的社会适应性目标，要培养他们四个方面的能力：基础认知能力、工作能力、协作能力、自主能力。工作能力和协作能力是对喜憨儿就业能力的要求，自主能力则是对喜憨儿的更高要求，也是衡量喜憨儿社会适应性的重要指标。

在日常生活当中，老师会在工余时间教授他们多种最常用的生活技能，如使用微信、使用共享单车，工作生活中即可应用，他们可以骑共享单车到地铁口，然后再去坐地铁，他们知道上班的地方是哪个站，下班的地方是哪个站，记住这两个站的名字，上下班就不成问题。现在这些大龄喜憨儿每天都是独自上下班，乘坐公共交通工具，当然老师还会提醒他们注意一些细节，如上下车要知道排队，不能大声喧哗等；融入社会还要有遵守法律的意识，如在工作当中看到顾客车里放有现金、贵重物品不能装到自己口袋里！每天坐大巴、地铁上下班，看到漂亮女孩子不能伸手触摸！……这些教育都需要在工作当中不断强化。

九、未来发展

（一）示范效应

经过五年的运营，喜憨儿洗车中心将洗车过程流程化、标准化、模块化，已经具备完善的职业能力测评体系和职业培训体系。目前，通过深圳喜憨儿洗车中心的无偿帮助和支持，在全国已有 22 家复制店成功运营，解决了超过 300 名心智障碍者实现稳定就业。2018 年 12 月 11 日，无锡市玉祁街道喜憨儿洗车中心开业，被列为市委党建项目，政府也给予了大力支持，具有里程碑意义。

我们在全国发起了心智障碍者批量就业计划——“春雷行动”，努力推动实现复制 1000 家喜憨儿洗车中心的目标，从而解决 10000~15000 名心智障碍者的就业问题。

（二）传播社会正能量

从开业伊始，喜憨儿洗车中心就持续受到了全国媒体的关注，新华社、《广州日报》《羊城晚报》《大公报》《南方都市报》《南方日报》《深圳特区报》《深圳日报》（英文版）先后对喜憨儿洗车中心做了报道；中央电视台新闻频道在“新闻直播间”播出了深圳喜憨儿洗车中心的实况介绍；公益慈善网报道了《喜憨儿洗车中心：从洗车开始的梦想庄园》；中央电视台社会与法频道做了《欢乐洗车行》的纪录片报道，通过公共媒体这些报道给喜憨儿带来了非常好的社会效应。

2016 年 3 月 8 日，时任深圳市委书记马兴瑞到喜憨儿洗车中心参观调研时指出：“你们做了很了不起的事情，让这个群体有了尊严、有了价值，弘扬了正气，向社会传递了正能量。”

2018 年 4 月 1 日，《人民日报》头版对喜憨儿洗车进行报道：喜憨儿只是全国 8500 万残障人士的一部分，帮扶他们，固然需要爱心人士授人以鱼，但更需要授人以渔，为他们找到适合自己的、市场需要的职业，搭建自立自强的舞台，照亮通往尊严和梦想的道路。党的十九大报告强调“弱有所扶”正在于此。“要幸福就要奋斗”，实现残疾人对美好生活的向往，离不开他们自身拼搏，也离不开政府和社会组织的努力。近年来，在相关部门的支持下，不少残疾人通过手艺致富，一些聋哑人凭借作品收获荣誉，说明只要找到合适的舞台，残疾人不仅不是社会的负担，更是价值的创造者，同样能够拥有精彩人生。

喜憨儿洗车的成功，已经证明了喜憨儿能够融入社会、创造价值，得到社会尊重和认可。但对于残障人士的认知改变，以及相应政策的制定和落实将是长期的挑战。把残障人士视为有特殊需要的群体，从医疗视角向社会视角转变，从平等参与理念到价值创造理念，从理念到政策再到实践成果，每一个转变都需要家庭、社会和政府的协同努力，同舟共济，砥砺前行。

数字篇

数字社会创新：以数字解决方案应对社会问题新挑战

□ 司晓*

● 摘　要

数字社会创新作为一种新的创新趋势，正受到广泛关注。数字技术的去中心化属性和网络效应使其在应对工业时代无法解决的社会问题方面具有广泛适用性，但也带来了新的社会问题，如算法偏见、数据隐私和道德冲突等。这些问题需要数字解决方案。因此，需要实施负责任的技术治理和创新以确保数字技术能够增进人类福祉。数字社会创新的发展离不开政府、企业和非营利组织三个部门的跨界合作，故需要将企业重新视为推动社会创新的重要力量，并据此重新定位和建构多元主体之间的关系。

● 关键词

社会创新；数字技术；社会问题

现代社会正面临一些全球性的普遍问题，如环境污染、全球变暖、生物多样性锐减、失业、老龄化、贫困与不平等、慢性病与亚健康等，这些日益复杂且不断变化的问题加剧了社会的脆弱性。同时，我们又身处在一个数字化浪潮快速崛起的时代中，数字技术的广泛应用带来了资源优化配置、生产效率提升和社会进步，同时也产生了数字鸿沟、数据隐私等一系列新的社会

* 作者简介：司晓，腾讯集团副总裁、腾讯研究院院长。

问题。在这种社会挑战与数字技术交织的时代背景下，人类该如何采取有效措施以应对日益复杂的社会问题挑战？最近十年一个快速兴起并持续受到广泛关注的趋势是用数字解决方案应对社会问题新挑战，学术界将其总结为“数字社会创新”（Digital Social Innovation）。

一、社会创新：创新“硬币”的另一面

数字社会创新是对社会创新概念的进一步拓展，因此需要首先审视社会创新的概念。早在20世纪五六十年代，面对日益复杂多样的社会问题，人们发现很难单纯依靠传统的政府治理与企业行为去解决。管理学家德鲁克于1973年提出了社会创新的概念，认为社会创新是解决社会问题的重要途径。创新的概念最早是由著名经济学家熊彼特在1912年提出，后来经罗斯托和伊诺思等学者的发展，将技术创新确立为创新的主导地位。当社会创新概念被德鲁克提出后，其就被作为与技术创新相对应的概念，构成创新“硬币”的另一面。

社会创新自从被提出以来就是一个不断发展的概念，至今尚未形成一个广为接受的定义。德鲁克从管理的角度定义了社会创新，认为社会创新是将服务部门和社会变化过程联系起来以提高组织效率。但是这一概念在很长一段时间内并没有受到学术界的重视，直到2000年以后，社会创新才逐渐成为国际学术界的前沿话语。杰夫·摩根给出了社会创新最简单同时也是最宽泛的定义，即解决未被满足的社会需求的新想法。另有学者给出的定义则同时强调了这一概念的创新属性和社会属性，即能够比现有解决方案更有效或可持续地解决社会问题的新解决方案，且其创造的价值要惠及社会而非个人。此后，罗宾·莫瑞等人将社会创新的概念进一步拓展为能够比替代方案更有效地满足社会需求并同时创建新的社会关系或协作的新想法（产品、服务和模式），因此这些创新不仅有益于社会，而且增强了社会的行动能力，在结果和手段上都具有社会性。

社会创新的实践探索实际上至少可以追溯到工业革命伊始，其主导力量在不同发展阶段发生相应的转换。在工业革命以来很长一段时间内，社会创

新是由少数个人和组织引领的；在大萧条以后，随着政府干预与福利国家的兴起，政府在社会创新的发展过程中起到更大和更直接的推动作用；20世纪80年代以来，新自由主义的兴起促使公共服务供给由政府向商业企业和非营利组织转移，政府、商业企业和非营利组织三方协同成为社会创新的主流趋势。

最近二十多年来，社会创新逐渐走向许多国家和国际社会政策关注的中心，不仅是因为社会创新可以作为解决政府政策和市场调节等经典工具失灵的替代方案，而且还将为更多的系统性和结构性问题提供解决方案。例如，欧盟通过“地平线2020”计划将“社会挑战”纳入政策主流，为“社会挑战”提供297亿欧元的支持，约占投资总额的38%，在确立的三大支柱领域中占有最高的份额。① 奥巴马政府则于2009年在白宫设立社会创新与公民参与办公室，并投入5000万美元设立社会创新基金，每年资助一批最有潜力和以结果为导向的非营利项目，帮助它们在全国范围内推广。

社会创新的发展还受到非营利孵化器、社会加速器和混合平台的推动。例如，布朗大学在1986年成立斯泽尔公共服务中心，斯坦福大学在1999年创立社会创新中心并于2003年推出《斯坦福社会创新评论》期刊，杜克大学在2002年成立社会创业促进中心，牛津大学在2003年成立斯科尔社会企业家中心，瑞尔森大学在2016年成立社会创新办公室，以此来推动社会创新的研究与发展。

二、数字社会创新：以数字解决方案应对社会挑战

在当前的新一轮科技革命和产业变革的数字化浪潮中，随着大数据和人工智能等数字技术在社会创新中的广泛应用，数字技术与社会创新正在趋向融合，形成以数字解决方案应对社会挑战的数字社会创新，这些数字解决方案通常既是技术创新也是社会创新。

所谓数字社会创新，是指创新者、用户和社区利用数字技术共同创造知

① 其他两个领域分别为“卓越科学研究”和“产业领导力”，欧盟分别提供244亿欧元和170亿欧元的投资。

识和解决方案以满足广泛社会需求的社会协作创新。数字社会创新的速度和规模在数字技术兴起之前是无法想象的，因此引起广泛关注。但值得注意的是，数字社会创新并不是用来描述使用数字技术解决社会挑战的唯一术语，公民技术、科技向善、社会技术等概念具有同样的内涵。

为什么数字社会创新变得如此重要，并将发展成为未来创新的新趋势？一方面，数字技术作为一项新的通用技术，具有与历史上的蒸汽机、电力等传统通用技术所不同的本质特征。传统通用技术往往具有中心化属性但不具有网络效应，而数字技术则恰恰与之相反，数字技术的去中心化属性和网络效应使其能够广泛适用于应对工业时代无法解决的社会问题，包括以更低的成本重塑公共服务，以改变人们的合作方式重塑社会，以更符合人类需求的方式重塑商业。数字社会创新的“连接器”作用正是其相对于传统社会创新的优势所在。另一方面，通用数字技术的发展也不可避免地引发新的社会问题，如算法歧视、数据隐私、伦理冲突等，其中很多问题在工业时代是不存在的，是由新的数字技术引起的，同样也需要用数字技术去加以解决。

正是由于人们已经意识到数字技术对社会发展的广泛影响，科技治理与科技创新被同时重视起来。正如习近平总书记所指出的，“科技是发展的利器，也可能成为风险的源头”，并强调要“塑造科技向善的文化理念，让科技更好增进人类福祉”。①

目前世界各国已在逐步推动数字社会创新的发展。各国政府在推动人工智能等技术创新的同时，也都强调要妥善应对人工智能可能带来的挑战。这一点在美国的《国家人工智能研究与发展战略计划》和《为人工智能的未来做好准备》，英国的《英国人工智能发展的计划、能力与志向》和《人工智能路线图》，中国的《新一代人工智能发展规划》等国家战略中都得到充分体现。大型数字科技企业也更加重视对科技伦理的研究，如 Facebook、亚马逊、Google、IBM 和微软美国五大科技巨头联合成立“人工智能伙伴关系联盟”，

① 参见习近平：《在中国科学院第二十次院士大会、中国工程院第十五次院士大会、中国科协第十次全国代表大会上的讲话》，新华网，http：//www.xinhuanet.com/politics/2021-05/28/c_1127505377.htm，2021 年 5 月 29 日访问。

旨在确保人工智能等数字科技的发展能够造福人类，而非对人类产生不利影响。

三、超越企业社会责任：商业逻辑与社会价值的有机统一

相对于社会需求来说，社会创新无论在速度或规模方面都存在巨大的缺口。因此，当前面临的一个重大挑战就是，如何创造适宜的条件让社会创新更容易出现和发展。在早期对社会创新的理解中，企业仍占有一席之地，如德鲁克等都认为社会创新是企业社会责任的新战略与实践形式，但是在后来的很长一段时间内社会创新的力量被更多地视为由非营利组织承担，从而导致推动社会创新的资金投入不足，社会创新难以实现复制与扩散。由此可见，社会创新并非非营利组织所独有，商业市场本身就有很多重要的社会创新，而且可以成为推动社会创新的有效途径。

在达能或巴斯夫等一些大型企业中，企业社会创新正开始取代企业社会责任，一些大型咨询公司也已经成立了社会创新团队。腾讯提出“可持续社会价值创新”战略，并设立“可持续社会价值事业部”推动战略落地。以此来看，企业社会创新的概念已经超越了传统的企业社会责任范畴，因为它不仅要求企业接续关注劳工标准、生态环境、公益慈善等传统内容，而且还需要企业对老龄化、不平等、伦理道德等更广泛的社会问题保持关注。将社会创新确立为企业的基本原则之一，在表面上看来与利润最大化原则相冲突，实质上则是通过将企业行为的外部性结果内部化在企业的决策过程中，重塑企业的可持续竞争优势。

站在当前的时代进程中，包括企业家在内的所有人都需要重新审视社会创新在企业中的定位，重塑商业逻辑与社会价值之间的关系，重建企业与社会之间的共生机制，这不仅是企业发展的需要，更是企业生存的基础。鉴于大量社会创新都发生在政府、企业和非营利组织的跨界合作中，因此需要将企业重新视为推动社会创新的重要力量，并据此重新定位和建构多元主体之间的关系。三大主体在未来都需要走出单打独斗的旧模式，打破传统的相互分立的组织界限，建立起跨部门合作的新机制。

在当前的数字时代，对企业尤其是大型数字科技企业来说，关键在于如何通过数字技术进行商业模式创新，实现商业逻辑与社会价值的有机统一。数字社会创新为科技公司参与解决社会问题和推动实现社会福利最大化提供了一个最优解。科技公司通过将社会价值深刻嵌入核心业务部门，将社会责任融入数字产品与服务之中，让社会价值创新牵引核心业务发展的方向，并联合生态合作伙伴共同在基础科学、教育创新、乡村振兴、碳中和、FEW（食物、能源与水）、公众应急、养老科技和公益数字化等领域提供更多的数字解决方案，可以实现与不断发展的社会共生共荣。

参考文献

［1］纪光欣．国外社会创新理论研究述评［J］．理论月刊，2017（5）：132–137，181.

［2］PHILLS J A，DEIGLMEIER K，MILLER D T. Rediscovering social innovation［J］. Stanford Social Innovation Review，2008，6（4）：34–43.

［3］MURRAY R，CAULIER-GRICE J，MULGAN G. The open book of social innovation［M］. London：Nesta，2010.

［4］NICHOLLS A，SIMON J，GABRIEL M. New frontiers in social innovation research［M］. London：Palgrave Macmillan，2015.

［5］MASSEY A，JOHNSTON-MILLER K. Governance：Public governance to social innovation？［J］. Policy & Politics，2016，44（4）：663–675.

［6］AYOB N，TEASDALE S，FAGAN K. How social innovation ‘came to be’：Tracing the evolution of a contested concept［J］. Journal of Social Policy，2016，45（4）：635–653.

［7］REYNOLDS S，GABRIEL M，HEALES C. Social innovation policy in Europe：Where next［R］. London：Nesta，2017.

［8］CERTOMÀ C. Digital social innovation and urban space：A critical geography agenda［J］. Urban Planning，2020，5（4）：8–19.

[9] STOKES M, BAECK P, BAKER T. What next for digital social innovation ? Realising the potential of people and technology to tackle social challenges [R]. London: Nesta, 2017.

数字社会创业：理论框架与研究展望

□ 刘志阳　赵陈芳　李斌*

● 摘　要

数字技术深刻地重塑了发现和利用机会的方式，利用数字力量加快社会创业发展是创业研究前沿。数字社会创业是以解决复杂社会问题为使命，将数字技术与社会创业相融合，推动社会创业机会、资源、治理和价值测量的数字化，从而更有效实现混合价值的新型创业活动。相较社会创业和数字创业，数字社会创业具有社会问题对接智能化、社会问题响应实时化、社会价值可视化以及社会创业增长指数化等核心特征。本文首次构建了包含数字社会创业内涵、过程要素及其运行机制的研究框架。该框架认为数字社会创业由数字社会创业者、数字社会公民、数字社会创业平台以及数字社会创业治理四个基本要素组成，形成了机会—资源智能一体化、赋能—规制孪生化、混合价值共创化和社会影响力规模化等独特运行机制。数字社会创业运行过程本质是社会创业者借助数字化手段主动进行混合价值创造，数字社会公民自下而上参与价值扩散，数字社会创业平台推动价值共享与治理完善的价值提升过程。未来数字社会创业研究迫切需要在混合价值逻辑和数字技术视域下构建整体化、情景化、问题化和情感化的研究新范式。本文研究扩展了社会创业和数字创业的研究内涵，对于推动社会创业的数字化应用也具有重要

* 作者简介：刘志阳，上海财经大学商学院教授、中国社会创业研究中心主任，博士研究生导师；赵陈芳，上海财经大学商学院、中国社会创业研究中心博士研究生；李斌，上海财经大学商学院、中国社会创业研究中心博士研究生。

现实价值。

● **关键词**

数字社会创业；数字创业；社会创业；社会企业

一、引言

社会创业倡导利用市场方式解决复杂社会问题，是推动全球减贫、环境保护、性别平等和教育公平等包容性发展的重要力量。相比传统慈善，社会创业更具市场效率和可持续性。但社会创业也因其混合逻辑驱动（Zahra，et al.，2009；Miller，et al.，2012），存在社会问题向机会转化的高壁垒（Corner，Ho，2010）、资源获取的高成本、跨部门合作利益的难协调以及社会影响力的难测度等一系列难题（Austin，et al.，2006），导致社会问题解决方案无法大规模复制（Young，Lecy，2014）。已有的社会创业模式亟待机会、资源、治理和价值测量的整合创新来解决上述问题。

作为新工业革命的代表，数字俨然成为一种重要的生产要素，能够引领新兴产业发展和社会制度变迁（Schradie，2011）。数字创业作为一种新的创业形式，通过创业过程中与数字技术有关的新机会识别与利用过程，丰富了传统创业内涵结构，重构创业资源获取过程和创业治理方式，丰富了数字化生存[①]的赋权本质。以 Nambisan（2017）、Sussan 和 Acs（2017）为代表的学者总结了数字技术的构成要素对传统创业内涵、特征以及过程的影响；以 Li 等（2018）、Steininger（2019）为代表的学者论述了数字技术对创业转型与内化机制的影响等。以数字技术为代表的新型创业形式也为开放技术共建、构建共享平台、塑造智能化交互场景以及协调价值动态分配等方面提供了载体（Tilson，et al.，2010），为丰富社会问题解决方案、降低社会资源整合门槛、构建信任网络以及衡量社会影响力提供了有效的解决途径。在数字技术的持续发酵下，数字技术与社会创业活动的结合也屡见不鲜，如水滴筹、轻松筹

① 美国学者尼葛洛庞帝早在 1996 年就提出数字化生存（Being Digital）概念，即人类生存于一个虚拟的、数字化的生存活动空间，在这个空间里人们应用数字技术（信息技术）从事信息传播、交流、学习、工作等活动，这便是数字化生存。

平台等被广泛应用于医疗、儿童救助和贫困问题的精准解决。Ingram 等（2014）阐明了互联网技术对社会众筹的影响作用和机制；Pearce 等（2019）研究了大数据技术对环境等可持续发展问题的作用；Symon 和 Whiting（2019）关注了数字技术设备对于社会工作的影响。上述研究进展为数字社会创业研究提供了思路借鉴。总体来看，学界尚未给出数字社会创业的明确定义，相关内容较为零散，研究视角更多地聚焦宏观社会影响，理论研究远落后于实践。当下迫切需要在现有数字创业和数字社会创新研究的基础上结合社会创业实践，构建一个更加具体清晰且可以演进的数字社会创业研究框架。

本文以传统社会创业过程面临的难题为逻辑出发点，以数字技术发展为切入点，首先，提出了数字社会创业的概念，在与社会创业和数字创业的概念对比中分析了社会问题对接智能化、社会问题响应实时化、社会价值可视化、社会创业增长指数化四个方面功能。其次，借鉴数字创业文献，厘清数字社会创业的四个基本要素：数字社会创业者、数字社会公民、数字社会创业平台和数字社会创业治理。最后，从机会—资源智能一体化、赋能—规制孪生化、混合价值共创化、社会影响力规模化四个角度阐述了数字社会创业的独特运行机制。本文从理论上拓展了现有社会创业和数字创业的研究内涵，在实践中也有助于推动数字科技与社会创业的深度融合，进而提高社会创业的效率。

二、数字社会创业的内涵

（一）数字社会创业概念

数字技术是指嵌入在信息通信技术内或是由信息通信技术所支撑的产品或服务，在创新创业过程中发挥重要赋能作用（蔡莉，等，2019a）。数字创业最早被概括为信息技术加速数字企业发展的创业过程，后来被进一步明确为利用新的数字组件、平台和基础设施来追踪创业机会的过程（Nambisan，2017）。数字创业体现了数字技术对创业过程和结果的规模化改造（Nambisan，2017，2018）以及对创业市场和用户需求的精准性定位（Hinings，et al.，2018），对需求机会的转化以及社会制度的演变具有重要意义（Nambisan，2017）。迄今，学界没有明确的数字社会创业概念。前期非常零星的研究文献可概括为两类观点：一是先后观，认为数字技术先是催生了数字创业的出现，而后才引发数字社会创业现象的产生；二是融合观，认为数字技术广泛影响了商业和社会领域的创新创业，这一进程是同步的而非先后的。本文倾向于后者。按照社会物质性（sociomateriality）理论观点，人类与物质的纠缠以及二者相互开发、调整和更新的过程（Davidson，Vaast，2010），本质在于以更广泛的、更易被接受的方式创造更广阔的机会来解决社会问题（Nambisan，2017）。技术作为社会物质的一部分，是链接组织和社会的重要载体（Aleksandra，2018）。技术既改变了商业组织的创建过程，也同步改变了社会问题解决的方式（Tilson，et al.，2010）。应该在融合观的视角下理解数字社会创业的内涵。具体地，本文认为数字社会创业内涵可以界定为以解决复杂社会问题为使命，将数字技术融入社会创业过程中，推动社会创业机会、资源、治理和价值测量的数字化，从而更有效地实现经济、社会等混合价值的新型创业活动。

数字社会创业概念基于社会创业和数字创业的研究与实践提出，三者均体现了社会与物质的交互作用，在应对社会创业机会、资源、治理以及价值测量方面的关键问题时既有共性又有差异。为了更好地界定数字社会创业的概念，提炼数字社会创业的特征功能，本文将三者进行了对比分析，结果如下表所示。

数字社会创业与社会创业、数字创业的比较

	比较维度	社会创业	数字创业	数字社会创业
不同点	机会	将待解决的社会问题当作新的创业机会	强调利用数字技术的规模化和灵活性创造新的机会	强调数字技术对社会问题解决和难题整合带来的新机会
	资源	强调通过合法性构建进行资源动员	注重利益的资源互惠	强调通过数字技术构建支持者网络，提高资源参与自下而上的主动性
	治理	强调社会使命驱动	强调数字技术的规制手段	强调数字对社会创业的赋能和规制双重作用
	价值测量	缺乏有效的社会影响力价值评估手段	重视创业绩效的量化跟踪	注重利用数字技术测量社会价值，强调社会影响力的扩散

续表

	比较维度	社会创业	数字创业	数字社会创业
相同点	①数字社会创业和数字创业的相同点在于注重数字技术带来的新机会和对创新的驱动，关注数字平台的可供性和共享性，强调通过技术手段加速价值创造； ②数字社会创业和社会创业的相同点在于侧重捕捉由社会需求带来的新机会，重视整合伙伴资源的重要性，强调经济、社会、环境等混合价值创造			

资料来源：笔者根据相关文献整理。

数字社会创业和社会创业的研究对象均来源于社会问题和社会需求，但与传统社会创业相比，数字社会创业更加强调了数字技术的融合和赋能作用。①在创业机会方面，二者都强调捕捉社会需求带来的新机会，但社会创业机会来源于待解决的社会问题，且这些机会常嵌入在复杂社会问题之下，伴有市场和制度壁垒（Corner，Ho，2010），而数字社会创业强调数字技术对社会问题难题整合带来的新机会。②在资源获取方面，二者在资源配置方式上都强调了整合伙伴资源的重要性，但社会创业资源稀缺性更强，常通过资源动员、资源拼凑和合法性构建来解决资源的稀缺问题，而数字社会创业则强调基于数字技术平台的开放性、跨边界性和自组织性构建伙伴网络获得资源，注重合作者参与的主动性。③在治理方面，社会创业和数字社会创业都面临创业过程的使命偏离难题，但社会创业强调社会使命驱动下的价值扩散来应对社会创业过程的使命偏离（Akemu，et al.，2016），而数字技术则改变了治理的形式和内容（Nambisan，et al.，2019），使得创业主体和治理方式更具多样性。④在价值测量方面，数字社会创业和社会创业均存在经济、社会、环境等价值创造的混合效应，但社会创业的使命冲突更加突出（Miller，et al.，2012；Pache，Santos，2013；Battilana，et al.，2015；Saebi，et al.，2019），社会价值测量难题更加凸显。而数字社会创业则更强调通过数字技术与社会创业逻辑的融合来缓解经济和社会价值的冲突，基于多种技术手段提高社会创业过程和社会价值产出的透明度和可测性。

数字社会创业和数字创业都是基于数字技术赋能的背景，与数字创业相比，数字社会创业的目的是解决社会问题和实现混合价值。①在创业机会方面，二者均注重技术价值创造带来的新机会，但数字创业强调技术的灵活性（Yoo，et al.，2010）和规模化带来的动态机会（Nambisan，2018），而数字社会创业主要关注数字技术解决社会问题和创造机会的持续性和精准性。②在创业资源方面，二者均强调通过数字平台的构建更迅速且低成本地获得创业资金、技术和团队等资源，但二者在资源整合上存在差异，数字创业平台注重利益相关者之间的共享、交互和转换获得资源互惠（Srinivasan，2018），而数字社会创业由于自身的社会性本质，难以为关键资源提供同等的财务报酬（Ebrahim，et al.，2014），资源整合主要通过数字平台和媒介构建以社会价值为核心的支持者网络（Ko，Liu，2015），强调平台社会价值传播。③在治理方面，数字创业和数字社会创业都注重技术平台的可供性，将不确定性视为系统熵增的过程，希望通过功能与形式、内容与媒介分离获得更多的灵活性（Yoo，et al.，2010）。但数字创业注重通过开放实验迭代的方式挖掘数字技术对参与者行为的规制性，而数字社会创业不仅强调数字治理方式的灵活性，且通过社会价值嵌入用户主动参与，更加侧重数字技术多主体的共创共治，体现了数字化赋能和规制的双重作用。④在价值测量方面，数字创业和数字社会创业都强调数字手段对创业绩效的有效衡量（Akemu，et al.，2016）。但数字创业绩效是组织盈利能力的体现，可以通过产品服务的推广反馈以及财务指标来衡量创业绩效对组织利润的贡献水平，而数字社会创业的根本目的在于社会使命而非经济利益（Austin，et al.，2006），其价值创造更多地体现在社会影响力的扩散，其价值衡量侧重于通过数字技术对资金使用来源和用户使用过程的追踪反馈。

（二）数字社会创业功能

数字社会创业充分利用了数字化的可供性、生成性、自组织性和跨边界性（Nambisan，2018），实现了社会机会的快速识别、社会资源的高效动员、社会治理的多方参与以及社会影响力的清晰测量，为传统社会创业的固有难题提供了解决方案。本文概括的数字社会创业功能包括社会问题对接智能化、社会问题响应实时化、社会价值可视化以及社会创业增长指数化。

1. 社会问题对接智能化

数字技术的可供性（affordance）构建了一个共享、通用的服务集以及用于承载包括数字工件在内的互补产品的架构（Tiwana，et al.，2010；Parker，et al.，2016）。数字平台支持社会创业者产生想法、确定和分配资源、利用数字市场机会、收集信息并为创新创造合法性。平台旨在将信息技术功能组织到框架中，从而使该应用能够满足一系列通用规范，这些规范可以满足异构和不断增长的用户需求（Hanseth，Lyytinen，2010）。一方面，对于社会创业者而言，通过数字平台，社会创业者能够省去传统的"奔走式"资源搜寻过程（Muafi，2015），利用数字技术平台的智能化匹配推荐系统迅速、准确地获得自己所需要的资源，尤其是资金和人力资源。例如美国的数字社会创业众筹平台 Kickstarter 设计了一套完备的筛选及服务匹配系统，将创意项目与投资人的认知规范和偏好进行匹配，让有创造力的人更有可能获得他们所需要的资金。另一方面，对于社会创业的目标用户而言，数字技术也可以使产品服务与用户需求匹配精准化。机器学习通过识别对象、理解人类语言行为，帮助用户做出合理准确的预测，从而提高了社会问题应对的灵活性和动态性。如零分贝大规模收集农村贫困信息，对数据进一步挖掘、建模和可视化分析，开发公务员扶贫信息客户端、农村泛贫困人口基础信用和风险征信系统、分贝筹助学平台等，建立贫困供需对接平台，高效对接贫困人口和社会扶贫资源，提高了扶贫的高效性和精准性。

2. 社会问题响应实时化

数字技术的规模化和数字生态系统自组织性（self-organizing）激发了数字主体之间的相互联系和信息交互，提供了开放性解决问题的多种可能（Calton，et al.，2013）。一方面体现为社会问题的快速识别，当今的数字基础架构、设备和实践收集了大量数据（Hsieh，et al.，2015），可用于分析用户的行为和交流，根据搜索建议的关键词、行为习惯等信息，将数据转化为用户活动中的目标反馈（Hermsen，et al.，2016），能够迅速识别现有和潜在的社会问题和需求；另一方面体现为社会创业问题的快速应对，社会创业的协作性表明孤立的社会创业活动难以持续，数字系统可以通过群智能发挥作用，数字交互网络决定整体的行为（Grund，et al.，2013），社会创业者通过有序的任务排列和预定义的操作构建创业流程，合作者在控制回路中进行协作反馈，以迭代方式迅速解决问题，快速形成、确定以及重构社会创业活动流程。成都朗力养老服务中心构建的适老化平台管理系统，结合智能化的老年穿戴用具，如智能手表、智能拐杖、定位鞋等，实时收集和更新用户数据、保持与客户的互动，为老人和家属提供健康跟踪和问题预警等快捷服务，实时精确地满足老年人的需求。

3. 社会价值可视化

数字技术的去边界化使社会创业过程以及合作网络的边界逐渐模糊，从不可渗透和稳定的边界转变为日益多孔和流动的边界（Nambisan，2017）。从社会创业行动有效性来看，在开放系统下，数字设备可以为社会创业活动和价值的衡量提供更丰富的数据和多样化的工具，如以蚂蚁金服为代表的区块链公益平台能够实时查看创业资金的去向等，全面获取最新项目信息和筹资进展，自动、实时地获得所有交易的细节，基于数字的方法通过行为监测、资源使用和用户数据为社会创业提供了更清晰、可衡量的“证明”；从社会创业成果影响力来看，数字技术不仅能够衡量用户使用产品或服务时的感受或满意度，而且能够分析用户后续使用、评论、推广的情况，社会价值就可以衡量并得到验证（Priem，2007）。这增加了社会创业基于市场的社会问题解决方案的合法性，使社会创业过程足迹清晰、结果可回溯、影响力可量化。

4. 社会创业增长指数化

数字社会创业增长的指数化源于数字技术的生成性（generativity），即通过技术进步支持创造新产品和服务的情况，例如，PC（家用电脑）和 Internet（互联网）的发明为此后无数改变人类生活方式的产品服务的出现提供了支持（Dutton，Blank，2014）。数字技术的生成性为社会创业的指数化发展提供了基础。首先，社会创业机会规模化。新技术的作用是创造新的机会来满足用户的需求，数字技术可以为每个人提供教育、培训、健康和社会问题所需的信息与技术，也为应对各种社会问题的方案创新提供技术和路径支持，数字技术应用的灵活性促使社会企业家获得更多灵感，从更广阔的角度思考社会需求的满足和社会问题的治理。大数据技术被广泛应用于众多社会创业领域，如以公益机构专业化分工为目标的米公益合作平台、碳排放信息化管理的碳阻迹平台、以市售产品专业化调查检测为目的的老爸测评等多种数字社会创业模式，涉及资金、环保、贫困、养老健康等多种社会问题。同时数字技术的低门槛能够帮助资金资源相对短缺的社会企业以较低的成本、较快的速度获得更多发展的机会（Gopalkrishnan，2013）。其次，数字化社会创业模式不断涌现。数字技术背景作为社会创业出发点的模式，能够利用自身的技术优势对接社会问题和社会需求，如联缔信息无障碍基于自身的互联网产品优化技术帮助残障人士正常使用互联网服务，中科卓望以其自身的软件资源和培训服务经验助力边缘群体获得一技之长；从用户角度开发数字技术创业模式，有助于社会创业功能的升级，如爱乡宝基于服务家乡的意愿构建数字化乡亲互助平台助力乡村振兴，益宝从公益人和中低收入者的保障需求出发建立保险保障综合服务平台；为社会创业提供数字化解决方案的模式，能有效链接技术和社会创业用户，如灵析为公益和社会创业活动提供了一站式的智慧服务平台，使社会活动更加高效。数字化的社会创业模式催生了多样化的社会问题解决方案，为社会价值的实现提供了无限可能。

三、数字社会创业的基本要素

数字社会创业的功能实现，取决于数字社会创业过程中各个主体要素的相互作用和互相适配。传统创业过程理论认为，机会、资源和团队是创业过程的基本要素（Timmons，1978）。但在 Nambisan（2017）以及 Sussan 和 Acs（2017）看来，数字化重构了创业的基本要素，数字创业者和用户的角色成为数字创业的首要问题（Sussan，Acs，2017），包括机会、资源在内的传统创业过程与结果的边界在数字技术的作用下逐渐模糊（Nambisan，2017），数字平台和治理成为价值创造的源泉（Gawer，Cusumano，2002）。在数字化过程视角下，数字社会创业是社会创业者与数字技术交互（Foerderer，et al.，2014；Nambisan，2017），创建数字社会创业平台，链接数字化授权用户（Kelestyn，Henfridsson，2014；Sussan，Acs，2017），借助社会创业治理手段（Tiwana，et al.，2010；Parker，et al.，2016；Nambisan，2017），实现社会创新并解决社会问题的过程。鉴于此，本文认为数字社会创业的基本构成要素可以概括为数字社会创业者、数字社会公民、数字社会创业平台和数字社会创业治理。

（一）数字社会创业者

数字社会创业者致力于推动社会创业的数字化转型以提高解决社会问题的效率，具备社会问题机会转化能力与亲社会动机。创业者是推动创业的基本要素，需要具备创业所需要的基本素质和技能（Gartner，1989）。从社会创业相关研究来看，社会企业家的创业活动专注于社会问题的情景化，具备关注他人处境、情感和联系的亲社会特征，有利于社会创业机会的创造（André，Pache，2016）。Hockerts（2017）认为个体的先前经历可以通过同情心、道德责任、自我效能与感知社会支持预测社会创业意图。印记理论也已证实了社会创业者的早期亲社会环境、教育和工作印记塑造了其亲社会动机和社会创业活动（金仁旻，2019）。相比传统创业者，数字社会创业者将数字技术与社会创业特质、意图和动机相融合，致力于社会数字化创新解决社会问题、满足社会需求并创造社会价值，因而其具有显著的数字概念能力、社会创新能力和亲社会特质，是创业机会的发现者和开发者（Kraus，et al.，2017）。

不同于传统创业活动关注具有结构吸引力的市场，社会创业者关注政府和市场失灵时未被满足的社会需求或潜在的长期需求，立足于解决积极外部性社会中被忽视的问题（Austin，et al.，2006）。社会创业机会就来源于社会使命（Dees，2012）和特定市场的制度障碍（Robinson，2006），数字技术能够从机会识别和创造角度为社会创业机会问题解决提供崭新思路。第一，数字技术能够更为精准地识别社会需求，通过数字社会网络的应用，将社会现象的研究过程和干预行为连接起来，为解决社会问题提供了新的机遇（Marres，2012）。第二，数字技术中的数字基础设施和用户是社会创业机会的实验者，数字的规模化同时也能成为社会需求满足的放大器（Nambisan，et al.，2019）。当然，社会创业数字化过程本身也存在外部性问题，如何通过数字技术分析问题、识别社会机会也需要借助社会创业共同思考（Hockerts，Wüstenhagen，2010）。

（二）数字社会公民

数字社会公民既是社会创业活动的服务对象，同时也是参与者（Sussan，

Acs，2017），这一群体具有结构多样性、分布广泛性和信息传播及时性等特征。数字素养，即获取、理解与整合数字信息的能力（Gilster，1997），是数字社会公民具备的首要能力。数字素养包含对责任和权利的理解，明确了个体参与对社区、国家乃至全球的意义（Alkali，2004）。公民参与广泛涉及创业的各个方面，也是数字社会公民应该具备的基本能力。数字社会公民基于数字系统的广泛参与为社会影响力扩散和问题的解析提供了思路。第一，流动开放的数字网络孕育了数字社会公民权，在数字社会网络中，公民参与社会问题具有很大的自愿性（Mossberger，et al.，2007）。第二，在社会创业制度背景下，数字公民权利的行使可以为社会创业活动的规模、传播、发展等带来巨大影响（DeMoraes，DeAndrade，2015），从而形成横向溢出效应。第三，数字社会公民权赋予普通公民参与社会创业过程和价值传播的权利，同时也促进了公民自身在社会价值的引导下学习、发展和自我实现的过程，为自下而上的社会变革营造良好的环境（Kelestyn，Henfridsson，2014）。如社会价值评论、信息传播、发展社会创业网络、享受数字社会产品服务的利益和自由使用社会创业工件、平台、空间的权利（Isin，Ruppert，2015）。

（三）数字社会创业平台

数字社会创业平台提供了共享技术、组件、服务和架构，成为数字用户参与者聚合和创造价值的共同基础（Srinivasan，Venkatraman，2018）。数字社会创业平台不仅关注资源的动员问题，更注重合作网络的整体效应和资源参与的主动性（刘志阳，等，2018）。社会创业资源源于专业化、具有一定的互补性和依赖性（Hsieh，Wu，2019）。此外，由于潜在价值获取过程中，注重短期受益的商业企业更快获取资源，因此社会创业者始于小规模的创业行动，获取资源难度较大。同时可选资金来源少，跨边界投资方具有多样性，投资缺口较大（Bacq，Eddleston，2018）。

为实现数字社会创业的社会需求对接精准化和社会问题响应实时化功能，数字社会创业平台在社会资源获取和精准决策方面的优势凸显。第一，数字平台基于其可用性、低成本、低门槛、高效率性，在社会创业中为多样化结构松散的合作伙伴关系提供了载体（Amit，Han，2017），有助于提高资源获取的开放性，建立信任，提高了合作透明度（Foerderer，et al.，2014），降低社会创业活动资金获取门槛。第二，数字平台促进了形式和功能之间的脱钩（Autio，et al.，2018），从而改变了影响决策的重要因素，并可能降低资产专用性在社会价值链中调节不同利益相关者的重要性。第三，数字化促进了非中介化（Autio，et al.，2018），数字平台架构为社会创业者在机会把握的决策选择中与技术、模式、价值有关的内容提供了自由，对不同的社会创业参与方需要采取相应的针对性策略（Amit，Zott，2015），提高了社会需求处理的能力。

（四）数字社会创业治理

数字社会创业治理是指社会问题的数字化解决对社会创业过程的参与者和所有利益相关者提出的新的管理和协调需求。首先，数字社会创业治理需要始终关注组织混合价值使命导向下的价值创造和占有问题。不同于商业创业重点在于商业模式设计和利润获取，社会创业必须始终注重社会价值和商业价值在混合价值背景下的平衡，防止使命漂移危机（Austin，et al.，2006；刘志阳，等，2019）。其次，社会创业治理需要建立以赋权为逻辑的过程解决方案，而非控制逻辑（Bacq，Eddleston，2018），需要设置包括社会创业者、社会公民等参与者共同参与的组织方案，最大程度调动内部积极性。再次，社会创业治理需要建立以影响力扩散为逻辑的社会动员方案，最大限度吸纳更多网络观察者和志愿者加入平台，扩展成新的数字社会公民或社会创业者。最后，数字社会企业的创业过程和创业绩效必须可以观测且可以评价的，以实现社会企业和社会价值的双重扩张。

为实现数字社会创业的问题对接智能化和响应实时化功能，数字社会创业治理在一定条件下可以通过构建新的治理原则解决上述治理难题：第一，数字社会治理模式领先于现有的经济、政治等制度及其他监管机构，其合法化是自下而上的，适用于社会创业行动合法性的逐步积累和成型（Sussan，Acs，2017）；第二，不同于传统的内部化层级命令和控制关系，数字社会创业技术改变了传统社会创业的业务方式、流程、结构、通信和协调机制管理组织的运行（Nambisan，2017），使社会创业系统更能适应复杂的环境和多样化的社会问题；第三，数字化基础设施改变了传统的融资方式和成本收益观，虚拟监控技术增强了信息的共享和信任，以资金动向为例的资源使用情况更加透明可控，扩展了社会创业绩效衡量和价值评价的方式。

四、数字社会创业的运行机制

数字社会创业活动是创业者与对象在一定的空间布局中交互影响的过程（Orlikowski，2007；Orlikowski，Scott，2008；Nambisan，2017），是数字社会创业者、数字社会公民、数字社会创业平台和数字社会治理相互作用的过程。这一过程不仅扩展了现有数字创业的功能，也形成了独特的运行机制。

作为中国金牌社会企业，“薪太软”在其运行实践过程中就充分展示了与传统社会创业不同的运行逻辑。“薪太软”的数字社会创业者李昭君，怀着“让天下没有难领的薪水”的使命，聚焦于解决农民工被拖欠工资这一社会难题。“薪太软”利用薪酬智能云作为数字创业平台，联合银行、金融机构等参与者为企业提供薪酬垫付，融合智能工资代发、工资信用支付、众包服务应用及人力供应链协同管理等先进技术，力图帮助企业员工进行工资查询追踪、按日结薪等服务，在这个基础上实现社会创业项目的机会—资源智能一体化匹配。在这个数字社会创业平台上，农民工、用工企业和核心企业作为数字社会公民利用数字平台享受服务。农民工通过平台获得工资收入，也借此参与薪酬发放过程中产品更新和效果反馈；用工企业借助平台工时和相关数据实现工人效率综合分析；平台设置工资提醒原则和其他监督措施提醒用工企业按时发放薪酬，保护劳动者权益。随着“薪太软”社会企业规模的扩张，其开发了工资管家产品、落地服务中心等更多产品，增加了用户对平台的黏性，也不断演化出了更多的工资发放和监督提醒条款，促进了创业模式的完善和社会价值的扩散；农民工根据使用早期平台的经验不断向平台反馈问题以促进平台迭代，部分用工企业也自愿成为平台的内部社会创业者，主动根据企业自身实际开发更多的薪酬应用工具和人事管理插件，体现了混合价值共创。如此，用户与平台不断相互赋能、相互成就，形成了赋能—规制孪生化效应，催化“薪太软”社会影响力的极大扩散，推动了“劳有所得”社会价值的共享与共创。“薪太软”数字社会创业运行机制如图 1 所示。

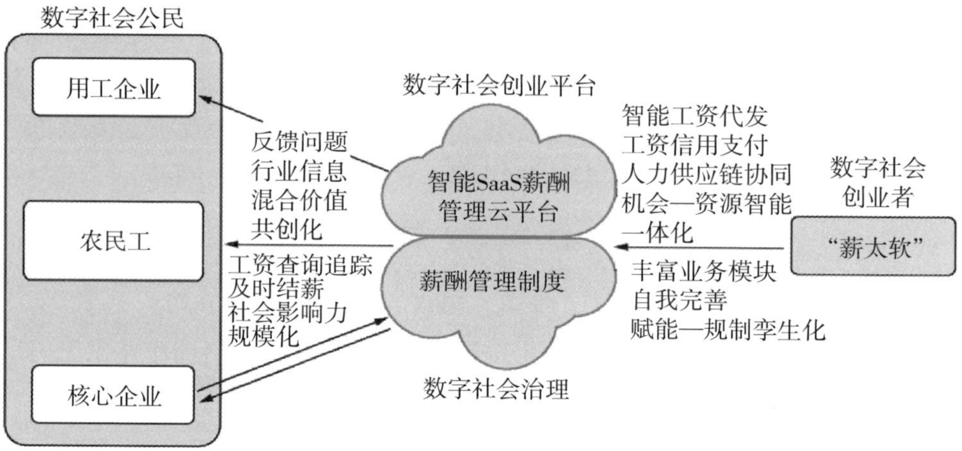

图 1 “薪太软”数字社会创业运行机制

由上述案例可见，数字社会创业构成要素在运行中逐渐形成以数字社会创业平台及其自身治理为基础的平台主体结构，数字社会创业者和数字社会公民通过与数字社会创业平台及其治理规则的相互作用影响社会创业实践，形成了“数字社会创业者—数字社会创业平台 / 数字社会治理—数字社会公民”的往复链条。这一过程塑造了机会—资源智能一体化、混合价值共创化、社会影响力规模化以及赋能—规制孪生化的独特数字社会创业运行机制，如图 2 所示。

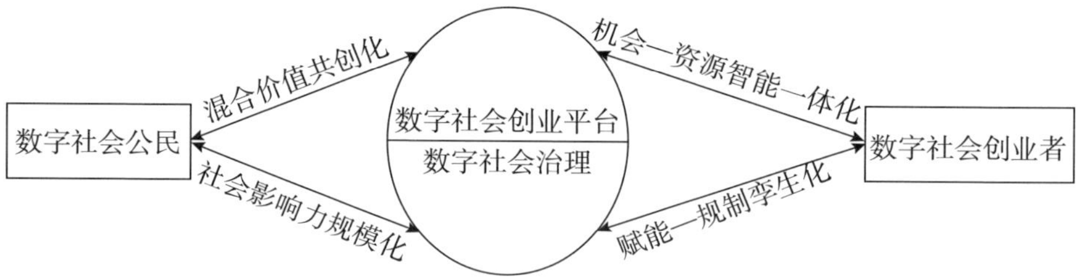

图 2 数字社会创业的构成和运行机制

（一）机会—资源智能一体化

机会—资源智能一体化是指，创业机会与创业资源两者互为条件、不可分割，且在数字技术作用下快速准确的识别、获取和利用。传统创业资源观认为，创业者机会开发和价值实现的过程贯穿于资源获取整合活动中，即机会、资源存在一体化效应（蔡莉，等，2019b）。而社会创业机会表现为复杂性、流动性和不确定性（Corner，Ho，2010），同时社会创业资源相对稀缺，难以获得与商业创业同等数量和质量水平（Ebrahim，et al.，2014）。数字技术有效推动了社会创业者和平台资源相互作用的精确性，实现了创业机会和创业资源的智能一体化匹配。

机会—资源智能一体化体现于数字社会创业者和数字社会创业平台的相互作用中。对于数字社会创业者而言，首先，具有数字背景的社会创业者关注机会创造和使命担当，数字概念化能力与社会价值主张的结合有助于社会问题本体的认识和把握，为资源机会的结合提供清晰的导向；其次，数字机会的规模化和去边界性平衡了利益相关者、用户、机构的差异性和冲突（Nambisan，Baron，2019），同时数字社会企业家对于社会价值主张的积极推动，有利于推动以信任为基础的合作伙伴关系，提高了社会创业机会识别的有效性和资源获取的准确性；最后，数字创业者基于数字社会创业平台提供创新资本杠杆或技术、流程、知识产权和其他创新资产的共享和共用的决策（Iansiti，Levien，2004；Nambisan，Sawhney，2011），有助于减少与创业机会评价和利用的知识鸿沟和不确定性。对于数字社会创业平台而言，首先，数字平台为社会创业活动提供了规模化的人才库、众筹系统和智能生态管理系统等多样化的资源，资源的内容和形式与社会创业机会的匹配可能性更大；其次，数字化创业降低了社会创业者由于地理位置的邻近性而造成的资产专用性和空间嵌入性问题，避免了对社会创业限制性空间和资源的依赖，促进平台资源的流动和渗透（Nambisan，2017）；最后，数字社会创业平台提供了资源的模块化管理，提供按需定制、资源分享、协同制造等场景，为社会创业机会资源精准配置、灵活重组提供了载体。

（二）赋能—规制孪生化

数字社会创业者和数字社会治理之间存在赋能和规制的同步效应。赋能是指，增加个体或团体的资源和能力使其做出有目的的选择，并将这种选择转变为具体实践的过程（Santos，2012），既包括权利的赋予同时也包括能力的培养。规制作为数字技术背景下的制度安排，通过作用于社会创业者活动来实现治理机制的完善（Read，2016）。Santos（2012）认为，社会创业的核心是协调组织边界内外部行动者的能力，无论他们是受益者、使用者还是合作伙伴。数字社会创业也面临着传统社会创业的治理问题，只是更加强调借助数字社会创业平台作用，通过赋能和规制双向作用为诸多社会创业者、投资者、思想领袖、监管者以及受益者、媒介、用户等主体创建巨大的数字保护伞（Saebi，et al.，2019），协同各个数字社会创业主体的创造性作用。

赋能—规制孪生化是数字社会创业者与数字社会治理规则相互作用的关键。从数字社会创业者赋能过程来看，首先，基于社会创业的整体性和协作性，数字社会创业者的核心是赋予社会创业的行为者、受益者、用户和合作伙伴权利（Bacq，Eddleston，2018），相信系统受益者或用户的力量，赋予其资源利用和技能利用的自由，关注的主要问题是合作伙伴整体价值创造的有效性。其次，不同于传统的创业者概念，数字技术使社会创业者倾听弱势群体的声音，重视用户决策过程的内在和外在的影响，有助于创业者从用户出发来理解和创新社会创业活动和模式。最后，数字平台创业者就决策权分配的平台架构和生态系统治理性质做出的决策和选择，可能会影响平台提供的创业机会的吸引力和可及性，从而影响企业家的不确定性以及他们承受的意愿（Nambisan，2017）。数字社会治理共创逻辑，引导了用户和其他机构的广泛参与，形成了基于情感支持、分享团结和关系承诺的制度环境（Poortinga，2006），丰富了社会创业者的权力结构和创业模式。从数字社会创业治理的规制效应来看，首先，数字社会创业治理逻辑协调成员的意图和行为，应用数字技术改造合作伙伴关系和信任内涵，塑造未来的社会创业协作形态。其次，数字社会创业治理对用户决策的整合更利于优质资源的集聚涌现，为社会企业家创业提供了智力资本。最后，数字社会治理规则赋予了社会创业生态制度持续改善的可能性，通过边界流动和认知迭代等方式，赋予制度环境治理的动态适应性。

（三）混合价值共创化

混合价值共创化是指，代表社会、政府、商业等不同部门参与者共同创造多元化价值的过程。数字社会创业平台的去中心化、无边界性、共享性强化了平台内的知识和价值的溢出，这种溢出效应在与数字社会公民群体的作用下解构、重塑、发酵，形成了更具大众代表性的新社会价值，完成了混合价值共创的过程。

混合价值共创化体现于数字社会创业平台和数字社会公民的相互作用中。对于数字社会公民而言，首先，参与社会活动的公民与数字社会创业平台的相关资源相结合，能够将社会创业参与的激情和价值观转化为具体的行动实践，使数字社会公民的使命感内化。其次，平台为创业者和用户公民提供了一个交流的机会，为数字化社会创业价值扩散和合法性构建推动了再生力，能够协调地理上分散的受众，并开辟新的方式来建立和利用由此创造的动力（陶秋燕，高腾飞，2019）。最后，数字社会创业平台提供的服务为社会创业公民用户提供了培训机会，通过数字模式提高创造力、批判性思维和协作能力，确保用户具有更高的就业能力和自给自足能力。对于数字社会创业平台而言，一方面，数字社会公民参与性和自由度的提高，有利于营造灵活和开放的社会创业平台环境，社会创业参与者自下而上的学习和共同演化可以促进平台价值创造的可持续性；另一方面，这种数字可供性能让新创企业重塑其创新、传递和价值获取的方式，从而使新创企业能够通过激进的新商业模式来更新现有企业，使用户和社会创业者通过数字社会公民权实现混合价值的共同创造。

（四）社会影响力规模化

社会影响力规模化是指社会创业参与者通过社会网络扩散社会价值从而使他人意见、态度和行为发生变化的过程（Burt，1987）。社会效率边界曲线下的社会创业不仅仅关注组织的经营目标或经营动机，更关注社会企业所创造的社会影响力绩效（Young，et al.，2016）。数字社会公民的广泛参与和数字社会治理形式的多样性意味着开放的空间和灵活的模式，社会价值通过公民网络激发了社会创业内外部参与者追求社会目标的意愿，扩大了社会影响力的规模。

社会影响力规模化体现在数字社会公民和数字社会治理的双向作用中。

对于数字社会公民而言，首先，每个用户都有机会参与社会公民的活动，社会创业活动更加自愿化、自由化，社会创业不再是专家性的活动，成为大众化的行为，有利于降低社会创业活动的交易成本，理顺价值和使命的传播途径。其次，数字公民权下的大众参与的过程与政治、经济社会的行动紧密联系起来，通过提供灵活、动态的交互式模型将公民参与权转化为一种社会价值和影响力的工具（Marres，2012），提高了社会创业活动的有效性。最后，数字社会公民依靠自身和网络关系的力量，广泛参与社会创业活动的各个环节，帮助社会创业产品服务进行反复迭代，找出最适合用户的方案，以此来巩固数字社会创业模式的成功。对于数字社会治理而言，一方面，数字社会治理提供了数字社会创业模式的新架构，促进了数字社会公民知识的流动和参与方式的创新（Lezaun，Soneryd，2007）；另一方面，数字社会治理的发展提高了社会创业生态系统的适应性和可持续性，开放的参与平台涵盖大众的智慧，形成基于数字公民网络的、分布式的、共享性的数字神经系统（Helbing，2015），有利于数字社会公民权内涵的不断进步与发展，加速了社会影响力的全方位扩散。

总之，在新的技术背景下，通过上述四种机制，数字社会创业也逐步形成了一套新的社会治理规则和方式。一方面，作为创业活动起点的数字社会创业者进行机会—资源智能一体化，与平台内的利益相关者、用户、公民共创价值，丰富了社会创业影响力价值链的内涵（Mair，Sharma，2012），推动社会创业问题治理；另一方面，数字社会公民通过平台自下而上参与价值创造并扩散社会价值，将公民个人发展的认同与价值使命动态结合，利用庞大的社会网络和规模将使命和价值迅速扩散到更广阔的空间，通过提高社会创业活动的有效性实现了价值共享。

五、结论与展望

（一）结论与贡献

数字经济时代下，数字技术的发展逐渐呈现出可供性、生成性、可变性、去边界化等能力特征（Nambisan，2018）。数字技术为传统社会创业的使命实现、资源整合、治理方式、价值扩散等难题提供了新的解决方案。本文以数字技术特征为切入点，首先，给出了数字社会创业的概念，总结了数字社会创业的社会问题对接智能化、社会问题响应实时化、社会价值可视化以及社会创业规模增长指数化四个功能。其次，结合数字创业和社会创业的研究框架，提出数字社会创业的构成要素为数字社会创业者、数字社会公民、数字社会创业平台以及数字社会治理。最后，通过剖析数字社会创业构成要素的影响作用，本文总结了影响数字社会创业运行的机会—资源智能一体化、混合价值共创化、社会影响力规模化以及赋能—规制孪生化四种典型运行机制。本文认为数字社会创业运行过程是数字社会创业者主动进行社会价值创造，数字社会公民自下而上参与并传播社会价值、数字社会创业平台进行价值治理并推动价值共享的过程。

本研究的贡献主要体现在以下方面：第一，创新提出了数字社会创业的概念和功能，以社会物质性理论为基础，总结了数字技术与社会创业的内在共性，强调了科技赋能对解决社会问题的重要意义。第二，系统归纳了数字社会创业的基本要素，重构了传统创业的基本内容，更加关注数字技术下社会创业创新过程的主动性、动态性、跨层次和可回溯性，拓展了社会创业已有的研究领域，填补了数字社会创业研究的空白。第三，深刻揭示了数字社会创业的运行过程及其内在机制，提出社会创业运行的本质是一个社会价值创造、价值传播、价值共享和价值实现的过程，为社会创业的过程治理提出了新的思路，对于推动社会创业的数字化应用和效率提升也具有重要的现实价值。

（二）研究展望

数字技术如何赋能和加速社会问题的解决是当代管理学关注的焦点。数字技术的应用在现有的社会创业实践领域尽管成绩斐然，但缺少完整的理论框架指导。未来数字社会创业研究迫切需要重建以下研究范式：①研究的整体性导向。数字社会创业需要形成一个完整有效的研究框架引领未来，本文的研究为数字社会创业的研究框架提供借鉴，今后可以进一步从社会创业过程逻辑、数字创业生态运行等方面进行研究。②研究的情境化导向。由于数字社会创业面向差异性的对象、环境、背景，因此数字社会创业需要关注数字技术在不同文化、制度和区域情境下的社会创业形塑差异，运用适应性的理论和方法进行解析。③研究的问题化导向。数字社会创业研究也需要结合现有社会创业的关键问题提出思路，如数字社会创业商业模式创新、数字平台治理原则、数字社会创业影响力评价等。④研究的情感化导向。数字平台在推动社会问题快速解决的同时，如何让参与者既能享受数字的自由又不会深陷数字的无形牢笼，未来参与者的幸福感研究仍然有待深入思考。

鉴于此，未来的数字社会创业研究可以重点考虑如下具体问题：第一，对于数字社会创业者而言，数字概念能力是将数字技术与社会创业有机结合的重要特质。在 Hockerts（2017）对社会创业者个人经历和意图模型研究的基础上，数字社会创业者的技术背景和数字思维能力是否有助于缓和社会和商业双重目标的冲突、降低机会识别和资源获取的难度、提高社会创业的生存率和绩效等仍需进一步研究。此外，数字创业和社会创业的环境要求的差异性对社会创业者提出了不同的要求，数字创业强调生态的开放性（Nambisan，2017），而社会创业强调创业资源的嵌入性和紧密性（Kistruck，Beamish，2010），两种背景下社会创业者的动机和行为容易产生冲突和矛盾，如何利用数字技术平衡和缓和这些矛盾也是今后研究的重点。第二，对于数字社会公民而言，数字技术和数字平台赋予其参与产品服务改进（Sussan，Acs，2017）、价值创造、使命传播的空间和权利，但这种社会创业参与的广泛性也面临一些问题。一方面，随着数字公民群体的规模不断增大，数字公民素养不均衡的现象不断显现，同时对于数字公民参与能力的门槛却在提高，因此如何引导和提高数字社会公民的参与能力和有效性可能会成为未来研究的趋势；另一方面，随着数字公民不断在线上提供内容，留下数字足迹以及永久记录，知识产权、隐私和安全的问题成为社会创业活动中必须面对的问题，因而如何协调公民对隐私的需求和整个社会的目标是需要思考的重点；此外，数字社会公民参与的目的在于最大限度地辐射到社会的各个角落，因而如何通过数字社会观念的传播来释放边缘化群体的潜力也是社会创业研究的重点。第三，对于数字社会创业平台和治理而言，平台中的参与主体规模化之后，基于数字的自组织性、去中心化和去边界性，数字平台和治理方式更有可能表现为数字社会创业生态和环境的综合作用（Nambisan，et al.，2019）。如何进一步提高要素对生态的综合效应，加强生态治理的有效性也是一个重要的研究方向。

参考文献

[1] 蔡莉，杨亚倩，卢珊，等. 数字技术对创业活动影响研究回顾与展望［J］. 科学学研究，2019，37（10）：1816–1824，1835.

[2] 蔡莉，葛宝山，蔡义茹. 中国转型经济背景下企业创业机会与资源开发行为研究［J］. 管理学季刊，2019，4（2）：44–62，134.

[3] 刘志阳，李斌，陈和午. 企业家精神视角下的社会创业研究［J］. 管理世界，2018，34（11）：171–173.

[4] 刘志阳，庄欣荷，李斌. 地理范围、注意力分配与社会企业使命偏离［J］. 经济管理，2019，41（8）：73–90.

[5] 陶秋燕，高腾飞. 社会创新：源起、研究脉络与理论框架［J］. 外国经济与管理，2019，41（6）：85–104.

[6] AKEMU O，WHITEMAN G，KENNEDY S. Social enterprise emergence from social movement activism：The fairphone case［J］. Journal of Management Studies，2016，53（5）：846–877.

[7] AMIT R，HAN X. Value creation through novel resource configurations in a digitally enabled world［J］. Strategic Entrepreneurship Journal，2017，11（3）：228–242.

[8] AMIT R，ZOTT C. Crafting business architecture：The antecedents of business model design［J］. Strategic Entrepreneurship Journal，2015，9（4）：331–350.

[9] ANDRÉ K，PACHE A C. From caring entrepreneur to caring enterprise：Addressing the ethical challenges of scaling up social enterprises［J］. Journal of Business Ethics，2016，133（4）：659–675.

[10] AUTIO E，NAMBISAN S，THOMAS L D W，et al. Digital affordances，spatial affordances，and the genesis of entrepreneurial ecosystems [J] . Strategic Entrepreneurship Journal，2018，12 (1)：72–95.

[11] BACQ S，EDDLESTON K A. A resource-based view of social entrepreneurship：How stewardship culture benefits scale of social impact [J] . Journal of Business Ethics，2018，152 (3)：589–611.

[12] BATTILANA J，SENGUL M，PACHE A C，et al. Harnessing productive tensions in hybrid organizations：The case of work integration social enterprises [J] . Academy of Management Journal，2015，58 (6)：1658–1685.

[13] BAVDAZ A. Past and recent conceptualisations of sociomateriality and its features：Review [J] .Athens Journal of Social Sciences，2018，5 (1)：51–78.

[14] CALTON J M，WERHANE P H，HARTMAN L P，et al. Building partnerships to create social and economic value at the base of the global development pyramid [J] . Journal of Business Ethics，2013，117 (4)：721–733.

[15] MORAES J A D，ANDRADE E B D. Who are the citizens of the digital citizenship？[J] . International Review of Information Ethics，2015，23：4–19.

[16] DEES J G. A tale of two cultures：Charity，problem solving，and the future of social entrepreneurship [J] . Journal of Business Ethics，2012，111 (3)：321–334.

[17] DUTTON W H，BLANK G. Cultures on the Internet [J] . InterMedia，Winter，2014，42 (4)：55–57.

[18] EBRAHIM A，BATTILANA J，MAIR J. The governance of social enterprises：Mission drift and accountability challenges in hybrid organizations [J] . Research in Organizational Behavior，2014，34：81– 100.

[19] GOPALKRISHNAN S S. A new resource for social entrepreneurs：Technology [J] . American Journal of Management，2013，13 (1)：66–78.

[20] GRUND T，WALOSZEK C，HELBING D. How natural selection can create both self- and other-regarding preferences and networked minds [J] . Scientific Reports，2013，3 (1)：1480.

［21］HANSETH O，LYYTINEN K. Design theory for dynamic complexity in information infrastructures：The case of building internet［J］. Journal of Information Technology，2010，25（1）：1–19.

［22］HERMSEN S，FROST J，RENES R J，et al. Using feedback through digital technology to disrupt and change habitual behavior：A critical review of current literature［J］. Computers in Human Behavior，2016，57：61–74.

［23］HININGS B，GEGENHUBER T，GREENWOOD R. Digital innovation and transformation：An institutional perspective［J］. Information and Organization，2018，28（1）：52–61.

［24］HOCKERTS K，WÜSTENHAGEN R. Greening goliaths versus emerging davids–theorizing about the role of incumbents and new entrants in sustainable entrepreneurship［J］. Journal of Business Venturing，2010，25（5）：481–492.

［25］HOCKERTS K. Determinants of social entrepreneurial intentions［J］. Entrepreneurship Theory and Practice，2017，41（1）：105–130.

［26］HSIEH Y J，WU Y J. Entrepreneurship through the platform strategy in the digital era：Insights and research opportunities［J］. Computers in Human Behavior，2019，95：315–323.

［27］IANSITI M，LEVIEN R. Strategy as ecology［J］. Harvard Business Review，2004，82（3）：68–78，126.

［28］ISIN E，RUPPERT E. Being digital citizens［M］. Washington，DC：Rowman & Littlefield International，2015.

［29］KISTRUCK G M，BEAMISH P W. The interplay of form，structure，and embeddedness in social intrapreneurship［J］. Entrepreneurship Theory and Practice，2010，34（4）：735–761.

［30］KO W W，LIU G. Understanding the process of knowledge spillovers：Learning to become social enterprises［J］. Strategic Entrepreneurship Journal，2015，9（3）：263–285.

［31］KRAUS S，NIEMAND T，HALBERSTADT J，et al. Social entrepreneurship orientation：Development of a measurement scale［J］. International Journal of

Entrepreneurial Behavior & Research，2017，23（6）：977-997.

[32] LEZAUN J，SONERYD L. Consulting citizens：Technologies of elicitation and the mobility of publics [J]. Public Understanding of Science，2007，16（3）：279-297.

[33] LI L，SU F，ZHANG W，et al. Digital transformation by SME entrepreneurs：A capability perspective [J]. Information Systems Journal，2018，28（6）：1129-1157.

[34] MARRES N. The redistribution of methods：On intervention in digital social research，broadly conceived [J]. The Sociological Review，2012，60（S1）：139-165.

[35] MILLER T L，GRIMES M G，MCMULLEN J S，et al. Venturing for others with heart and head：How compassion encourages social entrepreneurship [J]. Academy of Management Review，2012，37（4）：616-640.

[36] MOSSBERGER K，TOLBERT C J，MCNEAL R S. Digital citizenship：The Internet，society，and participation [M]. Cambridge：MIT Press，2007.

[37] MUAFI M. Green IT empowerment，social capital，creativity and innovation：A case study of creative city，Bantul，Yogyakarta，Indonesia [J]. Journal of Industrial Engineering and Management，2015，8（3）：719-737.

[38] NAMBISAN S，SAWHNEY M. Orchestration processes in network-centric innovation：Evidence from the field [J]. Academy of Management Perspectives，2011，25（3）：40-57.

[39] NAMBISAN S. Digital entrepreneurship：Toward a digital technology perspective of entrepreneurship [J]. Entrepreneurship Theory and Practice，2017，41（6）：1029-1055.

[40] NAMBISAN S. Architecture vs. ecosystem perspectives：Reflections on digital innovation [J]. Information and Organization，2018，28（2）：104-106.

[41] NAMBISAN S，WRIGHT M，FELDMAN M. The digital transformation of innovation and entrepreneurship：Progress，challenges and key themes [J]. Research Policy，2019，48（8）：103773.

[42] ORLIKOWSKI W J. Sociomaterial practices：Exploring technology at work [J]. Organization Studies，2007，28 (9)：1435–1448.

[43] ORLIKOWSKI W J，SCOTT S V. Sociomateriality：Challenging the separation of technology，work and organization [J]. The Academy of Management Annals，2008，2 (1)：433–474.

[44] PACHE A C，SANTOS F. Inside the hybrid organization：Selective coupling as a response to competing institutional logics [J]. Academy of Management Journal，2013，56(4)：972–1001.

[45] POORTINGA W. Community resilience and health：The role of bonding，bridging，and linking aspects of social capital [J]. Health & Place，2012，18 (2)：286–295.

[46] PRIEM R L. A consumer perspective on value creation [J]. Academy of Management Review，2007，32 (1)：219–235.

[47] SAEBI T，FOSS N J，LINDER S. Social entrepreneurship research：Past achievements and future promises [J]. Journal of Management，2019，45 (1)：70–95.

[48] SANTOS F M. A positive theory of social entrepreneurship [J]. Journal of Business Ethics，2012，111 (3)：335–351.

[49] SCHRADIE J. The digital production gap：The digital divide and Web 2.0 collide [J]. Poetics，2011，39 (2)：145–168.

[50] SRINIVASAN A，VENKATRAMAN N. Entrepreneurship in digital platforms：A network–centric view [J]. Strategic Entrepreneurship Journal，2018，12 (1)：54–71.

[51] STEININGER D M. Linking information systems and entrepreneurship：A review and agenda for IT–associated and digital entrepreneurship research [J]. Information Systems Journal，2019，29 (2)：363–407.

[52] SUSSAN F，ACS Z J. The digital entrepreneurial ecosystem [J]. Small Business Economics，2017，49 (1)：55–73.

[53] SYMON G，WHITING R. The sociomaterial negotiation of social entrepreneurs'

meaningful work [J] . Journal of Management Studies, 2019, 56 (3): 655–684.

[54] TILSON D, LYYTINEN K, SØRENSEN C. Research commentary—Digital infrastructures : The missing IS research agenda [J] . Information Systems Research, 2010, 21 (4): 748–759.

[55] TIWANA A, KONSYNSKI B, BUSH A A. Research commentary—Platform evolution : Coevolution of platform architecture, governance, and environmental dynamics [J] . Information Systems Research, 2010, 21 (4): 675–687.

[56] YOO Y, HENFRIDSSON O, LYYTINEN K. Research commentary—The new organizing logic of digital innovation : An agenda for information systems research [J] . Information Systems Research, 2010, 21 (4): 724–735.

[57] YOUNG D R, LECY J D. Defining the universe of social enterprise: Competing metaphors [J] . VOLUNTAS : International Journal of Voluntary and Nonprofit Organizations, 2014, 25 (5): 1307–1332.

[58] ZAHRA S A, GEDAJLOVIC E, NEUBAUM D O, et al. A typology of social entrepreneurs: Motives, search processes and ethical challenges [J] . Journal of Business Venturing, 2009, 24 (5): 519–532.

公益篇

公益的有效性要通过市场化衡量

□ 徐永光 *

● **摘　要**

公益产品和服务的有效性需要通过市场化来衡量。公益项目要取得成功，需要政府支持、社会关注、专业化、科学管理、强化品牌建设和持续创新。公益市场化尊重参与人的权利，而不是自上而下地主张“权力”，公益成效评估可以保证公益投入的有效性，公益投资也有着边际效应，需要尊重受益人的权利和需求，做出科学的分析和判断，才能更好地开展公益事业。

● **关键词**

公益创新；有效性；市场化；成效评估；衡量标准

我曾经写过一篇文章，名字叫作《公益创新不求规模化，就是花拳绣腿》，为什么这么讲？这里有公益市场化的内在逻辑。首先，公益创新担当社会创新的使命。在社会创新的诸多要素中，规模化和影响力是题中应有之义；小打小闹，自娱自乐，不能有效解决社会问题。这就是公益创新一定要有规模化推动的道理。公益产品与商业产品一样都需要满足社会、市场需求。一家公益组织做成了一个好产品、好项目，不仅满足了某一个社区、人群的需求，还有成千上万的社区也都有类似的需求。规模化的价值由此可见。对于商业机构来说，但凡创造了一个好的产品或服务，满足了消费者的需求，哪

---

* 作者简介：徐永光，南都公益基金会名誉理事长。

怕有风险也一定会寻求规模化发展，攻城略地、占领市场。但是，绝大多数公益组织缺少商业机构的冒险精神，做好了一个公益产品/项目，却不能规模化。其背后的逻辑是什么？

一个优秀公益产品的诞生，往往有一个优秀的创新型领导人。他们的成功，获得了社区居民、社会和政府的认可，有了稳定的资金来源，“浅尝辄止”，“小富即安”，进而“养尊处优”。又没有市场竞争来抢自己的饭碗，何必去冒规模化风险？因为项目做得漂亮，这些机构领导人还会到处去演讲、拿奖，让自己更加光鲜亮丽，这不是“花拳绣腿”吗？

一个公益项目的成功背后，有很多公共资源的支持，包括社会公众捐赠和政府的支持、媒体传播资源的投入等，而不是全凭个人的创造。占有着这些公共资源却排斥规模化，有浪费公共资源之嫌。一个好公益产品的产生，有大量成本投入，包括试错成本；原创和复制的成本也是大不相同的。后来，我调整了说法，对于把做公益当成个人的一种生活方式，坚持做“小而美”的公益产品，我表示尊重。公益规模化的理论，要和那些有社会理想、有抱负、有使命感的人一起来探讨。

好公益产品的规模化确实有很多困难，需要有资金、团队、信任背书等条件的支持。所以，南都基金会与众多同道机构共同发起了“好公益平台”项目，大家都拿出资源去甄选和支持这些好公益项目，推动其规模化发展。入驻好公益平台的项目，我们提供资源、能力建设、品牌信任背书支持，以及对接地方政府、相关方的支持，试图给好公益产品规模化铺设一条高速公路，加快好公益项目的规模化落地和推广，减少他们的风险。

平台组织好公益品牌机构到各个地方路演，有兴趣的地方政府、公益组织都来听，有些政府机构还会直接举牌，提供资金支持这些项目在本地落户。通过这种方式，一些好公益产品规模化发展非常快。好公益平台对于公益市场化和规模化应该是很有帮助的。

一、市场化的基本原理：需求导向与尊重市场主体权利

希望工程是公益市场化实践的成功案例，尽管有政府背景和支持，但整

个项目的运行遵循了公益市场化的规则。市场化对应的是行政化。行政化主张“权力”，自上而下；而市场化主张“权利”，尊重所有参与人的权利。公益市场化，概而言之，一是遵循社会需求导向；二是尊重市场各个主体的权利，如捐赠人的主体权利。捐赠必须自愿，这是“权利”；强捐、逼捐就不是市场化，而成了行政化，乃至于“以权谋捐”。公益募捐自愿的同时是捐赠人的自主选择，他们会遵循市场化的有效性原则，用脚投票，选择支持谁或放弃谁，让公益捐赠、公益投入保持有效性。

二、公益成效评估是市场化的基本要件

公益项目的有效性在公益部门的呈现可能有困难。因为商业活动成效评估很简单，可以直接在财务报表中反映出来。但公益组织财务报表的反应是“有出无进”，投入是否有效，往往要经过评估才能确定。

对公益投资成效的评估，是公益市场化运行的必要条件。美国 W. K. Kellogg Foundation（凯洛格基金会）按照项目总支出的 6% 用作项目评估费用。在中国，公益项目管理费不得超过当年总支出的 10%，要拿出 6% 做评估费用，很少有人能理解。但是换一个角度看，6% 的评估费用能够保证 94% 的投入是有效的，不会给低效、无效甚至浪费的项目拖累，这样的公益评估投入就很有价值。当然，这对第三方评估机构的资质水准要求很高；这类机构也须依赖公益市场化环境方能得到成长并接受优胜劣汰。

三、公益的边际效应

在市场化和经济学中还会讲边际效应原理，其实公益投资也有边际效应递增或者递减。举一个希望工程的例子。一个温州的朋友曾告诉我，在二十多年前，他和女朋友资助了温州一个学校希望工程班里的一个男生和一个女生，那个班里的学生都是来自全国各地贫困地区的孩子。后来这两个孩子成了夫妻，现在，这个男生是北京一所 211 重点大学的教授，女生是英国剑桥大学的药学博士。

希望工程项目，资助一名贫困地区失学儿童只要300元。这个投入对于普通捐款人而言并不算多，但却改变了一个人的命运。否则，这些孩子可能会跟父辈一样成为文盲。这样的例子有很多。这个公益资助投入的边际效应大不大？我觉得它是一本万利的。

所以公益投入是不是有效，最关键的是要评估，不是自己说了算。

不少人是带着情怀做公益，并不真正注重公益投入的成效。“情怀最伟大，过程很享受，结果不重要”，这是我为一些公益同行构建的画像。

四、受益人的权利与需求分析

中华女子学院刘伯红教授曾在一次联合国世界妇女大会的论坛上讲过一个案例。冬天她去灾区，发现公益组织在纷纷“送温暖”。其中，有一个妇女拉住她表达不满，说：“我今天排队领到了入冬以来的第四件皮夹克，而且都是男士款。我要这么多皮夹克干什么？我的孩子刚出生不久，现在我最需要婴儿奶粉啊！”这个案例反映出公益行业的一种倾向，没有尊重公益消费者即受益人的权利。

于是，我就此做了一个经济学的分析。假定这个村子有100个人，冬天“送温暖”也没有错。但是，对于这100个人的需求要做具体分析。大约有50个人自己有棉衣或买得起棉衣，用不着你来“送温暖”；还有10个人是政府“建档立卡贫困户”，会列入政府“送温暖”的名单。那么，还有40个人，公益组织可以给他们“送温暖”，这样他们就可以把自己买棉衣的钱省下来买别的。但是现在是什么情况呢？100个人，每人平均四件皮夹克，发放者大概率来自四家互不通气的公益组织。按照每件皮夹克平均300元，需要12万元。但实际上，只需要给40个人每人发一件，12000元就解决问题了。这意味着90%的捐款被浪费了。

五、替代品分析

按照经济学的原理公益组织“送温暖”还可以省。经济学原理中有一个替代品的概念。军大衣可以作为皮夹克的替代品，保暖性更好，给贫困灾区“送温暖”也更合适。并且军大衣100元一件，40件军大衣，只要4000元，是公益组织到这个村子“送温暖”花费12万元的1/30。市场化要满足不同主体的需求，要尊重公益消费者即受益人的权利。这个故事中的行为，完全不尊重受益人的权利，违背了慈善伦理。

六、外部性原理：破坏公益的公信力与行业风气

这些公益组织的做法，还外溢出了受益者对慈善行为的不信任。按经济学的原理称之为外部性。我需要的是婴儿奶粉，结果你给了我那么多皮夹克，我拿来干吗？受益人觉得公益怎么乱来，滥行布施破坏了公益的公信力。更坏的是，部分公益组织不仅滥行布施，没有满足公益消费者真实的需求，发完皮夹克还拿着发放清单向捐款企业报告再去套捐款。企业一看，甚至觉得这个公益组织做得好，下次还给他们捐款。这是公益领域的“坑蒙拐骗”，坏了公益的规矩。同时，也外溢出一种公益界不好的风气，不是追求真正的有效性，而是追求进钱快。

七、公益的有效性要通过市场化衡量

这个故事在我国公益行业并非个例。那究竟是什么原因导致了上述问题的普遍存在？怎样才能保障公益的有效性？因为公益组织是单向行动，受助方没有选择权，因此缺少真实的信息反馈。而商业机构的产品是市场化的，企业有股东分红和交税的压力，生产的产品性价比高，消费者才愿意购买，产品才能卖得出去，所以企业必须要保障产品的有效性。

有一年，南都基金会为“新公民计划”农民工子女的教育产品进行招标，理事会给12个竞标项目打分，排名前二的都是来自企业的教育产品，而且它们的分数比公益组织高出很多。那次招标，南都基金会第一次把资助项目合同改成购买服务，购买这两家企业的服务。一家企业的产品，成本大大高于公益，因为它要赚钱、纳税、分红，人工成本也比公益组织高。为何同为教

育服务的产品，公益组织拿来的性价比还不如企业高？这是因为，公益产品的输出是无偿的，“白给”的东西没得挑，有胜于无；企业的产品是要靠市场真金白银来购买的，经过大浪淘沙，留下的一般都是好的。公益的有效性也需要用市场化来衡量。

八、希望工程项目设计六原则

希望工程在30多年前项目推出之前，做了精心设计，遵循了以下六条原则。

第一条，政府支持。义务教育、基础教育是国家的责任。但是，因为当时国家很穷，甚至连教师工资都发不出来，再要政府拿钱资助孩子免费读书，是做不到的。所以，在这种情况下，政府肯定会支持民间力量的参与来弥补财政投入的不足。

第二条，社会关注。希望工程关注儿童、教育和贫困三类社会问题，把严重的现实问题告诉社会，并引起了全社会的强烈共鸣，所以才会获得公众的积极参与。

第三条，群体需求。希望工程回应了贫困地区儿童教育群体的实际需求。

第四条，符合宗旨。机构需要按照自身的宗旨来设计项目，中国青少年发展基金会当时的宗旨就是“改善青少年成长环境，促进青少年全面发展”。

第五条，国际接轨。希望工程实施10周年的项目评估显示，36%的资金来自海外。

第六条，树立品牌。包含项目品牌和机构品牌两个维度。我当时提出，品牌树立的“三步曲”，它们是逐层递进的关系。第一步，要做好项目品牌，起个好名字，设计好Logo，让外界知道机构在做什么，了解一个辨识度很高的公益品牌形象；第二步，树立机构品牌，把项目和机构相联系，让外界知道做项目的机构是谁；第三步，大家会觉得这个机构做什么都是好的，就会支持这个机构做的任何事情。这样就会使机构的公信力外溢到自己的其他项目中来。

这六条原则包含了项目所有的利益相关者，也包含了机构的整体发展，这就是一个好的公益产品的设计思路。

九、捐赠人需求导向：社会动员机制设计

在公众参与部分，要特别关注他们持续参与的动员机制，关注捐赠人精神上的成就感和满足感需求。希望工程就是发现了这一需求，设计出以捐赠人需求为导向的社会动员机制。无论是企业还是个体捐赠人，看到了孩子们的成长，获得了成就感，因此他们参与的热情就越来越高。希望工程只是要求捐赠人资助孩子到小学毕业，结果很多捐赠人在孩子上中学、大学时也一直跟进去做资助。刺激这种需求，扩大供给，通过项目实施效果反馈、放大，就会形成一个良性循环的闭环系统。捐受双方互为需求，互为供给，双向受益。所以，我说希望工程遵循了市场化原理。

十、有效的公益投入带来巨大的社会价值

做公益，我们需要思考整体链路和其中应当遵循的原理。公益捐款是一个投资人和三重消费者的混合体。你捐款，就是在给公益投资，捐赠人就是公益投资人。

三重消费者：第一重，是捐赠人自主选择消费公益产品，遵循尊重和公平交易的原则。第二重，是捐赠人的精神消费。捐赠人购买了一个公益产品，他自己并没有消费该产品，但获得了精神上的满足。这种精神消费的价值是公益可持续参与的重要动因。第三重，是受益人的终端消费。在这个环节往往会因为不是受益人的真实需求而出现问题，所以要尊重受益人即终极消费者的权利。

同时，还有两重社会收益：第一重，是直接、有形的社会效益。公益投资解决了某一个社会问题，化解了某一个社会痛点，让社会更美好，任何一个参与者都是受益人。第二重，是无形的，也可能是最重要的收益，提升社会资本。因为你的捐赠和有效的资金使用，带来社会问题的有效解决，整个流程都在放大人与人之间的信任和互助关系。所以说，有效的公益投入，收益可以比商业投资更高。

基金会运行模式的尝试：合作型基金会

□ 叶正猛*

● 摘　要

本文以浙江新湖慈善基金会（以下简称新湖慈善基金会）的实践为例，阐述公益基金会除运作型和资助型外的一种新运行模式——合作型运行模式。合作型运行模式既参与项目的运作和管理，又资助基层组织或草根组织去运作，从战略与策划起势保持基金会对议题、方案、进程的主导性，保证开放足够的合作空间，同时也提供主要的资金等资源支持，以呈现出资源提供者及输送渠道的多元性。此外，合作型运行模式不仅包含了对公益基金会的合作，还包含着应取得政府的重视与支持。

● 关键词

公益；基金会；运行模式；合作型

公益基金会的运行模式，一直以来有一个标准和通行的“二分法”，分为运作型和资助型两种。2011 年中国资助型基金会刚刚兴起之时，《中国慈善家》杂志发表醒目的文章《基金会的运作方式，运作型还是资助型？》。“一手筹钱一手运作项目的，被称为运作型基金会；筹完钱后并非自己直接运作项目，而是资助基层组织或草根组织去运作的，被称为资助型基金会。”

新湖公益运行 28 年，似乎很难“对号入座”。1995 年，新湖公司成立之

* 作者简介：叶正猛，浙江新湖慈善基金会秘书长、浙江工商大学英贤慈善学院特聘教授。

初就开始行慈善、做公益；2018 年，新湖慈善基金会成立，前后人员、理念、方法基本是一脉相承的。前期我们尚没有“入道”，并不知有运作型和资助型的运行模式；之后，以我们的实践，感到现成的鞋子并不适足。我们既不是纯运作型，也不是纯资助型。我们多年来实施公益项目的一个明显特点是“合作”，是“合作中有运作，运作中有合作”。

例如，2010 年青海玉树发生特大地震，新湖出资 5000 万元，在刚成立的中华儿慈会（以下简称儿慈会）设立“新湖・玉树孤儿专项救助基金”，重点实施“玉树地震孤儿成长救助行动”，将 102 名孤儿安置在北京抚养，为他们提供良好的教育。该行动如果全部自己运行，我们没有足够的人手；如果说是资助，我们也不是一捐了之，而是带着我们的意愿和思路，与儿慈会紧密合作，优势互补，共同实施项目。前期，儿慈会与基金会一起设计项目，我们也参与孩子的抚养、教育工作；中期，在第一批孩子考入大学时，学习、生活费用全无着落，我们决定对项目进行延伸，在新湖公司内部发起“爱心接力”行动，员工“一对一”或“多对一”与孩子结对，资助他们完成大学学业；后期，针对将有大批孩子集中上大学的情况，我们发动员工进行一次性捐款，并与光大信托合作，研究设立富于创新的专项慈善信托，保证其后所有孩子的大学费用。这个项目已经实施 12 年，待最后一批孩子大学毕业，将长达 16 年。在跨成长周期中，我们全程介入，出资、出智、出力，与儿慈会一路配合默契，持续推进。

一切从实际出发，一切以效果为重。运作型基金会所有项目都需要亲力亲为，全程自力策划、运营、管理；资助型基金会，要对申请资助的团队和项目进行全面的遴选，并对点多面广的项目施行全方位监管。而我们作为单一企业设立的基金会，人员十分精简，人力难以全部承受的。如乡村发展基金会秘书长陆波所说“纯粹的资助型基金会，很多时候，无法做到与社会现实合拍，因为不在一线，会有‘隔靴搔痒’之感”。我们希望能直接参与，要有实际“作”“为”。

我们大胆地去尝试自己的运行模式，致力于联合在专门领域有能力优势、具有创新精神的公益伙伴，以高效协作手段，尝试公益慈善资源配置的新途径，从而逐步形成了自己的运行风格。我们称之为“合作型”。

概要地说，“合作型”基金会的基本特征是，以“资”为本，以“智”加持，与“优”合作。大体上，资金主要由基金会支出安排，项目实施以基金会的思路为主，保持基金会工作的系统性，体现基金会及其发起企业的价值理念；寻找优秀的公益组织、团队合作，实现优势互补，提高成功概率；基金会自身始终参与运行、实践。

总之，“合作型”基金会吸收了运作型和资助型两种模式的长处，既身体力行，保持主导性，又聚合优势公益资源，讲求高效性。把“合作型”基金会做好，也不是一件轻松的事。

第一，自身实力是“合作型”的基础。基金会需要有一定的自身资金实力、发起企业的经济实力和二者的文化实力。实力是成事基础，实力是合作要件。“合作型”讲求优势互补，实力是基金会一方用以“互补”的主要元素。

第二，统筹协调是“合作型”的核心。基金会需要贯彻自身的公益理念，实施自己的主打公益项目，着力进行项目统筹、协调。坚持成效与价值导向，以“智”加持，统筹方案，协调分工，把握进程，管控资金，取得政府支持，引入监测评估，借助外部宣传，解决实施过程中出现的新问题，等等。基金会的项目总体上要拿在自己手里，恒大集团扶贫项目被层层转包，一些资助型项目因鞭长莫及疏于管理而变味，其后果都是很不堪的。

第三，优势互补是“合作型”关键。基金会需要寻找项目涉及领域的优秀组织、团队，不仅仅解决自身“人头、人手”问题，更是借力“人才、人物”，与其差异性经验合作，与其运作力合作，与其执行力合作，合力促进公益项目升级提档，做实创优。

第四，灵活多样是“合作型”的捷径。基金会需要着眼于最终成效，切合实际，在合作对象、方法、途径、比重、时限各方面，因地因时因项目性质制定适宜的方案，不拘一格，灵活多样，便利有效。

现代社会，合作是事业成功的重要渠道。美国著名投资家、慈善家瑞·达利欧在北京达理公益基金会送我一本他的大作《原则》。书中以新的视角阐述了社会合作，“神经科学家、心理学家和进化学家一致认为，人脑的构造先天地使人需要并享受社会合作”。“从社会合作中获得的有意义的人际关系使我们更快乐、更健康、更有创造力，社会合作也是有效工作所必需的。这是人类的决定性特征之一。”王道勇的《社会合作论》一书给“合作”下了一个很妙的定义，“合作是指具有差异化的多元因素向同一方向共同努力，努力生成一种全新事物或状态。”

慈善公益的合作就是在共同的使命及宗旨下，通过发挥基金会、发起企业、战略合作伙伴等合作参与者的各自独特优势，整合各类资源，有效分工协作，共同实施慈善公益项目，达到“1+1 ＞ 2”的正协同效应。

新湖公益一路走来，“玉树地震孤儿成长救助行动”与从事儿童救助而著名的儿慈会合作；“新湖乡村幼儿园建设暨怒江州全覆盖”公益项目的一部分与学前教育领域最顶尖的公益机构——中国发展研究基金会合作；“枫香河益贫乡村计划”是与乡村振兴领域顶尖的李小云团队合作；新湖·育公益创投基金与有影响力投资的优秀团队深德公益合作；新湖持续二十多年向温州大学捐资助学，基金会两人出任温州大学教育基金会副理事长，共同策划、实施项目……慈善公益项目都产生显著效果和积极的影响。多数情况恰如亨利·福特所说，合作“始于萍水相逢，融于同甘共苦，达于勠力同心”。借用宋代王禹偁诗句来比喻：“北山种了种南山，相助力耕岂有偏。”“各愿种成千百索，豆萁禾穗满青山。”

浙江大学社会治理研究院首席专家苗青教授曾提出基金会良好运行四条标准（四个“度”），其中之一是“同行合作度”。尝到合作的甜头，我们深深感到在基金会运行上“合作型”具有特殊的作用、好处。

首先，基金会从战略、策划起势，既保持对议题、方案、进程的主导性，又开放足够的合作空间。

基金会对所实施项目贯彻基金会自有风格与理念，融入企业文化；同时基金会主要发挥统筹协调作用，并不追求强势地位，从而开放且预留合作的足够空间。

“新湖乡村幼儿园建设暨怒江州全覆盖”项目是新湖公益一个重要公益项目。项目紧扣“助力国家脱贫攻坚战，阻断贫困代际传递”的战略议题，累计出资一亿多元，用近 3 年时间，“面上有力搭把手，点上有效扶到位”，在中西部滇、川、黔、鄂、青、藏 6 省（自治区）深度贫困乡村建办新湖乡村幼儿园，以“三区三州”之一的云南怒江州“全覆盖”为重点。项目全程由基金会主导，对项目主旨、资金安排、框架内容、区域分布、实施进程进行总体把控。中国发展研究基金会是最主要合作方，新湖集团所属公司、地方教育部门、城市幼儿园、基层组织等合作方也有他们的各自空间，按项目总体框架承担公益事项，发挥作用。其中怒江州“全覆盖”计划，中国发展研究基金会除负责属于改扩建的“一村一园”部分，特别在项目调研、师资培训、质量控制、监督检查等方面，规范乡村幼儿园运行，建立志愿者支持体系，推动提升农村学前教育质量，对项目成功发挥了十分重要的作用。

“合作型”基金会不仅要寻找、联合公益行业各个专业领域的高手，还能在他们的带领下，构建多方参与、多边合作的伙伴关系。新湖慈善基金会在湖北恩施实施“枫香河益贫乡村计划”，合作的顶尖团队是中国农业大学著名扶贫专家李小云教授的“小云助贫中心”。项目开展后，受到当地政府和杭州对口帮扶工作队的重视与支持，新湖集团所属企业、村集体组织、村民等，共同参与，多边合作，多方联动，分工负责。

众人拾柴火焰高，以合作引进众多参与者，大大增强项目成效，可视为“合作型”基金会一大特色。

其次，基金会为实施项目提供主要的资金支持，又呈现资源提供者、输送渠道的多元性。

基金会承担项目发起者的慈善资源供给的主要义务。由于始终强调合作，倡导共力共为，慈善资源产生了可喜的“滚雪球”效应，参与的公益组织、政府部门、基金会发起企业也按照自身的条件添加相应资源供给，往往远超项目设计时的预想目标。

上述“枫香河益贫乡村计划”，以“修缮民居，提升环境，完善设施，发展实业”的思路，助力实现“整村改造，整村脱贫”。项目历时两年多，打造了一个生态环境优美、乡村产业兴旺、民族风情浓郁、百姓安居乐业的新乡村，成为远近闻名的乡村旅游网红打卡地，被称为“可复制可推广深度贫困村整村脱贫的样本”。在资金落实上，“枫香河益贫乡村计划”由基金会提供公益启动资金，补助修缮民居、兴办民宿，建办乡村幼儿园，修复生态环境等；新湖当地公司提供物资支持；后期当地政府高度重视，安排道路硬化改造等基础设施建设资金；杭州对口帮扶工作队提供了村民发展藤茶的基础资金；村民则自筹资金承担民居修缮主要投入。这个项目实际上成为新湖基金会发起、多方共同投入的公益项目。

慈善资源的聚合，是“合作型”基金会的额外效果。

最后，基金会与公益组织合作又取得政府的重视和支持。

公益家李小云著有《公益的元问题》一书，其中有一篇《公益能脱离政府吗？》。他说：“当下的国家治理语境告诉我们，中国是一个不同于美国的国家，这种差异恐怕会长期存在。因此，我认为中国公益首先需要面对的问题是如何与政府合作。”他紧接着便说到新湖基金会：“浙江新湖慈善基金会的秘书长叶正猛先生过去做过县委书记，后来又做企业，现在做公益，每次说到与政府的合作，他都会说那必须要和政府合作。叶正猛对中国体制的认识是深刻的，不能说这样的观点都是功利主义的。”文中分析了“新湖乡村幼儿园建设”公益项目，认为“这个公益项目有效地动员了政府的财力和人力资源，成为一个为数不多的民间公益组织与政府深度合作解决社会问题的成功案例”。新湖“合作型”公益项目，都是不“脱离”政府的。因为是“合作型”，政府顺理成章地作为合作的重要一方。

正确处理与政府的关系，就如李小云教授所说：“我与政府协商，承担起规划和筹资解决政府预算无法覆盖的那部分工作。我把这个工作称作‘引领性’和‘补充性’工作，通过规划和示范，引导政府资金的使用，同时通过公益捐赠筹集资金，补充政府资金的缺位，产生了一个‘小公益，大影响’的公益实践。”这里，一是工作的主要定位是为政府做补充；二是项目取得政府认同、重视、支持。

尽管“很多公益人不自觉地认为自己代表了弱势群体的利益……好像我们公益社会每天努力的方向都是在与政府争夺一些空间”，我仍然很同意李小云教授的观点：“在中国，企业需要和政府搞好关系，这一观点还是基于现实和社会文化的。”

“合作型”基金会似乎更能处理好与政府的关系，这是我们尝试的又一收获。

基金会分为资助型和运作型的“二分法”，其实是一个“舶来品”。美国1969年颁布《税收改革法案》要求基金会根据资金使用方式进行明确分类，将美国基金会明确地划分为资助型基金会和运作型基金会，各基金会在两者中选择其一作为组织定位。美国大多数知名基金会为资助型基金会，资助型与运作型适用不同的税收政策，其目的是引导、规范当时的美国基金会发展，对美国后期的基金会运行产生了深远影响。

公益家李小云认为，“我们现在的公益，无论是公益理论还是公益方法，都深受美国的影响，但是，中国的政治社会经济的特点几乎和美国形成强烈的反差。”中美基金会发展存在很大差异。从基金会运行模式来看，美国基金会以资助型为主导类型，运作型基金会仅占总数的 6%；与此同时，美国有着庞大的社会组织，2020 年美国社会组织已达到 160 万个，总支出 6700 亿美元，占 GDP 比重为 9%，社会组织雇员 1100 万人，从事社会组织的雇员超过全美就业人数的 15%，这与发达的资助型基金会形成强有力的呼应、协同关系，很富于美国特色。

而在中国，一方面，基金会资产规模总体偏低，从资产与年度支出看，大多数基金会资产还是低于 1000 万元人民币、支出在百万元人民币以下。纯粹做运作型基金会受到人力、财力方面的制约。另一方面，社会组织发育程度处在较低水平，大多缺乏项目运行经验和资源整合的能力，据《中国社会组织人才发展十五年》披露，全国社会组织 2020 年单个社会组织平均从业人员为 11.88 人，其中民非组织吸纳平均人数 12.44 人、社团 11.26 人、基金会仅 4.65 人，可见其有效承接资助型基金会项目的条件尚不够成熟。由此可见，中国基金会仅拘泥于运作型和资助型两种模式，是并不利于事业发展的。我们了解到，有不少企业成立了基金会，还是以对外捐赠为主，也反证了这个问题。

中国基金会的发展，应该根植于本土化、民族化、时代化的土壤，贴近鲜活实践。只要咬定慈善公益的终极目标、致力慈善公益的实际成效，可以选择、运用灵活的运行模式。这是一线公益实干家已经思考探究的问题。安利公益基金会秘书长彭翔说：“没必要把资助型基金会和运营型基金会分得那么清。基金会分为资助型和运营型是一个学术问题，作学术研究是有价值的，但对于我们这些做项目实操的人来讲，并不是最重要的。”

综上所述，“合作型”基金会的尝试是有实践根据、有现实意义的。“通其变，天下无弊法；执其方，天下无善教。”慈善公益理念崇高，慈善公益实践丰富，“一致”允许百虑，“同归”可以殊途。

公益产业生态建设
——行业基础设施与公益产业政策

□ 张利 *

● **摘　要**

一个有效的、合理的、可持续的公益事业和社会组织的发展，需要政府和公益行业两者共同开展积极的合作。随着外部大环境的发展，过去的孵化器模式已经不再适配。社会治理现代化实现需要建立多元主体参与的社会治理格局，社会组织也要在行政配套、政治整合、产业促进、文化建设四个维度上开展平台建设。因此，本文尝试用“公益产业政策”的思路，基于当下的各种社会需求、政策法规和行业现状，对当前的公益事业和社会组织做一个系统性的支持和推动，提供以社会组织（第三部门）主体性建设、社会事业生态系统建设、社会组织工作体系建设为核心的公益产业生态基础设施建设框架。

● **关键词**

公益行业；产业政策；基础设施；建设框架

公益领域和社会组织事实上属于广义现代服务业的一部分，同时也是国家治理体系现代化的一个维度，其有效发展需要在社会经济属性的基础上，形成相关的“公益产业政策”，并与公益行业自身推动的“行业基础设施建设”相结合，才能有效支持公益行业以及国家社会的积极健康可持续发展。

---

* 作者简介：张利，业擎社创研究员、合伙人，上海一号社会创新社群共同发起人。

一、前言

为了推动公益事业以及社会组织的发展，近几年来，政府一直在完善相关的顶层设计和政策规划，并在中央、省市县、社区等不同层面开展了许多的具体工作；而业界也有不少的枢纽型、平台型机构和行业头部组织，在推动理论创新、产业升级、组织建设、经验总结、人才培养等类型丰富的行业基础设施建设。

比较遗憾的是，虽然大家都在努力地开展相关工作，尽管很多工作目标、工作内容、工作对象都非常契合，但似乎两个跑道内的相关机构之间的交流、合作、对接并不是特别多，为数不多的合作似乎也没有体现出足够的有效性。而在某种意义上，行业基础设施建设和政府公益产业政策，差不多是一件事。

如果我们借鉴林毅夫教授在《新结构经济学》中对产业政策的定义，同时，我们把公益事业（或者社会组织提供的各类社会服务）在经济学意义上，视为大分工的现代社会中广义现代服务业的一部分，那么，我们似乎也可以把这种由国家推动的面向公益事业和社会组织的培育扶持和顶层设计，理解为“公益产业政策——一种国家视角下的行业基础设施建设”。一方面，对于政府（尤其是民政系统）而言，如果要有效地推动公益事业和社会组织的发展，民政系统需要跳出民政视角看社会组织工作；另一方面，对于公益行业的相关机构而言，如果希望行业能更加健康、有效、可持续的发展，也需要跳出行业视角看公益事业发展。

人在社会中，人通过结社被组织，组织化的社会和建制中的国家是一个莫比乌斯环的两个面，而人和组织同时又是被国家社会的各种观念、制度和功能所递归建构，所以，不要把国家和社会分开来看、分开来谈，它们本就是同一个系统的不同叙事。一个有效的、合理的、可持续的公益事业和社会组织的发展，需要双方能更加积极、有效和建设性的开展合作。

二、公益事业需要基础设施

在十几年前，为了应对社会事务发展和行政体制改革的需求，上海市民政系统前瞻性地推出社会组织孵化器这种创新的社会组织工作平台和载体，以探索性、非制度性的方式，将“社会组织工作”这个概念（及相关议题、主体、形态）显性地呈现了出来，并成为民政系统创新社会服务和社会治理一种阶段性的成功经验和模式，最终得到全国性的推广。

当然，这里的一些相关概念和表述是近几年才在国家层面被确认的，比如“社会治理”，但不影响我们从这个维度重新理解和定位社会组织孵化器对于国家“社会组织工作”的历史性意义。

近几年，随着对于社会治理创新越来越明确的思考和定位，国家对于社会组织的发展，提出了明确的目标和工作要求，一系列各个层面、各个条线、各个地区与社会组织工作相关的政策和举措频繁出台：国家层面有2016年发布的《关于改革社会组织管理制度促进社会组织健康有序发展的意见》和《中华人民共和国慈善法》、2015年发布的《关于加强社会组织党的建设工作的意见（试行）》；地方层面有《中共上海市委关于进一步创新社会治理加强基层建设的意见》（沪委发〔2014〕14号）等，对于加强政社分开、政社合作、社会组织培育监管、枢纽型组织建设等，提出了一系列的要求，其中尤其针对社会组织工作平台建设，提出多项规范化、成建制的工作要求。

据不完全统计，到目前为止，各个条线提出要在全国范围内建设的社会组织工作平台，包括社会组织联合会、社会组织服务中心、社区基金会、社会工作协会、新社会阶层人士联谊会、志愿者协会、青年社会组织服务中心、女性社会组织服务中心等。虽然目标都很宏大，但实施起来难度也很大。

以上海的社区基金会为例，上海共有214个街镇，政府用了两年的时间成立了约60家社区基金会，目标是实现街镇层面的社区基金会全覆盖，使其成为社区的基础建设。应该说格局非常大，但是在上海市区两级政府全力的推动下，两年时间也只有约30%的街镇成立了社区基金会，而且由于机制和要素的约束，这30%的社区基金会也是高度行政化的，事实上是用政府的人、拿政府的钱、办政府的事的准事业单位。把社区基金会“生”出来容易，要真正让它发挥作用，似乎就没那么容易了。

上海如此，全国其他地区的情况可想而知；社区基金会如此，其他社会组织工作平台概莫如是。习惯了依托行政体系开展工作的政府可能不太能理解：社区是演化出来的，不是规划出来的，公益事业和社会组织也是如此。

三、孵化器成功和“过气”的原因

经济条件肯定是越来越好了，国家政策也是越来越到位了，社会组织的基础也是越来越好了。同样是社会组织工作平台，为什么曾经的孵化器模式能那么成功，而现在的社区基金会、社会组织服务中心却这么难？原因在哪里呢？

回答这些问题前，我们要清楚国家为什么要推社会组织工作平台，原因比较多元，主要包括希望社会组织能有效地帮助政府承接转移出来的公共服务；希望社会组织能合法合规有序的发展；希望能在民间形成以社会组织为主体的社会领域的产业生态；希望社会组织及其代表人士能积极有序地参与到协商民主的体系中，并最终服务于国家治理的现代化转型，提高治理能力，完善治理体系。

解决难题具体要从面向直接服务民生的城乡社区着手，将相关的社会服务和预算经费释放给社会，同时支持相关社会组织的发展，这又包含了多个角度的工作，如民间社会组织的培育和扶持、官办社会组织的脱钩、公益类事业单位的改革、村委会和居委会的法人化等。

这些工作都不是常规性的工作，没法在现在的工作体系下有效开展，因此需要一些枢纽型工作平台的出现，协助相关部门把相关工作承接起来并执行到位。

社会组织孵化器之所以成功，一方面是因为它出现的时期，相关领域一片蛮荒，它怎么做都会有醒目的产出；另一方面是因为它是一种非制度性的探索，没有条条框框和相关的硬任务，也没有面上这么规模化的要求。轻装上阵好办事，做出的成果也比较容易被看到和认可。

但是随着外部大环境的发展，这一历史阶段已经过去了，这也是客观上目前孵化器模式衰落的原因，它的生命周期到了。

四、公益事业和社会组织的科学发展

现阶段公益事业发展和社会组织工作的基础，是国家要建构多元主体参与的社会治理格局，实现社会治理现代化这个全局性、系统性、前瞻性的总体性目标，这已经不再是民政系统独自在自己的社会服务及管理、社会组织法人管理这些行政工作格局内能把握的了。

这是一项系统性、多维度的工作要求，需要民政系统跳出民政立场和视角，站在国家治理现代化和社会转型的宏观视角下，多维度、系统性的重新认识和理解关于公益事业发展和社会组织工作的意义。

政府购买社会组织的社会服务，这是经济维度的工作，需要经济学和工商管理的逻辑和方法来理解和调节；推动社会组织参与社会治理，这涉及协商民主这一政治纬度的制度建设和政治功能的实现，需要用政治学、法学、行政管理来理解和调节。如果从满足社会需求解决社会问题的角度，又会讲赋能、发展、生计、就业、扶贫等概念，这是社会维度的功能实现，需要用社会学和社会工作的理论和工具来理解和调节；而与社会公益及从业者发展相关的外部环境的打造，又是精神、意识、价值形态维度的东西，需要用伦理学、社会学、政治学、传播学等理论方法去理解和调节。

所以，社会组织工作事实上是一个综合性的发展框架。如果不考虑宏观、中观、微观等多层次，社会、经济、行政、文化多维度，在政府、社会、市场等多主体进行系统性、综合性的统筹规划，整体推进、协同发展，这一进程必然磕磕绊绊、兜兜转转、进两步退一步、松一阵严一阵，相关党政机关、基层政府和社会组织的工作人员都难以开展工作。

要使公益事业成为人民群众所期待的美好生活和公共正义的载体，要使社会组织成为国家和社会发展的建设性主体，需要四个维度的社会组织工作平台建设：第一，行政配套；第二，政治整合；第三，产业促进；第四，文化建设。目前关于社会组织工作的各项具体工作可以包括上百项，大体上都可以归纳到这四个维度上。

五、公益产业政策的推进

如果以地区（或者国家）为单位，再对工作体系的系统性做一个归纳，要把社会治理创新和社会组织工作推进到位，我们可以借鉴经济领域的一些思维方式和做法，如林毅夫教授在《新结构经济学》一书中，对于产业政策的定义和描述。

我们可以试着用“公益产业政策”的思路，基于当下的各种社会需求、政策法规和行业现状，对当前的公益事业和社会组织做一个系统性的支持和推动。

大致体系和流程可如下所述：

①我们试着把“公益事业”理解为大分工的社会体系中广义“现代服务业”的一部分，确认人民群众到底需要什么样的相关服务。

②我们可将以“社会组织”为代表的各类公益组织，都视为这个产业（多行业）的市场主体，探讨他们需要什么样的专业性和组织化，通过给他们赋能，帮助他们有效提供相关产品和服务。

③我们可以从经济学和区域性/行业性产业发展的一般规律，讨论这些作为准公共品的“公益产品（或服务）”的有效供给，需要哪些类似“五通一平”的东西。

④我们要评估作为这些产品和服务的提供者的“社会组织”或“企业公益部门”，他们自身的有效生产经营管理，需要什么样的基本条件和外部环境，哪些是现有的制度要素可以提供的，哪些是需要完善或者改进的。

⑤我们还要评估一下，这些相关工作，哪些是社会组织在生产经营管理层面可以自己解决的，哪些是需要基础建设的。

⑥我们可以评估这些基础设施建设，具体由谁来做比较合适，哪些是适合社会（尤其是行业枢纽型组织、平台型组织）来做的，哪些是适合国家来做的。如哪些事情是工作层面的？哪些事情是业务层面的？哪些整理是制度层面的？哪些事情是观念层面的？哪些是适合政府来做的？哪些是适合党群来做的？是由党政群团的哪一个部门可以做的？还是需要在更高层面，由委办、府办来统筹协调，甚至由省（市县）常委会和省（市县）长办公会来主导推进的？哪些是地方可以解决的？哪些是需要中央出台政策和标准的？

如果是可以由社会来做的，就给他们赋权，支持他们成为支持组织或者枢纽型组织；如果是需要由国家来做的部分，还要进一步确认。如此这般，抽丝剥茧，统筹协调，多方协作，有序推进。

六、公益产业基础设施建设

我们可以初步把相关的基础性工作（或者基础设施），归纳为三个行业基础建设，列出初步的工作框架。

（1）社会组织（第三部门）的主体性建设：社会组织从业者的职业化建设、社会组织的经营管理能力培养、社会组织作为治理主体参与协商民主。

（2）社会事业生态系统建设：制度化的政府购买、社会与市场的相互融合、经济机制和要素的发展完善。

（3）社会组织工作体系建设：形成针对性发展指标和评估标准、完善政策供给、形成全局性的社会组织工作体系及协调机制、信息化与大数据为代表的工作技术升级。

以上只是一个简单的模型和工作思路，比较粗线条和理想化，并不一定符合现实的情况。尤其可能对于民政这样一个在体制内相对弱势的政府职能部门而言，会觉得很难操作。不过，该框架的思维方式总体是科学的，是可以借鉴参考的。

人都是有思维惯性和立场预设的，可能还有利益和制度的约束，使得人很难跳出自身习惯的东西去看问题。不过，在没有现实利益冲突或者很直接的意识形态冲突的前提下，适当打破既有的认知框架，解放思想，转变观念，更开放地重新认识和思考我们当下面临的问题和问题背后的原因，考虑我们如何才能在结果导向中积极有效应对，应该不是一件坏事。

七、结语

最后，笔者认为，公益事业的发展、社会组织的培育扶持和监督管理，本来就不应该只是民政、甚至不应该只是政府的事情。在更严格意义上，公益事业是国家社会转型的一部分，是国家治理现代化的一部分，是社会发展和经济优化的一部分，是需要更高层面的主导和协调的，需要站在总览全局、协调各方的立场上，总体规划和推进。

这件事，可能要党委和政府列入议题，成立专门的委员会，并由党委或政府办公室来协调，发展改革委在产业层面规划，民政系统的法人管理和统战的“大党建”相配合，成立中间型 / 枢纽型的支持型组织，解决功能有效、制度合规、意识形态合法的转型期问题和需求，并进一步通过协商民主和多元共治的方法和理念，与民间枢纽型、平台型、龙头型的组织和意见领袖合作，可能才是一种相对更为科学、有效和符合社会转型发展、国家治理现代化需求的体系和机制。

以上，笔者结合公益事业和社会组织发展的现状，从业界推动的“行业基础设施建设”出发，将国家维度的社会治理创新和社会组织工作，用“公益产业政策”进行了重新描述。在此基础上做的宏大叙事，一方面是希望能为以民政为代表的相关党政群团部门的同志提供参考，另一方面也希望给在社会领域从事相关“行业基础设施”建设的朋友一个差异化的观察视角和思考维度。

社会企业篇

我国社会企业发展状况调研报告

□ 国务院发展研究中心公共管理与人力资源研究所
“社会企业研究”课题组*

● 摘　要

社会企业作为同时具备社会属性和经济属性的组织类型，在创新公共服务和活跃社会治理过程中相较企业、社会组织更具优势，社会企业的蓬勃发展也是国际上创新公共服务供给和活跃社会治理的主要趋势，当前我国公共服务与社会治理中的困境亟须社会企业的参与来破解。近年来，全国各地积极引导、孵化、培育社会企业，其数量增长较快，作用发挥明显，但社会企业的发展也面临社会认知度较低、缺乏政策规范、市场竞争力不强的困境。为创新我国社会建设方式，建议加强社会企业有关政策理论研究和社会宣传，加快出台国家层面社会企业发展的引导性法规，明确法律地位、认定标准、发挥作用渠道和扶持政策，加大培育支持和宣传力度，强化人力、智力资源保障。

● 关键词

社会企业；社会组织；公共服务；社会治理

---

* 作者简介：国务院发展研究中心公共管理与人力资源研究所“社会企业研究”课题组，李兰、王伟进、张芳执笔。李兰系国务院发展研究中心公共管理与人力资源研究所所长、研究员；王伟进系国务院发展研究中心公共管理与人力资源研究所公共管理研究室主任、副研究员；张芳系成都市武侯区社区发展治理委员会干部。

一、社会企业是创新公共服务和社会治理的重要工具

社会企业是兼具社会目标和经济目标的新组织类型，它通过商业化运作来获取利润，并把所得利润用于扶贫救弱、生态保护、社区发展、教育卫生等社会公益目的，目前已成为各国创新社会服务和治理的重要抓手。加快社会企业发展，对优化政府职能、完善服务供给、加强社会治理创新、激发经济活力具有重要现实意义。

（一）社会企业相较一般企业、社会组织更具重要优势

社会企业在创新公共服务和社会治理中较之一般企业、社会组织具有重要优势。社会企业具有社会和经济双重属性。与一般企业相比，虽然社会企业也在经济活动中追求经营收益，但社会目标的实现是其出发点和落脚点。与社会组织相比，社会企业强调创新商业管理模式，具备自我造血功能和较强的可持续发展能力，对政府资源依赖较少。

（二）利用社会企业创新公共服务和活跃社会治理是国际趋势

近年来，国外社会企业快速发展并在促进农村发展、保护弱势群体、提升教育和就业水平、改善生态环境等方面取得显著成效。截至 2015 年，英国的社会企业已达到 7 万家，西班牙的社会企业超过 5 万家，美国公益企业数量超过 2000 家。社会企业“第一本书”致力于为低收入家庭的孩子提供图书，已覆盖美国超过 1300 个社区，有效促进了儿童智力的早期开发。在发展中国家，穆罕默德·尤努斯（Muhammad Yunus）创办了格莱珉银行（Grameen Bank），它为贫困人口提供了无须抵押品的小额贷款，在减贫方面发挥了重要作用。

（三）当前我国公共服务与社会治理中的困境亟须社会企业来破解

随着经济社会发展，社会公共服务需求和供给短缺之间的矛盾、社会问题多样化与社会治理现代化程度较低之间的矛盾日渐突出。虽然我国的公共服务与社会治理水平均有了大幅提升，但政府资源与能力的有限性决定了政府不

可能提供所有公共服务、完成所有社会治理事务，必须创新社会力量参与的方式，构建不同社会治理主体合作联动的新机制。社会企业为创新社会治理、健全公共服务体系提供了一条既可实现社会目标又可持续发展的新路径。各地实践表明，社会企业也为居民在街道、社区提供了大量就近就业机会。

二、我国社会企业日渐兴起并在社会建设中发挥作用

作为社会创新的重要载体，社会企业已在全国多个区域以多样化方式兴起，形成了不少可复制的发展模式。

（一）社会企业数量逐年增长

2015 年，佛山市顺德区在全国率先认证和发展社会企业，此后深圳市、成都市、北京市等地纷纷推出支持政策，有力促进了社会企业发展。经过地方多年探索，各种社会企业支持机构和平台不断出现，我国社会企业在认证倡导、政策支持、培育孵化、行业构建等方面均已初步成型。根据中国公益慈善项目交流展示会（以下简称中国慈展会）和社会企业认定平台（CSECC）[①]的数据，2015 年全国仅有 7 家经过认证的社会企业，2017 年、2018 年分别达到 106 家、109 家，覆盖 25 个省（市、自治区），涉及 15 个行业领域。

我国社会企业主要分布在经济比较活跃的地区。2015—2019 年我国认证的社会企业集中分布地区排名前七的省份依次是广东、四川、北京、浙江、上海、江苏和湖南（见下表）。具体看，广东省的深圳市和佛山市、江浙沪地区、北京市以及四川省成都市为社会企业分布最为集中的区域。

（二）社会企业注册登记以企业为主、社会组织为辅

尽管近年地方出台了与社会企业发展有关的政策法规，但国家层面未出台专门的社会企业政策法规，没有明确社会企业的注册登记、法人结构、监管扶

① 社会企业认定平台（CSECC）发起于 2016 年，正式注册成立于 2019 年，是中国第一家开展综合性社会企业服务的非营利机构，曾负责 2016—2018 年中国慈展会社会企业认定工作，2019 年起开展中国社会企业行业认定工作，以及承担成都市社会企业认定工作，并参与北京市社会企业认证工作等。

2015—2019 年我国认证的社会企业地域分布情况 单位：家

认证的社会企业集中分布地区	2015—2016 年	2017 年	2018 年	2019 年	总计
广东	4	34	37	6	81
四川	1	8	31	27	67
北京	3	13	9	11	36
浙江	—	8	6	4	18
上海	1	6	6	2	15
江苏	—	8	5	—	13
湖南	—	4	3	—	7

数据来源：中国慈展会。

持举措等程序，各地社会企业登记注册形式差异明显。数据显示，2015—2018 年在认证的社会企业中有 65% 的注册身份为企业类型，有 35% 以社会组织身份注册运行（见图 1）。可见，企业仍然是当前我国社会企业组织形态的主流，这与我国当前对中小企业支持政策较多、对社会组织规制相对严格有关。

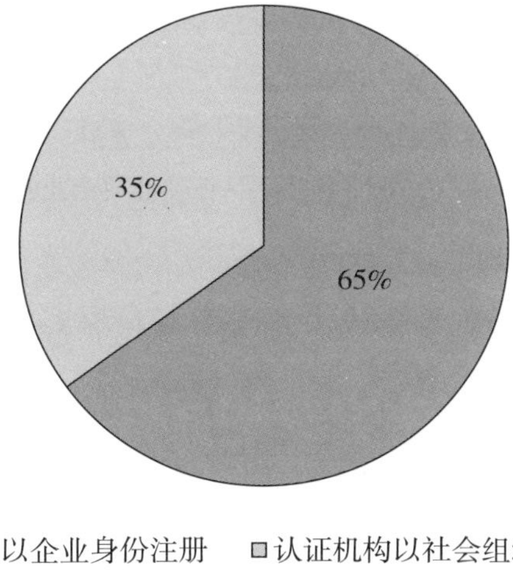

图 1 2015—2018 年我国认证的社会企业注册类型

数据来源：中国慈展会。

兼具经济和社会双重属性是社会企业区别于一般企业或社会组织的最本

质特征。在认证的社会企业中，有 75% 的社会企业已经明文将社会目标纳入组织章程，以期带来经济效益的同时不断创造社会价值；其余 25% 的社会企业虽暂未在章程中明确体现社会目标，但在申报时自愿签署《社会目标承诺书》，并承诺在未来三年内将社会使命明文载入组织章程。

（三）社会企业收支较稳定

超过半数的社会企业收支实现平衡，近 1/4 的社会企业实现了利润稳定增长。数据显示，2015—2018 年我国有 54% 的社会企业实现了收支平衡，其中 24% 的社会企业已经实现了利润稳定及持续增长（见图 2）。

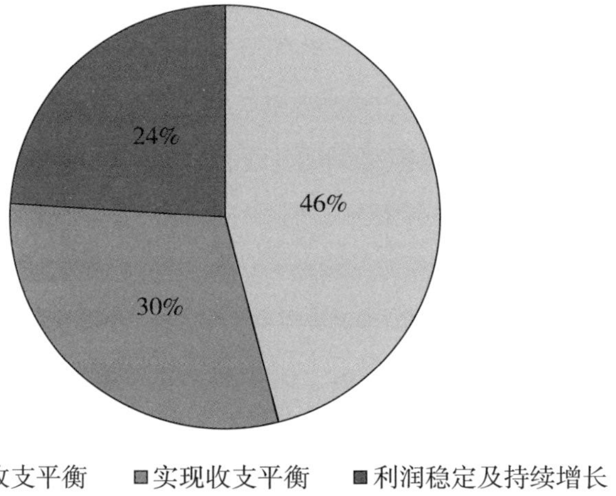

图 2　2015—2018 年我国认证的社会企业收支情况

数据来源：中国慈展会。

（四）社会企业的业务集中于特殊群体保护和社区发展

社会企业活跃在我国经济社会中的各个领域，其中残疾人无障碍服务（就业、康复、赋能）、青少年儿童发展与教育、弱势群体支持和社区发展领域占比最多，合计超过了社会企业的 51%。社会企业在养老、农村发展（扶贫、农业、公平贸易）、生态环境保护及文化艺术发展领域也发挥着日益重要的作用。社会企业在以上八大领域占比超过 80%，反映了 2015—2018 年我国社会企业发挥作用的主要地带（见图 3）。

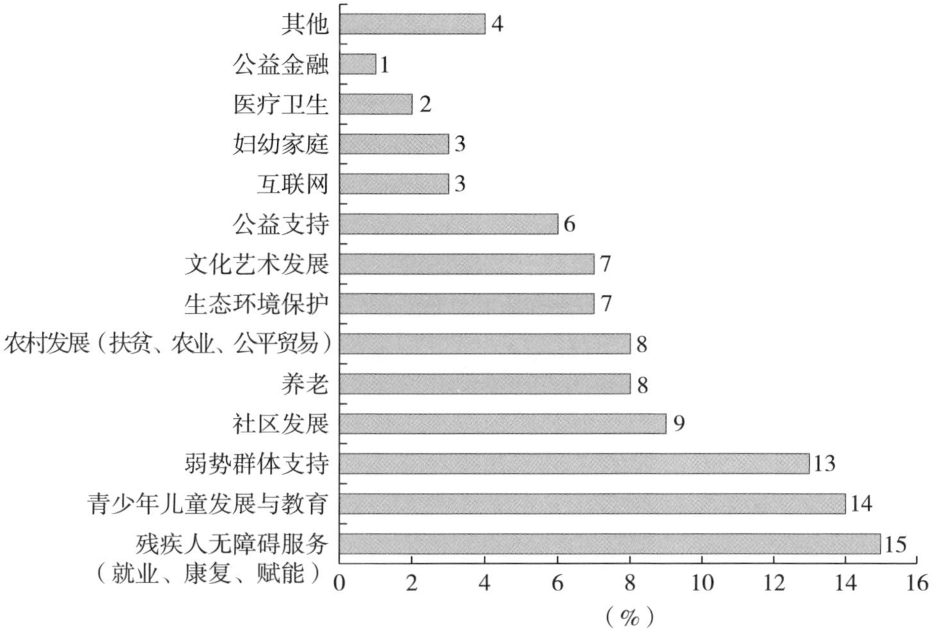

图 3　2015—2018 年我国认证的社会企业业务领域分布

数据来源：中国慈展会。

我们调研发现，社会企业在整合社区资源、激活社区治理中可发挥重要作用。例如，成都武侯区簧门街社区发起成立了多家社区社会企业，其中“簧门宜邻”打造了奶奶厨房、共享书屋等项目，实现了收支平衡，已反哺社区公益基金 10 万余元，服务居民 5000 多人；“馋爱善食”雇用身体障碍人士制作团餐、快餐，截至 2019 年 7 月已解决 22 名身体障碍人士的就业问题；“童萌亲子园”依托社区小微公共空间建立幼儿活动中心，以自研的体系化亲子课程为核心，为社区 0~3 岁儿童家庭提供育幼专业服务，并通过市场价格 30% 的服务性收费，实现了项目的可持续运营。可见，社会企业可创新社区服务筹资模式，实现社区治理从政府主导向多元参与转变，大大增强了社区自我“造血”、自我服务、自我管理能力。

三、当前社会企业参与公共服务和社会治理面临的挑战

我国社会企业的发展总体上仍处于成长初级阶段，还面临诸多挑战，亟

待有效应对。

（一）社会认知度和关注度整体较低

虽然社会企业在实践层面兴起，但各方面对社会企业的认识还不深，全社会支持社会企业发展的氛围还未形成。一是现有相关研究以介绍域外经验为主，围绕社会企业的法律规范、政策体系、战略规划、发展路径等方面的探索较少。二是社会企业具有规模小、经济回报率低、回报周期长的特点。政府和大部分投资机构青睐于投资具有一定规模和影响力的项目，促进社会企业发展的公益创投资本严重不足。三是主流媒体的关注和宣传不够。不少从事基层治理、公共服务的人员不知道社会企业，不能准确把握社会企业的内涵和外延，甚至出现打着社会企业的概念行炒作诈骗之实，损害了社会企业的公信力。四是公众知晓度低。部分公众对其以商业方式运作模式保持高度警惕和怀疑。这些不同程度影响了行业的整体发展。

（二）国家层面政策引导缺位

近年来，顺德、成都、北京等地相继出台支持培育社会企业发展的政策文件，构建了从登记、认定、扶持、摘牌的全生命周期政策保障体系。其中，成都市在 2018 年出台《成都市人民政府办公厅关于培育社会企业促进社区发展治理的意见》后，区级层面如武侯区、金牛区等也相继出台了有力的配套政策。但整体上，政策创制还仅停留在地方层面，国家层面尚未出台有关社会企业的法规与制程，社会企业仍缺乏法律明确统一的认可，工作推进缺乏法律依据和基本遵循，而且缺乏引导性和支持性政策，社会企业的作用效能未充分激发。

（三）市场竞争能力还需增强

一是大部分社会企业成立时间短，仍处于早期发展阶段。总体来看，大多数社会企业成立时长介于 1~6 年（见图 4），这说明我国的社会企业还有较大发展潜力，也意味着这些处于初创或刚刚进入发展期的社会企业发展经验有限，市场抗风险能力不强。

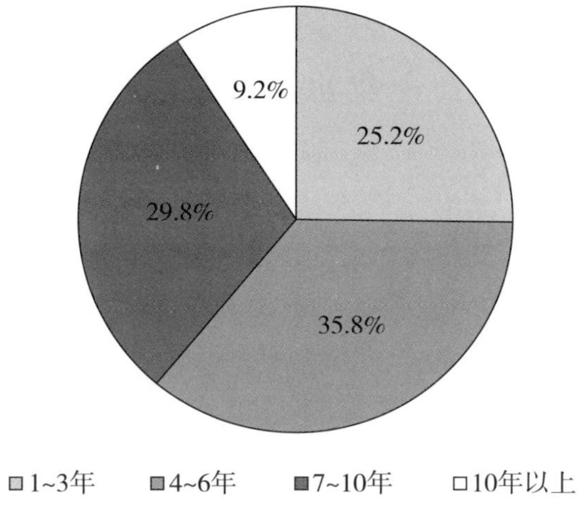

图 4　2015—2019 年我国认证的社会企业成立时长

数据来源：中国慈展会。

二是大部分社会企业规模较小。中国慈展会的数据显示，有超过七成（75%）的认证社会企业全职授薪人数在 3~30 人，说明当前我国社会企业仍以小型机构为主。初创和发展中的社会企业规模小，适应市场和社会需求更为灵活，但反映社会企业规模化、连锁化、品牌化发展程度还非常有限。

三是服务供给质量有待提升。社会企业作为公共服务的重要提供者，服务领域还不够宽广，服务项目还不够丰富，服务手段相对滞后，服务质量还有较大提升空间，尚未形成核心竞争力。

四是自我“造血”能力不强。社会企业多从事社会服务、社区服务项目，产品和服务附加值不高，对慈善募捐和政府公共财政资源有较强依赖性。不少社会企业尚处于维持简单再生产的初级阶段，可持续发展机制尚未建立，营利模式尚有待创新，自我“造血”能力还不强。数据显示，仍有 46%的社会企业尚未实现其收支平衡。

五是人才吸引力有待提升。社会企业对员工的职业素养、道德水平、服务和组织能力有更高要求，但由于薪酬水平低、社会认同度不高等，很难吸引到兼具社会使命感和专业能力的高素质人才，也没有能力为员工提供体系化、持续化的培训。

四、更好发挥社会企业助推公共服务与社会治理作用的建议

为进一步创新我国公共服务和社会治理方式，引导和支持社会企业发展并参与其中，我们提出如下建议。

（一）加强社会企业有关政策理论研究和社会宣传

设立社会企业研究基金，加大社会企业领域研究项目的经费支持，深入研讨社会企业发展中理论和实际问题。鼓励开展社会企业参与公共服务和社会治理优秀案例评选、表彰和奖励，定期举办社会企业有关论坛和展览，加大支持社会企业发展的宣传力度与广度，营造社会企业发展的良好社会氛围。

（二）出台国家层面的社会企业政策法规

抓紧进行社会企业相关法规创制，重点是明确社会企业的特别法律地位和认定标准，探索和规范社会企业第三方认证和管理的机制。推进社会企业信用体系建设，建立健全信用评估及应用机制，促进社会企业健康有序发展。培育发展社区社会企业，支持有条件的社区以居委会特别法人身份创办社区社会企业，充分挖掘社区资源禀赋，围绕社区治理、居民服务需要，开展社会企业项目经营。深化商事制度改革，允许其以集群注册、住所申报方式办理企业或社会组织登记，便捷社会企业准入登记和章程备案。支持社会组织、物业企业和其他商业企业转型为社会企业。打破部门之间的行政壁垒，发挥相关部门合力，为有潜力的社会企业发展提供合法渠道和平台，形成社会企业跨界合作、跨区交流、健康发展的工作机制。

（三）加大政策培育和扶持力度

研究出台针对社会企业的财税扶持政策，强化对发展能力强、社会效益好的社会企业的精准扶持。引导金融机构加大金融扶持力度，鼓励股权投资基金支持符合条件的社会企业项目。依托社区党群服务中心、社区综合体等

场地，采取低偿或适度补贴场地租金等方式，加强对社会企业场地支持。支持社会企业孵化机构尤其是专业孵化机构发展，按阶段、按需求为社会企业提供专业服务。支持成立社会企业促进会（联合会）等行业组织，充分发挥其在党建引领、行业交流研究、行业自律、行业维权等方面的作用。

（四）强化人力智力资源保障

引导高校、企业等建立社会企业发展研究中心，深入研究国内外优秀社会企业案例和运作模式，培养一批标杆性的社会企业家和社会企业创业者。鼓励技工院校等开发家政、早教、养老、餐饮等专业技能培训服务，加强对社会企业工作者的专业知识、服务技能、职业素养的培训。发挥社会企业领域知名学术机构、中介组织、专家学者以及实务探索者的作用，建立专业智库组织，聚焦社会企业“痛点”，加快社会企业战略、政策、案例、经验研究。依托社会企业孵化培育平台，推进有重点、有层次的培训体系，重点针对商业和法律基础知识，提升社会企业从业人员的行业素能和社会创新能力。

中国社会企业的社会价值测定研究：运用 SPC 社会成果测定机制

□ 金仁仙 李羽洁 *

● 摘 要

自 2015 年以来，中国社会企业作为实践社会经济的主体开始受到关注，虽取得一定实践成果，但在市场规模扩张和影响力提升方面尚存在局限，究其根源，社会企业的社会价值量化难题是其中重要的原因之一。社会企业的社会价值测量作为一种将其社会价值可视化的有效途径，促进社会企业的资源获取、社会认知度提升，为其规模和影响力扩大作出贡献，近年来在中国获得持续关注，并亟须更深入的系统研究。本研究借由社会价值对社会企业可持续发展影响的角度，利用具体测定机制开展针对中国社会企业社会价值测定的案例研究，以探讨社会价值评估体系在中国应用和推广的可行性，并为其进一步有效实践提供启示。首先，把握中国社会企业的发展现状和面临问题，基于国际视角对社会价值测定机制的特征进行系统梳理，对其在中国社会企业间的应用前景进行分析。其次，以 10 家典型中国社会企业为对象，使用 SPC 社会成果测定机制开展社会价值测量。最后，以测定过程和结果为基础，从社会企业及其生态环境的发展角度，为中国社会企业的社会价值测定及其应用提出启示。综上，SPC 社会成果测定机制在中国社会企业间运行良好，并具有庞大的应用前景。同时，根据中国社会企业的发展阶段、发展

* 作者简介：金仁仙，对外经济贸易大学政府管理学院副教授，中日韩社会经济研究中心主任；李羽洁，对外经济贸易大学政府管理学院硕士研究生，中日韩社会经济研究中心研究助理。

特征，以及生态环境等差异，其体系以及运用模式仍有较大进步空间。

● **关键词**

中国；社会企业；社会价值测定；SPC

一、序论

社会企业概念自 2002 年引入中国以来，已历经二十余年的发展历程。近年来，中国政府着力为社会企业的发展打造良好的政策与制度环境。2017 年，习近平在党的十九大报告中对“加强和创新社会治理”作出重要部署，提出要“打造共建共治共享的社会治理格局”。2019 年，习近平在党的十九届四中全会作重要讲话，明确提出要建设“人人有责、人人尽责、人人享有的社会治理共同体”，着力构建政府负责和民间多种力量融合共治的社会管理体制。社会企业作为社会治理创新的重要主体，积极响应党和国家的大政方针，坚守“双重底线”，创造经济与社会双重价值，实现对社会治理的有机参与，构建社会治理新格局。近年来，北京、深圳、佛山、成都等地对社会企业日益关注，并出台一系列扶持社会企业发展的措施，尝试地方政府牵头的社会企业认证和影响力投资，为中国社会企业发展打开新的局面。同时，基金会、社会企业认证和颁奖机构等民间中介支持平台和学界等社会力量亦成为促进社会企业发展的坚实后盾，逐渐构建起社会企业发展友好的生态系统。但中国的社会企业发展仍在企业数量、涉足领域、企业规模、分布地域等方面具有进步空间，大多数社会企业尚未在市场竞争中形成其核心竞争力。究其原因，一是在政府层面缺乏针对社会企业的明确定义和相关政策措施（刘先良，2020；罗文恩、黄英，2019；王世强，2012），不利于处于起步阶段的社会企业实现合法性地位确认及财务的良性发展。而其“不以营利为目标”的发展宗旨，难以获得逐利投资方的关注。二是社会价值、社会效益作为社会企业主要产出，无法通过相应的标准衡量与呈现，为吸引投资带来难度或使资本的投资意向无所依据。为推动社会企业的可持续发展，针对社会企业的评估特别是社会价值评估显得尤为重要。

传统的评估方式着重关注企业的商业化价值，忽略了对其社会价值的衡量，这一模式对于兼顾“社会性”和“经济性”的社会企业而言，导致其价值无法被全面衡量。为解决社会企业社会价值难以量化的问题，在社会企业发展相对成熟的发达国家，学者、研究机构、基金会等坚持探索，涌现一批具备代表性的社会企业社会价值评估工具，有效帮助社会企业提升内部管理和外部报告能力，获得多利益相关群体认可，进而摆脱资金短缺、社会影响力不足的困境。而中国对社会企业社会价值的研究有所不足，不仅研究成果少、尚未体系化，且缺乏实践经验，亟待填补空白。关注社会企业的社会价值理论与实践进展，并探索其未来发展趋势，有助于推进本领域理论研究，并促进更符合中国国情的社会价值评估工具的推广与应用，更好地服务于社会企业实践。

2013 年，韩国 SK 集团会长崔泰源在达沃斯论坛上首次提出社会成果激励（Social Progress Credit，SPC）的相关概念，其根据 SROI（Social Return on Investment，社会投资回报）的方法论，将社会企业创造出的社会价值换算为货币价值，并对社会企业给予直接补偿，从而克服社会企业在国家经济中占比较低和影响力不足的局限，促进社会企业良性发展。该方法不仅可向投资方清晰展现社会企业的价值与贡献，使社会企业获得资源注入，而且有助于社会企业反视自身缺陷，促使其通过科学的方法提升效益和社会目标实现度。此外，社会价值评估亦有助于提升社会企业公信度，赢得利益相关群体对其发展的信心。至 2021 年，由韩国 SK 集团构建并运营的“社会成果激励项目（SPC 项目）”，已累积获得 965 家社会企业参与。此外，哈佛大学商学院 2020 年 1 月出版的《哈佛商业评论》对 SPC 进行了深入介绍，其科学性获得学界高度认可。

本研究以社会价值的定量分析为着力点，基于针对现有社会价值评估体系的系统把握，并将 SPC 社会成果评估体系应用于中国具有代表性的社会企业，衡量其社会价值，探索中国社会企业社会价值可视化的有效方案。通过具体社会价值评估办法在中国的实证研究，为其在中国进一步优化及发展提供战略性建议。首先，结合中国社会企业的发展情况以及面临问题，明确社会价值评估体系的构建及其适用的意义。以中国影响力投资和社会企业认证工作为切入点，掌握中国社会价值评估发展情况及趋势，并探讨其必要性和发展空间。同时，在横向把握现有评估方法具体内容的基础上，对各评估方法从多种角度展开纵向比较，分析其优势、不足及使用场景，并探索适合中国国情和社会企业需要的社会价值评估方法特征。其次，筛选 10 家社会企业，通过访谈和交流收集相关数据，并运用 SPC 社会成果评估体系，计算出社会企业创造社会成果的货币价值。最后，根据分析结果，并结合中国国情以及社会企业发展生态环境，分析 SPC 社会成果评估体系在中国应用与发展的意义、前景并提供改善意见。

二、理论背景以及先行研究综述

（一）中国社会企业的发展现状

中国社会企业的发展现状具有以下特征。

第一，社会企业的发展保持稳定，但整体数量有限。目前中国尚未实行官方统一的社会企业登记注册制度，对社会企业身份识别缺乏统一标准。金仁仙、李羽洁（2022）结合中国社会企业发展情况，根据由中国国内多数相关机构发布的报告等内容，从广义和狭义上对中国社会企业进行界定并统计社会企业数量。即在广义范畴下估算社会企业数量，将农民合作社、民办非企业单位列入估算统计，得出 2021 年中国社会企业数量高达 205.89 万家，与 2020 年的 205.53 万家相比，数量保持稳定。此外，在狭义范畴内，通过对社会企业认证数量加以统计，发现截至 2021 年 12 月底，中国大陆地区获得认证的社会企业总量已达 499 家，较 2020 年增长 59 家，增幅近 14%，社会企业作为一种新型经济主体呈现蓬勃发展之势。

第二，社会企业地域分布分散、不均衡现象突出。根据国内五个社会企业认证平台发布数据汇总，获认证的社会企业覆盖全国 25 个省、自治区、直辖市。截至 2021 年年底，全国社会企业认证数量总量居前四位的城市分别为成都（139 家）、北京（137 家）、佛山（46 个）、深圳（47 家），均为全国经济活跃、发达的一线、二线城市，其区域内社会企业认证数量占全国社会企业认证数量的 73.9%，与其他省份拉开较大差距。而在偏远的中西部地区，大部分省、自治区、直辖市的认证社会企业拥有数量仅为个位数。中国社会企业认证区域分布不均衡的特点尤为突出。

第三，社会企业涉足领域广泛，普遍处于传统慈善公益领域。社会企业主要分布领域与各级政府和社会需求的多元驱动有关，尤其在公共服务供给不足的领域，政府发展战略与政策倾斜对社会企业的表现具有引领作用，促进其以创新的商业模式在国家关注的热点领域持续性解决社会问题。同时，社会企业在政策影响下产生服务领域的聚集效应，导致行业分布的不均衡性。根据2021年国务院发展研究中心发布的《中国社会企业发展状况调研报告》以及由上海财经大学中国社会创业研究中心牵头，联合深圳市社创星社会企业发展促进中心、上海公益创业基地等相关机构开展了三次专项调查，整合而成《626个样本调研：社会企业待解问题多，亟须资金和政策支持》报告数据，目前中国社会企业主要集中于弱势群体、教育、公益支持和环保等行业，而金融、就业、互联网等行业的社会企业数量较为匮乏，从而显现出社会资源的分布不均衡，缺乏高科技、高附加价值领域的发展。

第四，社会企业组织类型多样，具有庞大的发展空间。中国社会企业组织类型多样，不仅包括在工商登记注册的企业型主体，还包括民办非企业、农民专业合作社等。由于目前缺乏全国统一法律法规与政策制度的出台，各地方政府针对社会企业认证的基本要求、认证标准以及扶持政策不尽相同，地区间社会企业组织类型各具特色。根据对中国社会企业认定平台相关数据的分析发现，各区域认证社会企业的组织类型与全国趋势保持一致，均以工商企业为主体。但随时间推移，各地社会企业支持政策的包容性逐渐增强，推动社会企业组织类型多元化发展，并促进其经济属性与社会属性的平衡。

第五，财务规模和人力资源均相对有限。社会企业在追求社会使命优先的过程中，注重社会价值和经济价值间的联动，兼顾商业利润的获取，从而增强社会企业的可持续发展能力。目前，中国大部分社会企业成立时间较短，其组织财务规模和人事规模有限。依据中国社会企业服务平台提供的数据，截至2021年，大部分社会企业财务规模较小，自我“造血”能力有限。加之，社会企业多从事社会服务、公益项目，产品和服务附加值不高，进一步限制社会企业财务规模的扩大。此外，超七成（74.5%）社会企业的全职受薪员工数介于 2~30 人。另据中国社会企业服务平台发布的《中国认证社会企业 2020 年调研报告》显示，83.5% 认为自身面临管理人员紧缺的问题，以及社会企业希望获得人才引导方面的帮助。

（二）社会价值评估体系

虽然随着社会企业的社会价值创造和社会价值最大化倡议的兴起，企业绩效评估成为研究热点，但现有研究更偏向于对传统工商企业经济绩效评估的研究与应用，针对企业社会绩效评估的研究存在缺失。国内社会绩效评估研究的发展，不仅是社会企业自身发展的需求，亦伴随企业社会责任意识的增强、影响力投资规模的扩大、社会企业认证工作的开展以及社会组织寻求自身价值被认可等客观因素的驱动。第一，社会绩效评估通过对企业社会影响力的完整揭示撬动商业价值，整合传统商业模式与社会因子，以期实现财务回报和社会影响力的双重使命。第二，社会影响力投资的兴起，对社会绩效评估体系的发展提出了迫切需求，并为其提供了巨大的应用空间。科学、有效、公开、透明的社会绩效评估体系是民间社会资本能够得到有效利用的保障。第三，社会绩效评估适用于优先购买、税收优惠、认证等促进社会企业发展的政策措施，有助于推动社会企业参与社会共治。其中，社会绩效评估在社会企业认证中的应用，可有效引导社会资本参与社会问题解决和社会效益创造。

衡量社会成果的评估指标有多种类型，社会企业根据组织创造的社会价值，可选择并使用定量、定性及定序的测定指标（见下图）。衡量社会成果的指标，也是评估结果的生成方式，同样影响社会绩效评估结果的模糊性程度。一种社会价值评估方法可能包含定性、定量和定序中的一种或多种指标。

在现有社会价值评估方法中，定量、定性、定序的评估结果呈现方式均存在。目前，社会企业发展过程中面临的主要问题有缺乏投资者资金和市场支持，而定量的社会价值衡量方法可为市场和投资者提供更具说服力的客观依据。定序的评估方法是对定性的一种改进，可以让人明确程度的不同，定性和定序的评估方法虽然操作较为简单且适用性强，但由于缺乏客观的标准以及量化的形式对结果进行呈现，因此缺乏可比性和可信度。定性和定序的

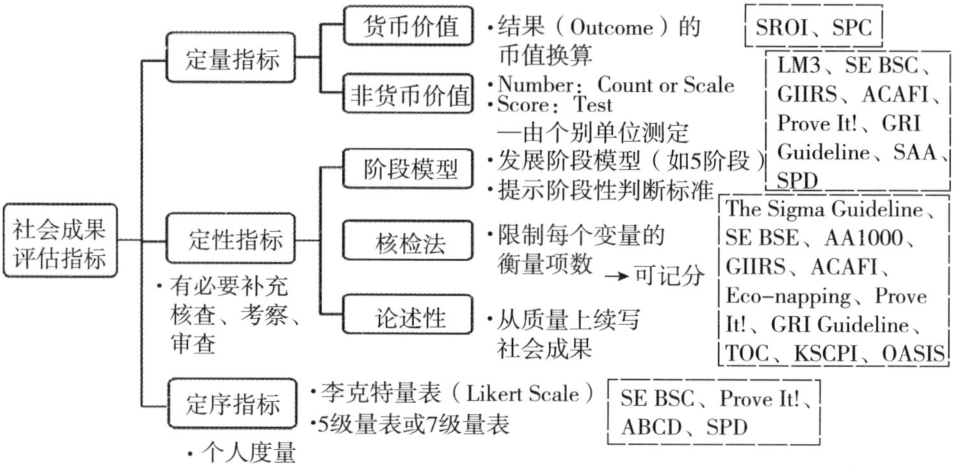

社会成果评估指标类型

评估方法缺乏统计意义，易受分析者、利益相关主体的经验和主观判断影响，存在多方解释的空间，缺乏一定的客观性和科学性。社会价值的货币化在商业界是更为理想的方法，通过将社会价值与市场价格机制统一，有助于社会企业在市场环境下提高对评估结果的解释程度，使得投资者更容易理解社会企业运行过程中的得失，也能够使利益相关群体更加直观地理解社会价值的参考体系。由于社会价值货币化以数字的方式呈现结果，不仅可以反复使用，还可提高与其他组织社会绩效的可比性，并成为企业内部绩效管理的工具。但是目前大部分的评估方法基本上没有实现定量，尤其货币化的评估结果。

社会价值评估作为社会企业发展的必要环节，可有效促进社会企业规模发展，社会价值评估的发展需求也随之增长。近年来，社会价值评估在中国得到了一定的探索实践，但仍在初级阶段，具有广阔的发展空间。目前中国社会价值评估方法的最大需求方在于社会企业。社会企业迫切需要建立一套社会价值评估体系来评估自身创造的社会价值或者对解决社会问题的贡献度，并运用评估结果助其在市场中获得资源支持，实现社会企业自身的规模扩张和可持续发展。随着更多企业将社会效益、社会价值等观念提升到战略层面，投资机构将社会影响力作为重要衡量标准，社会企业参与到社会企业认证与评奖中，社会价值评估所面对的应用机会和舞台将变得更为广阔。但同时也应看到，各领域的社会价值评估实践仍处于初步发展阶段，在评估体系建设和操作应用方面具有较大完善空间。如影响力投资机构是否需要自建一套完整的社会价值评估体系应用于投资活动尚未在业界达成共识；社会企业认证和评奖活动中的社会价值亦存在主观性强、缺乏量化结果产出、周期长、成本高等问题；国内部分社会价值评估操作方法专业且复杂，仅覆盖上市公司，且获得知识产权保护在一定程度上限制了该社会价值评估体系普适性的推广与实践。

从现有社会价值评估的实践应用中可以发现，构建一套成本低、评估周期短、普适性高、科学性强的社会价值评估体系，不仅是社会企业自身建设的需求，同时是资本市场对接社会投资的需求。目前一批社会影响力投资机构、社会企业认证及评奖平台、社会价值评估机构等对社会价值评估的研究和实践做出了示范与表率，促进社会价值评估的研究应用于更加多元化的实践，持续地推动社会投资的长远发展和社会企业的建设完善。

（三）SPC 社会成果评估

对于 SPC 社会成果评估体系，不同国家可根据情况，通过将标准公式进行适当调整测定社会企业的社会成果，也基于测定的社会绩效开发个性化的用途。

1. 评估范畴

第一，评估与组织使命直接相关，且通过核心活动直接产出的社会绩效。SPC 旨在促进市场中为社会企业创造社会绩效激励体系的制度化，重视公正性，追求社会绩效测定的一般化与标准化以及可反复测定的可靠性。鉴于此，SPC 仅测定通过社会企业的核心生产活动直接产出的、与社会企业的使命直接相关的社会绩效，排除单纯捐赠与社会志愿活动。

第二，在社会绩效中仅测定结果（Outcome）。社会绩效激励项目将社会企业直接创造出的社会绩效定义为社会绩效（Social Performance）。按照逻辑模型（Logic Model）的观点，社会绩效可以分为过程（Process）、产出（Output）、结果（Outcome）、影响（Impact）。其中，影响作为中长期的成果，很难被测定，即使可以测定，也会因为与企业活动的因果关系较为复杂，难以客观把握企业的贡献度。SPC 追求普适性、一贯性，在社会绩效中将社会影响排除在外，只测定结果。

第三，评估尚未补偿的社会绩效。SPC 旨在为尚未反映在市场价格中的社会绩效提供补偿，使市场价格机制有效运转，克服市场价格机制的失灵。因此，需将已在市场销售并获得补贴的社会绩效排除在激励对象之外，而将尚未市场化且未得到补偿的社会绩效指定为激励对象，以便把握企业价值总量，从经济价值与社会价值两个维度综合测定企业的社会绩效。

2. 基本原则

第一，利益相关者会计原则。企业的社会绩效意味着企业活动给各利益相关者带来的收益与成本。基于此，社会企业创造出的社会绩效对各利益相关者的收益与成本进行核算，亦为社会收益减去社会成本，即社会附加价值。

第二，保守原则。社会绩效测定作为一种社会会计体系，应该最大限度上避免高估社会价值。因此，社会绩效评估中，只将所有人都认同的、无争议的、客观的算在内，以最基本标准，认定为社会绩效。

第三，依据市场标准原则。将社会绩效转变为货币价值的过程中，选取恰当的（现有市场）价格或成本比较标准，以准确衡量社会绩效指标，最小化对价格机制的扭曲与市场秩序的扰乱。

3. 评估方法与流程

社会企业社会绩效的衡量分为以下六大阶段。

第一，明确社会企业所致力解决的问题为具备典型性、代表性以及现实意义的社会属性问题，该社会问题的提出可获得普遍的社会认同，并借助社会问题的解决满足利益相关群体的真实需求。

第二，社会企业的目标群体即市场边缘人群，应显著区别于普通消费者。测量的社会绩效，应只包含与社会问题的目标群体有关的成果。

第三，根据社会企业的使命与社会绩效产出方法明确社会绩效的类型，即社会成果所在的领域。

第四，确定该社会问题的解决方案已通过制度化、竞争市场、大型营利性企业得到解决或普及，且目标群体亦可负担，从而社会企业创造的社会绩效已经在市场机制中得以体现。

第五，设计社会绩效的衡量标准公式及价格比较标准。根据社会成果领域和社会绩效类型的区别，确定标准公式。标准公式由测定指标与基准值构成，且可结合实际情况对其加以调整。

第六，识别已经获得补偿的社会绩效，若在创造特定社会绩效的过程中，社会企业已获得外部补贴等资本的支持，将视为社会成本予以抵扣。

三、研究设计

（一）研究方法

本研究是采用案例研究法的一项探索性试验。本研究主要目的在于运用 SPC 社会成果测定机制衡量中国社会企业的社会绩效，并为中国社会企业实现规模发展提供创新路径。迄今为止，学术界对社会企业的社会绩效评估及其实现可持续增长的路径和方案，以及可能面临的挑战知之甚少，本研究有助于探索和增强对社会绩效评估这一新兴领域的理解。由于社会价值与经济价值、社会绩效与经济绩效的差异，社会企业的社会价值或社会绩效需要通过归纳式的理论建构方式去探索。同时，本研究通过多案例研究，重点关注中国社会企业实现社会绩效的路径，进而探索社会企业社会绩效评估体系的本土化建设，以及社会企业实现社会绩效增长之路。

研究团队采用问卷调查以及半结构化访谈对案例进行探索性研究。2021年，研究团队采用网络会议平台，对各组织创始人进行了平均 100 分钟的面对面深度访谈，后续又对各创始人及其员工进行了电话补充，录音转录后产生访谈文本，确保有关数据的全面性、完整性和可用性。除访谈数据外，研究团队还设法收集相关的二手资料，包括企业网站信息、媒体报道、创始人接受访谈记录或公开演讲记录、企业有关书籍、案例及学术文章等，与企业调查数据、访谈资料进行对比补充，以形成三角验证，确保案例研究的信度和效度。

（二）研究对象

本研究以获得认证的社会企业作为对象，以保证研究对象符合国内社会企业的基本条件，确保研究结果具有一定的社会认可度。此外，本研究与中国社会企业服务平台（CSESC）合作，委托项目宣传和企业推荐，以提高企业募集效率。

定性研究往往采用目的性抽样，以选取那些能够更理想地回答研究问题的案例作为研究对象。本研究在选择研究对象时遵循以下标准。第一，所选组织必须符合社会企业的定义，即主要目标是创造社会影响；第二，在财政上也须自给自足，且具有两年以上财务信息，以确保组织发展的持续性和稳定性；第三，所选择的社会企业已确立明确的组织目标、组织管理或治理体系、商业模式、服务客户群，且其社会绩效仍在持续增长中；第四，所选社会企业中的高层管理者应能进行有效的访谈，详细地讲述他们的经验。

通过对可获得资料的数量和质量以及研究可行性的综合分析，从企业的社会价值、企业的财务价值、社会价值和商业模式的切合角度进行审核，最终选取10家具有代表性的社会企业。本研究对象的社会企业主要分布在于四川省（4家）、广东省（4家）、北京市（1家）、河南省（1家），平均运营时间约8.4年。除一家外，大部分企业进行了“工商企业”注册，这一特征与中国整个社会企业的组织类型分布情况[①]一致。10家企业分别涉及教育培训、技术服务、农林牧副渔、咨询信息服务、社会福利、文化等多种产业领域，具有多种社会目的，反映了中国当代主要的社会热点（见表1）。

表1　10家社会企业基本信息

序号	企业	成立时间	组织类型	领域	社会使命
1	深圳华欧民康人工智能有限公司	2019年	工商企业	技术服务	唤醒女性乳腺健康意识，降低乳腺癌发病率

① 根据《社会组织蓝皮书：中国社会组织报告（2020）》，2020年中国获得认证社会企业中“工商企业”注册的比重为94.3%。

续表

序号	企业	成立时间	组织类型	领域	社会使命
2	成都欧米尔教育咨询有限公司	2017 年	工商企业	感觉统合能力教育	普及感觉运动统合能力教育，弥补儿童感统能力训练缺口
3	深圳市手译科技文化有限公司	2018 年	工商企业	技术服务、教育、文化	解决听障人群、留守儿童家庭为代表的沟通困境群体的交流不畅和家庭早教问题
4	成都天杰有机农业发展有限公司	2000 年	工商企业	农林牧副渔	帮助农民立足土地脱贫致富和改善生态环境
5	佛山市英智人力资源服务有限公司	2015 年	工商企业	咨询信息服务	解决就业弱势群体的求职困境
6	东莞市让爱回家公益服务中心	2017 年	民办非企业单位	社会福利	救助流浪乞讨人员，帮助其回归家庭或融入社会，维护社会治安稳定
7	北京喜乐颂咨询有限公司	2009 年	工商企业	咨询信息服务	促进社会治安风险人群平稳融入社会，从而化解社会风险，维护社会稳定
8	成都童萌早启教育科技有限公司	2018 年	工商企业	教育培训	通过为普通收入家庭提供便捷、优质、低成本的早期教育服务，以促进早教观念的社会化推广普及
9	成都禧宝堂健康管理有限公司	2016 年	工商企业	教育培训	将解决 0~3 岁婴幼儿家庭养育困境作为己任，并在此过程中助推农村女性务工人员就业问题的解决
10	洛阳市笨爸爸文创科技有限公司	2017 年	工商企业	教育培训	提升社会整体对父职履行缺位问题的关注，为青少年提供高质量父爱陪伴，解决城市家庭父爱教育缺失问题

四、案例分析

（一）深圳华欧民康人工智能有限公司

深圳华欧民康人工智能有限公司（以下简称华欧民康）针对都市女性乳腺健康意识不足导致乳腺癌发病率高的问题，通过手机端乳腺健康 AI（人工智能）系统结合线下社区网络及合作网点，提供实时、便捷、低廉的乳腺健康监测与管理服务，提升女性对乳腺健康的关注度，降低因意识淡漠、发现迟滞导致的乳腺癌发病率，为解决女性乳腺健康问题提供有效路径。

华欧民康 2020 年的社会绩效评估采用现有当地市场价格作为基准，对华欧民康相比医院价格的优惠程度加以测定。即以女性前往医院进行红外线乳腺检查的费用，与前往华欧民康线下合作网点进行红外线乳腺检测费用的差值，乘以华欧民康 2020 年服务女性群体的总人数。同时，把对弱势群体女性和中高收入女性的公益组织补贴和商业机构补贴予以抵扣。计算公式如下：

Σ {（弱势群体女性：深圳 500 人 ×180 元 –4 万元）+（中高收入女性：郑州、洛阳 12039 人 ×90 元 –45.7482 万元）+（中高收入女性：成都 500 人 ×108 元 –1.9 万元）}

（二）成都欧米尔教育咨询有限公司

成都欧米尔教育咨询有限公司（以下简称欧米尔）将感统教育覆盖至城市周边的偏远地区，通过面向 0~12 岁儿童开展价格优惠、专业化的感统能力测试与训练课程，弥补当地儿童因发育过程中出现的感统能力训练不足、医院与市场未能有效补位而导致感统失调的问题，提供提升儿童综合能力的解决方案，并为感统观念和训练的普及化作出贡献。

在对欧米尔进行 2020 年社会绩效评估时，把当地早教机构提供感统课程的收费标准与欧米尔的收费标准进行对比，以两者差值与欧米尔年服务人数的乘积加以测定。此外，若欧米尔在提供社会服务的过程中获得外部资金支持，还需对该资金进行抵扣。计算公式如下：

Σ {社区（120 元 –32 元）×40 人 + 感统机构（120 元 –90 元）×252 人 +

幼儿园（120 元 -90 元）×8 人}

（三）深圳市手译科技文化有限公司

深圳市手译科技文化有限公司（以下简称手译科技）将老人、听力障碍者、弱听人群、孩童等相关人群作为目标用户，专注于开发多元化的无障碍软、硬件产品，辅助听力障碍群体跨越沟通障碍。手译科技通过研发早教用具——智能点读笔，并结合人工智能技术与文字语音转换功能，解决沟通困境群体家庭的交流与教育问题，特别是听障人群、留守儿童家庭中的陪伴问题与教育辅导问题。

手译科技 2020 年的社会绩效评估，以市场中同类型智能学习笔的单价与手译科技智能学习笔的单价差距，乘以手译科技智能学习笔2020年的销售量，以及用捐献智能学习笔的数量与智能学习笔的单价之乘积。计算公式如下：

Σ{（358 元 -248 元）×1000 支 +248 元 ×20 支}

（四）成都天杰有机农业发展有限公司

成都天杰有机农业发展有限公司（以下简称天杰）针对现代农业生产中存在的产量低、污染高以及农民知识技术水平落后、收入水平增长缓慢等问题，通过研发新型农作物营养方案，提升农业生产过程中有机肥料的施用量，降低化肥、农药使用量和残留量，构建环境友好型的农业生产模式。与此同时，农作物品质和产量的提升，亦为农民脱贫致富作出贡献。

天杰 2020 年的社会绩效成果中包含资源节约、碳排放减少、污染处理费用减少的程度。对天杰的社会绩效评估分别测量采用天杰营养方案时减少的化肥用量、碳减排量（借由每亩土地减少的传统化肥用量）、耕种过程中降低的氮肥、磷肥、钾肥的用量，并根据“国内市场尿素价格”（中国石油和化工网，2021）、“全国碳排放权交易市场数据”（上海环境能源交易所，2021）、环境费用等公开数据作为标准价格予以衡量，乘以天杰服务土地的面积，以及 2020 年农民收入的年均增长额乘以 2020 年天杰服务的农户数目。计算公式如下：

Σ{减少化肥用量 0.003 吨 × 尿素化肥价格 2.5 元 ×220000 亩 + 减少的碳排放量 5.2 吨 × 碳排放交易价格 47 元 ×220000 亩 + 减少的氮肥、磷肥、钾肥用量（分别 0.7 公斤、1.3 公斤、0.6 公斤）× 处理氮肥、磷肥、钾肥造成污染的价格（分别 4.9 元、1.7 元、0.9 元）×220000 亩 +36200 人 ×2500 元}

（五）佛山市英智人力资源服务有限公司

佛山市英智人力资源服务有限公司（以下简称英智）为解决农民工、农村闲置人员、低收入群体、失业人士、残疾人等就业弱势群体因就业信息不对称、劳动技能与岗位不匹配等就业难的问题，向其提供就业服务与培训，促进就业者劳动技能与文明素质的提升，实现收入水平和生活质量的稳定增长。

英智 2020 年的社会价值评估主要测算英智为就业弱势群体改善收入水平的程度，即把通过英智就业后弱势群体劳动者月收入与其就业前月收入的差异作为劳动收入的增量，再乘以英智的年服务人数。同时，对英智从顺德区社会创新中心“众创共善”计划支持资金作为外部支持资金予以抵扣。计算公式如下：

Σ（焊工 / 钳工 / 激光工 3464 人 ×0.6 万元 + 文员 / 跟单 2078 人 ×0.4 万元 + 会计 / 采购 / 主管 1212 人 ×0.5 万元 + 普工 866 人 ×0.45 万元 + 机械设计 / 工程师 693 人 ×0.8 万元 + 保安 / 清洁 346 人 ×0.3 万元）–9 万元

（六）东莞市让爱回家公益服务中心

东莞市让爱回家公益服务中心（以下简称让爱回家）通过开展寻亲活动、街头救助、进站（救助站）劝导、就业介绍等活动，帮助流浪乞讨人员家人团聚及重返社会，维护城市形象和社会稳定，并减少政府财政支出，从而实现以民间资源支援政府社会救助事业。

让爱回家 2020 年的社会绩效包含分担政府社会救助责任与帮助弱势群体就业，即以政府救助站每人次救助成本与让爱回家东莞总部每人次救助成本的差距，乘以让爱回家东莞总部的年救助人数，加上劳动收入的增量乘以让爱回家的年服务人数，再对让爱回家东莞总部来自爱心人士、受助对象亲属、东莞市瑞利纺织品有限公司、深圳市海里表面技术处理有限公司等爱心企业的外部慈善捐款予以抵扣。计算公式如下：

Σ{（3662 元 – 协助政府部门 146 元）×608 人 +（3662 元 – 独立开展

18 元）×376 人 + 快递行业 5400 元 ×229 人 + 工厂 4000 元 ×158 人 + 家族企业 4000 元 ×188 人 –250462.28 元}

（七）北京喜乐颂咨询有限公司

北京喜乐颂咨询有限公司（以下简称喜乐颂）将药物滥用人员、“两劳人员”（劳动改造人员和劳动教养人员）等社会治安风险人群作为服务对象，通过为社会治安风险人群提供就业、培训、心理辅导等服务，促使其自力更生、重返社会，进而降低再犯罪率和复吸率，维护社会稳定。

喜乐颂 2020 年的社会绩效评估主要测算喜乐颂的就业服务改善社会治安风险人群收入水平的程度，即把通过喜乐颂就业后社会治安风险人群收入与其就业前劳动收入的差异，再乘以喜乐颂 2020 年度服务总人数。同时，喜乐颂还支持社会治安风险人员创业，其社会绩效可采用创业公司总收入水平（总销售额 × 附加价值比率）与创业前收入的差值予以测定。计算公式如下：

Σ（创办事业：经营者 4 人 ×15 万元 + 喜乐颂创办事业：销售人员 47 人 ×0.3 万元 + 对接就业岗位：北京 13 人 ×0.755 万元 + 南昌 2 人 ×0.4582 万元 + 成都 3 人 ×0.4835 万元 + 西安 5 人 ×2.271 万元）

（八）成都童萌早启教育科技有限公司

成都童萌早启教育科技有限公司（以下简称童萌）与全国各地的政府街道办事处、社区居民委员会等组织合作，利用社区公共空间建设并连锁运营“童萌亲子园”，为社区服务覆盖范围内的 0~3 岁儿童及其家庭提供距离近、可负担、高质量的早教服务，以改善家庭亲子关系与提升全社会亲子早教意识，并通过教师招聘为社区内的全职妇女提供创业、就业机会。

对童萌 2020 年的社会绩效评估包含通过创新模式减轻家庭早教负担与雇用女性就业弱势群体，童萌的社会服务绩效可通过商业早教机构收费标准与童萌收费标准之间的差值，与童萌的年服务人数相乘，并加上童萌雇用全职家庭妇女人数乘以其就业前后的工资收入变化水平。计算公式如下：

Σ{（付费项目 100 元 –33.75 元）×3550 人 +（公益项目 100 元 –0 元）×3500 人 +（店长 6500 元 –0 元）×41 人 +（教师 3000 元 –0 元）×48 人}

（九）成都禧宝堂健康管理有限公司

成都禧宝堂健康管理有限公司（以下简称禧宝堂）通过月嫂、育儿嫂业务知识培训，支持农村女性务工人员进入母婴照护行业，帮助此类就业弱势群体实现收入的显著增长，并通过介绍母婴护理人员驻家服务和开展幼儿托育业务，为客户家庭提供专业化婴幼儿照护服务，填补专业母婴护理人员的劳动力缺口。

禧宝堂2020年的社会绩效评估，应对其通过减轻家庭育儿负担从而扩大受惠群体规模的社会服务绩效和支持就业弱势群体收入增长的就业绩效分别核算。根据成都商报报道的成都市民办幼儿园收费情况统计值以及大众点评网的培训课程价格统计值，[①]与禧宝堂托育、培训服务的收费标准之差，分别乘以禧宝堂年服务人数，以及农村女性务工人员依靠禧宝堂就业前后的收入差距和禧宝堂相应的年雇用人数之乘积。计算公式如下：

Σ{（托育服务：4500元–2500元）×20人+（育儿培训低价：99元–50元）×500人+（育儿培训免费：99元–0元）×960人}

（十）洛阳市笨爸爸文创科技有限公司

洛阳市笨爸爸文创科技有限公司（以下简称笨爸爸）以男性较为感兴趣的木艺课程为载体，运用心理学理论和社会工作方法设计亲子互动课程体系和亲子间感受分享活动，为父子间营造亲密交流的高质量陪伴时间，实现亲子关系的共建与修复。

对笨爸爸2020年的社会绩效评估，可用在活动目标与运营方式上与笨爸爸高度相似的开心小镇儿童亲子厨房愿意接纳的最低供给价格作为对照，即以笨爸爸供给亲子教育服务的单次成本加上开心小镇儿童亲子厨房每次活动获得的利润减去笨爸爸供给服务的单次价格，乘以笨爸爸的年服务人数。计算公式如下：

Σ（标准收费：135元+195元–190元）×180人+（公益类：110元+

① 笔者基于2021年12月对大众点评网成都站的17家商业早教机构提供的家长育儿培训课程的汇总统计。

195 元 –155 元）× 13000 人

以上社会企业 2020 年创造的总社会绩效近 1.5 亿元，企业平均创造社会绩效约 1500 万元。10 家社会企业在社会服务、就业、环境，以及社会生态的改善等多个方面，通过研究开发、与地区社会和其他组织之间的合作等多种方式创造社会价值（见表 2）。

表 2　10 家社会企业 2020 年社会绩效评估结果汇总

序号	企业名称	社会绩效类型	单项社会绩效	最终社会绩效
1	深圳华欧民康人工智能有限公司	社会服务绩效	711028 元	711028 元
2	成都欧米尔教育咨询有限公司	社会服务绩效	10320 元	10320 元
3	深圳市手译科技文化有限公司	社会服务绩效	114960 元	114960 元
4	成都天杰有机农业发展有限公司	环境绩效	3170904 元	93670904 元
		社会生态绩效	90500000 元	
5	佛山市英智人力资源服务有限公司	社会生态绩效	45548200 元	45548200 元
6	东莞市让爱回家公益服务中心	社会服务绩效	3288498.72 元	5816721.72 元
		社会生态绩效	2528223 元	
7	北京喜乐颂咨询有限公司	社会生态绩效	885529 元	885529 元
8	成都童萌早启教育科技有限公司	社会服务绩效	196687.5 元	218687.5 元
		就业绩效	22000 元	
9	成都禧宝堂健康管理有限公司	社会服务绩效	149540 元	682915 元
		就业绩效	533375 元	
10	洛阳市笨爸爸文创科技有限公司	社会服务绩效	1121156.4 元	1975200 元
总社会绩效				149634465.22 元

五、结论与启示

本研究以敦促与探索中国社会企业通过社会价值可视化实现可持续发展方案为目的，以全国10家社会企业为研究对象，运用SPC社会成果测定机制，对社会企业的社会价值进行衡量，研究结果显示其社会价值测定方案在理论、实践中的妥当性和在中国的应用可行性。这一尝试对中国社会企业社会价值测定的实践发展和相关后续研究有以下重要意义。

第一，本研究丰富并发展社会企业社会价值评估相关理论研究，有助于中国特色社会价值理论体系的建构。传统对社会企业社会价值的研究主要围绕社会价值的基本概念、初步理论架构，以及实证调查所提出的价值影响要素（罗伟，等，2019），对于社会价值创造机制以及提升企业社会价值有效路径或方案的研究较少，且尚未形成系统理论。本研究以中国社会企业社会价值测量的视角，对现有的社会价值评估体系进行深入探索，力图搭建起具有中国本土特色、理论与实证相结合的社会价值评估体系。同时为今后规模化开展以中国社会企业为对象的社会价值测量及相关后续研究铺垫重要理论基础。

第二，破解社会企业的社会价值测量难题，明示社会企业社会价值创造的上升路径。本研究通过对社会企业生产的社会价值定量测定，使社会企业获得客观、可比较、标准统一的社会价值评估工具，敦促社会企业积极扩大社会价值。对社会企业所创造的社会价值进行客观科学的测量，直视其社会问题解决方案，通过反思和改善，以实现效率的最大化，为构建社会价值创造的战略性方案和优化价值创造渠道提出启示。

第三，为扩大中国社会企业多种主体的自律支持，形成新机制并提供实现的可能性。社会企业的健康成长离不开外部生态系统的培育，以影响力投资机构、基金会、公益创投等为代表的社会资本和各级政府，为社会企业的发展提供政策、资源、经营辅导等支援项目。围绕社会企业社会价值展开的业绩测量，以市场通用的货币形式展现社会企业的社会成果，不仅使社会企业获得经济价值与社会价值有效衔接的评价维度，亦为各主体提供动态把握社会企业社会价值发展脉络的工具，增强各主体的投资回报信心，激励其进一步注资于社会问题解决与社会价值创造的企业活动，并成为政府部门向社会企业提供资金资助和优惠政策的依据，实现社会企业外部生态系统的完善。

本研究在以上重要的理论和实践意义外，根据对中国社会企业进行社会价值分析过程中的教训和挑战，可为中国社会企业社会价值测量体系本土化及应用扩散提供以下启示。

第一，根据中国的实际情况重组社会成果体系及基本公式，并进行细分化和多样化。为此，通过对中国基本社会问题和主要社会价值理念以及社会企业的发展现状进行系统考察，把握现阶段中国社会企业对社会问题的认识程度以及社会价值目标、规模、途径等，形成对中国社会企业社会成果类型和创造方式的基本认识，为中国本土化社会价值评估体系的建构奠定基础。同时，通过增加研究样本，进一步扩大后续研究，为搭建个别社会成果类型的主要指标提供指导，增强社会评估体系的科学性和普适性。

第二，促使社会企业以社会价值为锚点开展日常活动，提高其社会价值认识和经营管理水平。在社会价值测定中，企业社会价值相关数据的精准积累是与评估过程顺利开展和评估结果精确产出最具相关性的因素。本研究中，部分被调查企业暴露出对“社会成果”的理解及“战略性数据”管理能力的缺乏，部分与社会绩效直接相关的数据尚未体系化整合，从而为以客观透明之数据为基础的社会价值测量带来困难，可能引发对社会企业社会绩效的低估，并提升评估活动成本，且动摇数据的真实性与可靠性，进而影响评估结果的公信力和企业的社会评价。为解决上述问题，社会企业应对社会价值相关的投入、产出、结果、影响等概念进行明确理解，并充分考虑相关数据的累积，同时基于此认知开展战略设计，规范企业经营管理活动。同时，为了提高企业相关能力，可以考虑外部援助或由第三方专业机构对相关数据加以验证或认证，从而确保评估结果的科学性和准确性。

第三，基于对企业财务成果和社会价值的全面把握，综合展示企业的整体价值。为保证社会价值测定结果的客观性和一致性，本研究中评估的社会价值，是以与目标集团直接相关的受惠者为对象得出的“结果”。但生产运营的“过程”，及因其成果而发生的社会变化，即“影响”，尚为 SPC 的视线盲区。在今后的社会价值评估研究中，应将定量测量与定性评价结合，同时将社会价值与财务成果有机结合，从而产生对企业价值全面掌握的评估方案。

第四，增强社会企业社会价值评估体系的应用及推广，形成多种利害关系者间的合作网络。本研究将现有市场上难以量化测定的社会价值换算成货币单位加以体现和比较，具象展示社会企业的综合价值，有助于现有市场中各主体客观地把握社会企业的社会贡献，并开展比较和交易活动，从而辅助社会企业理顺经营和价值创造模式，激励其提高核心竞争力，规模化实现社会价值创造和社会问题解决，并以此为根据获得更多的资本和支援。

参考文献

［1］国家发展改革委. 国家发展改革委关于印发社会领域相关专项中央预算内投资专项管理办法的通知［EB/OL］.（2021-04-14）［2022-09-04］. http：//www.gov.cn/zhengce/zhengceku/2021-04/25/content_5601951.htm.

［2］国务院. 政府投资条例［EB/OL］.（2019-05-05）［2022-09-04］. http：//www.workercn.cn/32843/201905/05/190505172628073.shtml.

［3］国务院发展研究中心公共管理与人力资源研究所“社会企业研究”课题组，李兰，王伟进，等. 我国社会企业发展状况调研报告［J］. 国家治理，2021（47）：43-48.

［4］金仁仙，李羽洁 . 2020 年中国社会企业发展报告［R］. // 黄晓勇，等 . 社会组织蓝皮书：中国社会组织报告（2021）. 北京：中国社会科学出版社，2021.

［5］金仁仙，李羽洁 . 2021 年中国社会企业发展报告［R］. // 黄晓勇，等 . 社会组织蓝皮书：中国社会组织报告（2022）. 北京：中国社会科学出版社，2022.

［6］刘先良. 社会企业认证在中国：法律属性与体系构建［J］. 中国非营利评论，2020，25（1）：201-226.

［7］刘志阳，宋程成，郑若愚，等. 626 个样本调研：社会企业待解问题

多，亟须资金和政策支持［EB/OL］.（2021-12-03）［2022-09-04］. https：//www.thepaper.cn/newsDetail_forward_15635738.

［8］罗伟，胡哲生，梁夏. 双元价值驱动的社会企业双元经营系统研究——以微客国际服务有限公司为例［J］. 管理案例研究与评论，2020，13（3）：260-273.

［9］罗文恩，黄英. 构建社会企业身份：中国大陆、香港和台湾地区社企认证实践比较分析［J］. 中国非营利评论. 2019，23（1）：86-109.

［10］王世强. 社会企业的官方定义及其认定标准［J］. 社团管理研究，2012（6）：38-41.

社会企业的“社会使命稳健性”：概念与机制

□ 赵萌*

● **摘　要**

社会使命稳健性是社会企业与商业企业的核心区别，也是判定社会企业的一个核心标准。社会使命稳健性作为一种内在的机制，能以更稳定的标准辨别企业的属性，从而区别社会企业和商业企业。在弱商业绩效、强商业绩效、不一致的利益相关方影响三种情形下，企业的社会使命稳定性受到挑战。因此，除作为结构性保障的“权利分配机制”外，还需要建立或维系包括利益相关方影响统合性、社会价值创造的常规性、社会价值与商业价值的协同效应、社会使命导向的决策模式、社会价值创造的系统性在内至少一种“价值创造机制”来保障企业社会使命的稳定性。

● **关键词**

社会企业；商业企业；社会使命；稳健性

本文试图回答以下三个问题：第一，什么是社会使命稳健性？第二，为什么社会使命稳健性是社会企业和商业企业的根本区别？第三，如何保障社会使命稳健性？

* 作者简介：赵萌，新加坡南洋理工大学南洋商学院高级讲师、南洋新兴经济体研究中心高级研究员、中国人民大学社会企业研究中心联合主任。

一、什么是社会使命稳健性

社会使命稳健性指的是一个社会企业的“社会使命优先性”在多大程度上不会因为该组织对商业价值的追求而遭到减损。社会使命稳健性与社会使命（或目标）的漂移是对立的概念。社会使命稳健性程度越高，社会使命发生实质性漂移的风险也就越低。社会使命稳健性是社会企业持续创造社会与商业双重价值的必要条件，但并不是充分条件。缺乏社会使命稳健性反映了社会企业对商业价值的过度追求，可能导致社会使命漂移，例如，削弱或者放弃对目标受益群体的服务，从而会伤害到社会价值创造的持续性。但社会使命稳健性并不必然带来商业的成功。不少国内外的社会企业在经营过程中僵化教条地强调社会使命，导致效率低下，内部意见分歧激化，难以吸引和留住人才，长期无法实现财务持续，蜕变成挣扎在生存线上的慈善机构，乃至关门大吉。这最终伤害了目标受益人群（常常是弱势群体）的利益。与此同时，许多案例说明，清晰的“社会使命稳健性机制”可能帮助降低成本、维系和加强利益相关方关系，促进产品、服务、流程、价值链活动和商业模式的创新，从而推动商业绩效的增长。社会使命稳健性与组织的商业绩效之间的关系十分复杂，影响因素和条件很多。后面，笔者会通过论述社会使命稳健性机制来说明社会使命稳健性可能促进商业发展的一些路径。但这个问题需要进行专题研究，超出了本文的范畴。本文所论述的是：①社会使命稳健性是社会企业与商业企业的核心区别；②保障社会使命稳健性的“价值创造机制”有哪些。

社会使命稳健性的缺失体现在但不限于以下几种情况。

第一种社会使命稳健性缺失的情况是，在遇到业绩下滑或财务困难的时候，社会使命从组织活动和组织决策的核心位置下降到边缘位置。例如，一个缺乏社会使命稳健性的企业在遇到困境时把服务重点从弱势人群转移到高收入人群，考虑等到渡过难关后再重新回来解决社会问题。而一个社会使命稳健的企业在遇到困境时，首先考虑如何在价值链条上进行创新，努力保持产品或服务的市场竞争力与社会效益的平衡，从而在不牺牲社会使命的前提下做到财务的可持续。

第二种社会使命稳健性缺失的情况是，当一个社会企业的业务发展良好时，这个组织通过模糊、削弱乃至放弃社会使命的方式加速扩张。一个组织管理者的注意力、时间和处理信息的能力是有限的，缺乏机制保障社会使命稳健性的组织往往很难在快速扩张的过程中保持社会使命的优先性。有不少社会企业处在快速增长的阶段，它们有的在通过加盟连锁的方式进行扩张，有的在决定是否以及怎样接受投资机构提供的资金。它们面临的共同挑战是：如何通过某种机制来应对外部利益相关方带来的社会使命漂移的风险，例如，加盟商可能以损害社会使命的方式开展业务，或投资者以业务偏离目标受益人群为条件提供资金。

第三种社会使命稳健性缺失的情况是，社会企业通过割裂其商业活动，对不同利益相关方所产生影响的方式来创造其所声称的社会价值。如一家解决环境污染问题的环保产品制造企业可能拖欠员工工资、提供不安全的工作环境、不遵守劳动合同、压榨供应商，从而降低成本增加利润。这种虽然创造社会价值但损害利益相关方权益的工作方式是不可持续的。它实际上反映出追求利润最大化而不是追求最大化解决社会问题的组织决策方式。这种组织在短期可以通过创造社会价值来积累利润、快速发展，如提供价格有竞争力的环保产品或服务。但这种方式削弱了组织持续追求社会使命和创造社会价值的可能性。组织很可能在财务绩效下滑的情况下削减对原先社会使命的投入，转而在更加有利可图的领域开展业务。同时，利益相关方的抗争以及法律风险会降低企业持续经营的可能性。

上述来自“弱商业绩效”“强商业绩效”以及“不一致的利益相关方影响”三种情形的挑战，既是对社会使命稳健性的重要考验，也是建立和深化社会使命稳健性机制的重要机会。对于希望持续创造双重价值，但暂时缺乏社会使命稳健性的组织，可以主动识别和利用这些挑战来触发强化在组织管理和组织文化上的变革，从而增强社会使命稳健性。组织变革的领域包括如何聘用、培训和协调在创造社会和商业价值方面具有不同技能或持有不同价值观念的员工；如何界定、实施和使用对社会和商业绩效的测量；如何同对组织的社会和商业价值有着不同要求的外部利益相关方进行沟通；如何对组织的扩张形式和节奏进行决策等。一个组织如果在面对这些挑战时积极开展组织变革，建立或坚守社会使命稳健性机制，社会使命将可能转化为凝聚和激励组织成员的核心组织文化以及组织竞争力的来源。

二、为什么社会使命稳健性是社会企业与商业企业的核心区别

社会企业正在成为千人眼中的千种哈姆雷特。马云在 2018 年的一次媒体采访中谈道：“今天阿里必然的发展是成为一个社会企业。”他强调企业的“利他主义”和对不同利益相关方的社会责任。王健林认为企业发展的终极目标是社会企业，并在“2016 中国品牌论坛”上解释说：“追求社会企业，最核心的一点就是社会评价是良好的，社会认为这个企业的存在和发展对社会有贡献。”王兴提出，在 2017 年美团已经进入社会企业阶段。他举例说，美团为 50 万名骑手提供了大量就业机会，其中很多人来自贫困地区，美团投入巨资保护用户隐私，将通过市民评价大数据保障食品安全，并且倡导成立绿色外卖的环保联盟。

如何理解这些关于社会企业的不同说法呢？如果阿里巴巴、万达、美团希望成为社会企业，我们应该通过什么标准来判断他们在多大程度上是社会企业呢？我们需要追问以下几个问题：①它们要解决的社会问题是什么？②怎么知道它们是否以及在多大程度上正在解决所声称的社会问题？或者说如何测量对社会问题的解决？③解决社会问题在企业经营和决策中占据怎样的地位？④如果一家企业被发现没有清晰地和持续地解决所声称要解决的社会问题，甚至被发现制造出社会问题，那么消费者或其他利益相关方在多大程度上会认为这家企业背离了它的社会使命，并且给予实质性的惩罚？也就是说这家企业社会使命漂移的成本有多高？

能够对这些问题做出清晰一贯的回答，是一个企业关于社会企业的说法和做法能够取信于民的第一步。如果一个企业的社会使命无法清晰测量，如果社会使命对企业的经营和决策无足轻重，如果社会使命漂移的成本很低，那么即使这个企业郑重承诺解决社会问题，即使暂时产生了不错的社会影响，也很难认为它在机制上是一个和传统商业企业有本质不同的社会企业。在这

些问题中，社会使命漂移的成本是一个关键。漂移成本低可能反映出一个企业的社会使命抽象模糊、难以测量，或者这个企业缺少能力和资源来测量和维系社会使命，或者这个企业的核心目标是商业目标而并不重视社会使命漂移的风险，或者是多种因素的组合。

试想一下，有一家食品零售企业宣称自己是社会企业。当这家企业所解决的社会问题并不清晰，或者没有专注地解决所声称要解决的食品安全问题、就业问题或环保问题，那么人们会不会认为这家企业背离了它的使命？可能不会，消费者对这家企业的核心期待是买到物美价廉、安全的食品，而不是解决更深层次的社会问题。对于另一家企业，如扶贫型小额贷款企业，如果这家企业开始为富裕人群服务，那么利益相关方是否会质疑它社会使命的转变，减少对它的支持？很可能是的。这两家企业的区别在于：利益相关方对它们解决社会问题的期待和要求不同，导致它们社会使命漂移的成本不同。

一家社会企业不仅有解决社会问题的权利，也有解决社会问题的义务。也就是说，社会企业通过社会声誉和社会信任所获得的收益和它所付出的成本是一体两面。社会企业和利益相关方，如消费者、员工、社区、政府乃至股东签订了一份有形或无形的社会契约。契约在签订双方之间对以下事项形成了明确一致的理解：社会企业为利益相关方提供清晰具体的社会价值，如解决某种双方一致确定的社会问题，并以此为条件获取利益相关方所提供的资源使得社会企业能够持续创造社会价值。契约不同于声明，它不是单向表达，而是双方权利义务的界定。也就是说，一个社会企业向利益相关方所展示的不是我正在做什么，我打算做什么或我能够做什么，而是展示企业为利益相关方带来的具体收益（如消费者通过消费行为可以帮助解决贫困问题）和成本（如股东明白企业的首要目标不是股东利益最大化），以及企业对利益相关方承担怎样的义务（如承担没能按照期待解决社会问题时所产生的信誉风险）。是否在组织章程、组织结构、组织管理和经营中体现出上述契约内容，正是社会企业和商业企业的区别所在。虽然传统商业企业面临政府、公众、公民社会组织等方面的监督，不能作恶或多做好事，但在是否专注地解决所声称的社会问题方面往往既缺乏内部约束也缺乏外部监督，无法和利益相关方形成关于解决社会问题权利和义务的社会契约，从而难以成为具有明确社会合法性的实质意义上的社会企业。从这个意义上讲，“需不需要”和“有没有”社会使命稳健性机制来最小化社会使命漂移的风险，就成为区分社会企业和商业企业的核心标准。

契约的概念也可以说明社会使命稳健性不仅是社会企业与商业企业的核心区别，也是社会企业家精神与商业企业家精神（或一般而言的企业家精神）的核心区别。两种企业家精神的共同之处在于它们都意味着创业者需要在具有高度不确定性和高风险回报的情境下工作，它们都强调创新，它们都体现在日常的组织活动和决策活动之中。而二者的不同体现在承担风险、从事创新和日常决策的动机与目的上。商业企业家精神是一种与以股东为核心的资源提供者所签订的契约。这份契约要求企业专注地服务于股东利益。商业企业家创业不是仅仅因为喜欢发明创造，否则就成了发明家。企业家创业也不仅仅是为了求取真知识，否则就成了学者。学术研究和生活常识都告诉我们，企业家、发明家和学者有着十分不同的人格特征、动机和行为方式。商业企业家之所以肯冒风险、竭尽创新之能事，首要目标是获取利润。如果商业创业者不对股东利益负责，不专注地追求利润，可以说是一种违约行为，也是对商业企业家精神的背离。但这并不是说商业企业家不应该承担社会责任，或对破坏社会福祉的行为心安理得。承担社会责任是管理利益相关方关系的一部分，是企业成本收益公式中的一个变量。忽视社会责任甚至破坏社会福祉的行为也许短期内可以增加利润，但长期而言最终会损害股东的利益。用从长远来讲可以维护和促进股东利益的方式承担社会责任是符合商业企业家精神的。这也是一些学者提倡“战略性企业社会责任”的原因。

而社会企业家精神是和以目标受益对象（包括有形的人群和无形的自然环境）为核心的利益相关方所签订的契约。社会企业必须专注地服务于目标受益对象的利益。社会企业获取、组织和使用资源的方式，以及决策的方向需要服务于最大化地创造社会价值、解决社会问题，否则就是一种违约行为，是对社会企业家精神的背离。社会企业和商业企业是在不同契约条件下工作的，它们所承担的义务、首要的组织目标和专注的服务对象是不同的，尽管二者都可以采用商业手段解决某种社会问题。判定社会企业的标准需要能够识别出社会企业契约的核心特征，也就是一个组织是否专注于它的社会使命。

判断标准的误用是难以鉴别社会企业和商业企业的一个主要原因。在《社会企业家精神（第一辑）》一书中，我们讨论了手段标准（也就是一个组织是否运用商业手段和商业模式来解决社会问题）无法有效判定社会企业。人们通常采用的标准还包括能力标准和效果标准。由于商业企业所拥有的资源和能力，人们常常寄希望于商业企业能够更多地解决社会问题。人们往往从解决社会问题的能力和规模来判断一个企业是否是社会企业。似乎一个企业越有能力解决社会问题，越能更大规模地解决社会问题，它就越像是一个社会企业。采用能力和效果标准，我们可能会问：一家大型商业企业能够投入到解决社会问题上的资金、技术和人员可能比一家非营利组织强很多，也产生了显著的可测量的社会影响，那么它是不是社会企业呢？然而根据社会使命稳健性来进行判断，我们就会提出不同的问题：解决社会问题在这家企业中到底占据怎样的位置？企业会投入多少资源以及持续多久来解决社会问题？当社会项目的成本偏高成为一个所谓烧钱的项目时，企业会怎样选择？这种选择是否被一个企业放在核心的考量地位？企业在社会影响的评估和透明化方面投入多大资源？这些问题都是在考核一个关键性的因素：社会使命稳健性。

虽然手段标准、能力标准和效果标准看上去符合常识，简单明了，但这些标准会使对社会企业的判定过程陷入“永无定论”的逻辑陷阱。如当一个社会中好多企业都在违法，那么一个守法的企业可能会认为自己是社会企业；当大部分企业都仅仅是守法，那么在守法基础上做更多慈善的企业可能认为自己是社会企业；当大部分企业都做慈善，那么用一些创新的方式做慈善的企业可能认为自己是社会企业；当大部分企业都能用可以测量和比较有效的方式解决某种社会问题，那么产生了更大社会影响的企业可能认为自己更有资格是社会企业。这样，随着时间和环境变化，我们会发现根本不同的企业都有理由认为自己是社会企业。社会企业也就成了一个任人打扮的小姑娘，一个在逻辑上经不起推敲，在现实运行中容易沦为营销工具和投资时尚，也容易受到质疑的脆弱概念。这会使得社会企业最终像组织管理历史上那些看似美丽但缺乏持久生命力的“管理时尚”一样，当人们能用它满足自己的私利时，它就流行；当它的功利价值降低了，也就会被抛弃。

本文的一个核心观点是，社会使命稳健性，相对于手段标准、能力标准和效果标准，是更加有效的社会企业判定标准。一种有效的社会企业判定标准，应该同时具备做到以下三点：①情境普适；②真伪鉴别；③稳定适用。

情境普适是指一个标准所识别出的社会企业，应该在时间和环境发生变化时，始终和商业企业保持清晰的差异。通过手段标准、能力标准和效果标准，人们可能认为用产生经营收入的方式产生明显社会价值的企业是社会企业。当越来越多商业企业在可以创造某种社会价值的领域经营（如大教育、大医疗、大环保等领域），根据这些标准，这个社会就拥有越来越多的社会企业。当社会中大部分商业企业都能够产生某种明显的社会价值，这个社会中大部分企业就都是社会企业。事实上，随着社会发展程度的提高，任何企业都可以在某个时点上为了某种目的而去尝试解决某个社会问题。如果所有企业都抽取出解决社会问题的行为来标榜自己，那么人们就无从知晓什么不是社会企业。这些标准也就随着环境的变化丧失了判定的功能。一种反驳的观点可能是，社会上大部分企业都是社会企业代表了社会进步，这难道不好吗？然而问题是，这种大家一起向善的局面很可能是一种幻象。现实的复杂性在于，大部分企业往往只是在一时一地创造社会价值，而在其他情境中并不以创造社会价值为使命，甚至可能破坏社会价值。当一种标准仅仅关注企业是否正在创造社会价值，而对于企业能否在不同情境中专注地解决社会问题并没有要求，结果将是这家企业在某个情境中是社会企业，在另一些情境中不是社会企业。它既是社会企业，又不是社会企业。这个标准造成的混乱与困惑也就大过了它的判定效果。社会使命稳健性标准要求一家企业具有最小化社会使命漂移（更不要说破坏社会价值）的内在机制。而这种组织机制，如组织治理结构、决策机制、人员管理机制、价值链管理机制等，适用于组织在不同时间和环境的活动，从而具有情境普适性。

真伪鉴别是指一个标准能够区分“真实”和“虚假”的社会属性。例如，一种社会属性虚假的情况是一家企业自称是社会企业，但实际上是通过社会责任活动来掩盖违法违规行为，如广泛存在的利用环保活动掩盖污染行为的“洗绿”行为。社会属性真伪程度不同的企业都可能满足手段标准（运用商业手段解决社会问题）、能力标准（投入大量资源解决社会问题）和效果标准（产生较大社会影响），说明这些标准不具备实质的真伪区分性。社会使命稳健性标准要求一家企业在创造社会价值的同时不能损害广泛利益相关方的权益，从而能够更好地区别真实与虚假的社会属性。

稳定适用是指一个标准能够有效地避免识别出的社会企业在某种条件下系统地违背这一标准，从而使这一标准不再适用。例如，当经济环境变差时，大量做慈善的企业面临资源的萎缩，会减少或停止慈善活动，使得手段标准、能力标准和效果标准不再适用。因此这些标准无法稳定地识别社会企业。一个具有较高适用稳定性的判定标准需要包括这样的内容，即它使企业的社会使命优先性不会轻易因为内部和外部环境的变化而遭到减损。因此，社会使命稳健性标准具有内在的适用稳定性。

上述讨论的结论是，有效的社会企业判定标准应该是一种机制标准，而非行为标准。机制标准能够做到适用于不同的情境，区别真实与虚假社会企业的内在组织系统，并且充分考虑到环境变化对组织使命可能带来的冲击。人们常说听其言、观其行。然而，判断社会企业的本质需要关注组织的内在机制，而不是外在言论和行为。想要了解一个企业是否是社会企业，我们不能仅仅看它是否正在解决社会问题，用何种手段解决社会问题，以及有多大的能力和意愿解决社会问题，而是看它是否需要社会使命稳健性机制，以及是否具有这种机制。一家需要社会使命稳健性机制的企业往往是那些会因为社会使命漂移而付出高昂的经济、社会声誉、法律等方面成本的企业。从这个意义上讲，社会企业是一种“需要具备社会使命稳健性机制，并且切实具备这种机制的组织”。

三、如何保障社会使命稳健性

社会使命稳健性描述的是一个组织的决策方式和组织资源的方式对于社会使命的专注程度。想要准确地评估一个人或一个组织对于价值观念的专注或忠诚程度是十分困难的。一方面是因为组织的使命和价值观往往是高度抽象和具有包容性的。不同的人（或同一个人）在不同情境下可以用不同方式去解读，并且听上去都有道理。这就为判断一个组织是否在服务于它的使命造成了困难。另一方面组织往往是高度适应性的，会随着各种因素的变化而调整它的使命和目标。一个僵化教条的、无法与时俱进的组织使命会成为组织持续发展的巨大障碍。那么如何判断一个组织在多大程度上专注于它所声称的社会使命呢？尽管有这些困难，我们仍可以从前人的经验中得到启示。例如，托马斯·C. 克拉克（Thomas Campbell Clark），1949—1967 年担任美国最高法院大法官，他曾说：“检验一种对终极存在（如上帝）的信仰的标准，就是看这种真诚而有意义的信仰是否……在信仰者的生活中占有重要的地位。”[①] 这段话阐释了克拉克认为在评估一个人对于某种价值信念的忠诚程度时，可以采取的恰当方式。这对于我们评估一家社会企业对其所声称的社会使命、价值观或信念的专注程度时也具有参考价值。把托马斯的话翻译到社会企业的语境中就是评估一个社会企业社会使命稳健性水平的关键标准，是要看这种使命在多大程度上在组织的日常活动中占有重要的地位。

社会企业需要具有一种机制来建立、保障和表达社会使命在组织当中的核心地位。我们称为“社会使命稳健性机制”。社会企业与许多商业企业的区别在于它是靠机制而非企业家的初心和情怀来约束社会使命漂移的风险。对社会使命稳健性的评估也就是对稳健性机制的识别与分析。社会使命稳健性机制包括“权利分配机制”和“价值创造机制”。权利分配机制是指通过设置组织权力、利益和责任的分配规则来减小社会使命漂移的可能性。例如，通过建立具有包容性和参与性的治理结构来实现多元利益相关方对组织活动的监督，通过限制利润分红比例以及设置清算时的资产锁定原则来保障资源被用于服务社会使命等。权利分配机制是依靠对权、责、利的结构性安排来保障社会使命的优先性，因而是一种“结构型机制”。价值创造机制是指通过设计和实施创造社会与商业价值的组织过程来减少使命漂移的可能性。组织通过对商业模式、价值链活动以及组织决策和运营过程的设计与实施来保障社会使命的优先性。价值创造机制因此是一种“过程型机制”。

权利分配机制相对简单易懂，往往从组织披露的公开信息和组织文件中就可以获取相关信息，而不必要深入组织内部进行调研。由于其清晰明确、

---

① 塞库洛．美国大法官的法理及信仰［M］．牛玥，罗琴，高永涛，等译．北京：中央编译出版社，2011.

标准统一、容易获取和量化等特点，这种机制成为国内外常见的用来判定社会企业的标准。但权利分配机制无法触及组织的实际运行情况，因此对评估社会企业的运行质量、可持续发展能力以及社会使命在组织活动中占据的地位等方面效果十分有限。相比权利分配机制，价值创造机制能够更加准确地体现社会使命在组织活动中的地位。但由于这种机制是嵌入在具体日常活动中的，往往只有通过深入了解组织的实际运行情况才能识别和分析，对这种机制的评估和使用因而更加复杂、成本更高。然而，对于真正关切社会企业可持续发展能力的创业者、管理人员、投资者或政策制定者而言，识别和分析价值创造机制是准确评估社会使命稳健性的更好途径。

这里介绍五种价值创造机制。需要提醒读者的是，国内外对于社会使命稳健性机制的研究才刚刚起步，对这些机制的理论完善和实践检验还在过程之中，实践中的机制也应该不限于这五种。下文的讨论并不能得出这些机制必然使社会企业发展得更好的结论，而是为了探讨这些机制在保障社会使命稳健性时可能起到的作用。读者可以把这些机制作为参考依据来评估一家社会企业的社会使命稳健性水平。

价值创造机制能够从以下几个方面来保障社会使命稳健性：①增加组织社会使命漂移的成本；②增加组织专注于社会使命所能带来的收益；③结合上述两点，组织可能形成社会使命稳健性的良性循环，也就是越专注，越更容易专注，越更不容易漂移。

五种价值创造机制包括以下内容：①利益相关方影响统合性；②社会价值创造的常规性；③社会价值与商业价值的协同效应；④社会使命导向的决策模式；⑤社会价值创造的系统性。下面我举例说明这些机制。

利益相关方影响统合性是指一个组织创造商业价值和社会价值的活动所造成的外部影响是协调一致的，而不是相互矛盾或相互减损的。美国洛克菲勒家族在 20 世纪伊始提出“慈善如营商”（the business of benevolence）的观点，划时代地提出一系列开展慈善活动的原则与方法，如“只给具有良好履历的机构资助”“接受资助者必须具有关于如何花好每一分钱的规划”“资助的目的是帮助受助者最终自立”，等等。这些原则成为直到今天公益慈善和社会创新领域仍然在沿用和发展的工作标准。1913 年，洛克菲勒基金会成立，成为近代公益慈善和基金会历史上的标志性事件。1914年，洛克菲勒家族资助建设北京协和医学院。这是当时全世界最先进的医学院。然而，就在1914年，洛克菲勒的企业发生了被称为美国历史上最血腥劳资冲突的“勒德洛大屠杀”或“科罗拉多煤田战争”。洛克菲勒旗下的科罗拉多燃料和制铁公司位于科罗拉多的勒德洛地区，有着非常糟糕的劳工待遇和安全记录。上千名矿工及其家人住在工厂外面的帐篷里进行抗议，要求改善待遇和工作环境。公司出动了配备装甲车和重机枪的雇佣兵，并且招来国民警卫队进行镇压。一天晚上，公司警卫点燃了帐篷区，造成26人死亡，包括13名妇女和儿童被烧死。数名矿工领袖被处决。这导致在矿工和公司私人军队之间展开了为期数月的游击战，造成了200多人丧生。我们该如何看待洛克菲勒在历史上这一慈善领袖和冷血商人的双重面孔呢？这是个极端的例子，但它说明了一种普遍存在于商业企业中的问题。

美国弗吉尼亚大学达顿商学院教授爱德华·弗里曼（Edward Freeman）提出了“割裂谬误”（separation fallacy）的概念。割裂谬误原本是指人们在做商业决策时不考虑伦理因素，认为二者无关。而实际上这是一种谬误，因为二者在理论和实践上都是不可分割的。本文借用割裂谬误的概念来描述以下情况：一个组织在组织结构、战略、决策过程以及日常经营中，由于缺少恰当的机制将组织创造商业价值的活动与创造社会价值的活动所产生的利益相关方影响协调一致起来，从而造成对不同利益相关方的影响相互矛盾和相互减损的局面，损害了组织持续发展的能力。利益相关方影响相互矛盾的例子正如洛克菲勒的企业在历史上同时出现大行善举和侵犯劳工权益的情况；相互减损的例子正如一家企业通过压榨供应商的方式来为消费者提供物美价廉的产品。割裂谬误反映出组织的优先目标是追逐和保护其商业利益，而不是创造社会价值或解决社会问题。一家自我标榜社会企业的组织，无论在创造社会价值和承担社会责任上表现得多么投入和诚恳，如果它的社会活动和商业活动所产生的影响不一致，说明它缺乏内部统合机制（如结构、战略、系统、文化等层面的机制）来保障组织内部的不同组成部分和不同制度体系一致地支撑其所声称的社会使命优先性。

洛克菲勒虽然强调慈善如营商，但他的企业在营商部分的优先目标是追逐商业利益。如果企业的本质是逐利，就很难避免商业活动和社会公益活动所产生的影响出现割裂。我们举洛克菲勒的例子，并不是认为洛克菲勒企业是格外恶劣的企业，更不是要用社会企业的标准要求这家商业企业。洛克菲勒在他所处的历史时期可以说是公益慈善创新的先驱，一系列危机事件也促使洛克菲勒进行反思和做出企业管理上的重大改进。我们需要认识到，割裂谬误对于商业企业是一种常态，这深深根植于人们长久以来认为商业企业的首要责任是追逐利润最大化的信念当中，也根植于认为商业利益和社会价值难以调和、此消彼长的认识中。但在社会经济结构和人们思想意识发生了剧烈变化的今天，商业向善和社会企业正在成为可行的和人们所期待的营商形态，割裂谬误愈发显得不合时宜。作为一家社会企业，或一家希望在新的制度环境中实现可持续发展的商业企业，需要做到利益相关方影响的统合性，降低割裂谬误所带来的组织、社会和法律风险。在促进这一统合性的过程中，组织会因为商业活动被要求服务于广泛的利益相关方，以及被要求和社会活动的目标保持一致，从而使得组织的社会使命稳健性得到进一步保障。

社会价值创造的常规性是指一家组织通过核心商业模式和日常经营活动来创造社会价值。当组织创造社会价值的活动主要服务于领导人的个人偏好，或作为管理公共关系的工具，或作为临时应对危机的手段，而没有嵌入到组织的商业模式和日常活动中去，那么社会使命的优先性很难得到保障。我们来看看获得 2006 年诺贝尔和平奖的孟加拉格莱珉银行（Grameen Bank）如何将社会使命融入它的获客方式之中。格莱珉银行在孟加拉不允许新建的分行在第一年内就发展超过 100 个贷款者。只有当一家分行的头 100 笔贷款完全得到偿还后才能获准加速运作。每一名经理都清楚他们在一个地区建立分行的首要任务不是扩张业务，而是深入了解当地的贫困人群和风俗文化，从而有效地识别和服务真正的穷人。当经理人员来到一个新的地区开分行，他们没有办公室、没有住的地方、没有可以接头的关系。格莱珉银行避免为他们提供舒适的资源，从而使他们在穷人的眼中不同于一般的银行职员和政府官员——那些人通常受到热烈欢迎和盛情款待，并下榻在富有的村民家里。格莱珉银行的员工刚到一地时可能住在废弃的空房子或学校招待处，而且必须为住宿付费。他们被禁止去富人家赴宴。分行经理与副经理每天要步行若干公里会见村民，向他们讲解组成借贷小组的程序，以及格莱珉关于“只接受最贫困人群”的政策。村民们常常不相信这些谦恭的访客是银行的官员，他们不相信任何有硕士学位的人会在如此贫困的村子里工作。

这些组织制度的安排是为了使社会使命体现在与客户打交道的细节之中，并经由这些细节得到保障和强化。优秀的社会企业常常是那种，当你看它商业模式的核心元素如客户定位、产品和服务的提供方式、定价策略、对成本和收益的界定方式、对资源提供方的选择时，能够感觉到是社会价值扑面而来的组织。优秀的社会企业也是那种，不需要听其长篇大论，而是通过观察员工的日常行为和选择就能清晰感受到其社会使命的组织。这种组织的社会使命优先性很难改变，因为保留和强化这一优先性可以从员工认同、社会声誉、利益相关方支持等各个方面为组织带来竞争优势，而改变这一优先性不仅意味着优势的丧失，也将是一种组织成本极高的变化，并意味着对自我身份认同的颠覆。

社会价值与商业价值的协同效应是指以解决具体社会问题为核心来设计商业模式，从而使得社会价值和商业价值相互促进。为了保障社会使命的稳健性，社会企业的商业模式不应该仅是用来为创造社会价值的活动提供资金，而是需要做到一种价值的创造能够促进对另一种价值的创造。美国的眼镜设计、制造和销售企业 Warby Parker 是认证共益企业（B Corp），也是一家社会企业。Warby Parker 在 2015 年由著名商业媒体 *Fast Company*（《快公司》）评选出的 50 家创新公司中超越了苹果公司位居榜首，也是美国增长速度极快的初创企业之一。公司成立于 2010 年，2011 年 7 月获得 150 万美元投资，同年 9 月获得 1200 万美元投资，2013 年 1 月获得 4150 万美元投资并估值 1 亿美元，2013 年 12 月获得 6000 万美元投资，2015 年 4 月获得 1 亿美元投资并估值 12 亿美元，2018 年 3 月获得 7500 万美元 E 轮投资。Warby Parker 的眼镜由知名设计师设计，时尚和多样化程度同顶级时尚品牌不相上下，价格则是后者的 1/3 或更低，从包装到质量都力图实现超出消费者预期的高性价比。公司进行一系列商业模式创新，例如，首推网上人脸—眼镜匹配系统，精准的社交媒体营销，贴心的试戴策略（寄送多副眼镜供试戴并免费收回）等。

但这些不是 Warby Parker 的全部。这家公司倡导的社会使命：解决和眼部疾患有关的全球范围内的教育、健康和贫困问题。首先，公司通过买一副捐一副的方式在全球贫困地区投送眼镜，也就是每个月根据眼镜销量把同等数量的眼镜发放给在世界各地与之合作的非营利机构和社会企业。目前公司已经发放超过500万副眼镜。其次，公司通过这些合作伙伴为当地人群宣传眼部护理知识。再次，公司通过低价供货和培训的方式帮助人们创业摆脱贫困。进而，公司培训这些创业者为贫困人群提供宣传以及基本眼部护理和治疗服务，在全球贫困地区开展眼部保健的社会运动。同时，Warby Parker已经成为全球唯一实现“碳中和”的眼镜品牌。Warby Parker的社会企业属性吸引了数量庞大的年轻粉丝、时尚消费者、社会责任消费者。影视明星、社会名流、时尚达人、顶尖设计师等免费代言和提供专业支持。这些因素帮助公司打开了“社会价值—商业价值—社会价值”相互促进的螺旋上升通道。大部分商业企业乐于拿出部分商业资源创造社会价值，但很难做到真正通过创造社会价值推动商业业务的发展，从而难以形成两种价值的协同效应。部分原因在于，与商业模式脱节的社会价值创造活动难以调动资源提供者的信任和支持。形成协同效应的更可靠方式是基于社会使命来设计和实施商业模式，使商业价值成为社会价值的延伸，而不是反过来考虑如何在现有商业模式的基础上多创造一些社会价值。当协同效应得以形成，社会使命会变得十分稳健，因为社会使命漂移的成本会高于收益。

社会使命导向的决策模式是指组织以最优化实现社会使命为首要目的来进行决策。这意味着在决策函数等式的右侧是社会使命或预期的社会价值，而等式的左侧是一系列可能影响社会使命的要素，诸如原材料成本、人员管理、目标市场定位、技术投入、外部投资等。当组织的内外部环境发生变化（如原材料成本大幅上升），组织难以通过现有的要素组合方式来持续追求社会使命时，社会使命优先的决策模式要求调整或重新组合这些要素，如降低成本、激励员工、调整市场定位、技术创新等，从而保障组织能够在财务可持续的情况下最优化地接近社会使命。于此相反的决策模式是将商业价值放到决策函数等式的右侧，而把社会使命放到左侧作为服务于商业目标的要素之一。在遇到困难情况时，组织会通过牺牲社会使命的方式实现最大化创造利润。格莱珉达能的例子说明了什么是社会使命导向的决策模式。这是一家由孟加拉国格莱珉信贷银行（Grameen Credit Agricole）和法国达能食品集团的社区基金会（Danone Communities Fund）合资建立的社会事业（Social Business）。格莱珉达能成立于2007年，为孟加拉国营养不良的儿童提供酸奶产品。一杯80克售价约5塔卡（合3角3分人民币）的酸奶，可以满足一名儿童一天所需维生素A和铁、锌、碘等微量元素的30%。到2012年，每日销量由5000杯增长到8.7万杯。由于牛奶等原料价格的大幅增长，格莱珉达能突然面临艰难的选择。是大幅提价，把市场重点转移到城市富裕人群，还是进行大量补贴以牺牲财务持续为代价继续服务贫困人口？对于要求持续创造社会和商业双重价值的社会企业，这些选项都不可行。在科研人员和管理团队的努力下，格莱珉达能通过改进配方、改变包装和配送方式，使得价格小幅提高到贫困人群可以接受的6塔卡（约合4角人民币），包装容量缩小到50克，但仍然满足儿童一天30%的营养需求。得益于坚持这种以社会使命为核心考量的决策方式，格莱珉达能在孟加拉国的乡村酸奶市场上逐渐独占鳌头。

能否在困境面前坚持社会使命导向的决策模式是对社会企业的一大挑战。一个组织的价值观是由组织在困难面前作出的选择来塑造的。企业社会责任并不要求企业坚持社会使命导向的决策模式。商业企业大可在困难局面下削减或停止社会责任活动。与此不同，社会企业一方面不能放弃财务绩效而蜕变成依赖捐赠的慈善机构，另一方面更不能通过社会使命漂移来实现财务增长。社会企业必须在社会使命和商业目标之间取得平衡，同时在各种条件限制下最大限度地实现社会使命，商业目标则可以灵活调整。这种社会使命导向的决策模式能够有效保障社会使命的稳健性，也是社会企业和承担社会责任的商业企业之间的一个根本不同。

社会价值创造的系统性是指组织对全价值链进行整体设计，从而在价值链条的多个环节上最大化地创造社会价值。格莱珉优衣库（Grameen-Uniqlo）是一个典型例子。格莱珉优衣库是亚洲第一服装品牌日本迅销公司（Fast Retailing）和孟加拉国格莱珉银行在2011年合资建立的社会事业。截至2018年年底，格莱珉优衣库在孟加拉国达卡共开有15家店。这家公司在产品设计、原料采购、生产制造、销售等各个价值链环节上最大化地创造社会价值。公司针对孟加拉国的社会问题设计服装。如孟加拉国是洪水高发地区，由此带来的血吸虫病成为严重的社会问题。格莱珉优衣库在布料选择和设计工艺上下功夫，设计出成本低廉又能防止血吸虫侵入皮肤的防水服装。该公司采取就地采购的模式，避免由于长途运输带来的环境污染和能源消耗问题。该公司采取就地生产和雇用的模式，在当地建立小型工厂，最大限度雇用当地居民解决就业问题，并为员工提供从营养保健教育到小额信贷的多种服务，帮助他们尽快摆脱贫困。格莱珉优衣库还在销售时推出公益T恤品类，销售收入全部捐献出来用于扶贫事业。公司销售利润不是用于股东分红，而是由董事会决定如何再投到产生社会价值的活动中去。这种在全价值链上系统地而非零敲碎打地创造社会价值，使得各个部门、层级和地区的组织成员对社会使命形成一致的认识和高度的认同。这一方面能够最大限度地实现企业的社会使命，另一方面显著提高了社会使命漂移的成本。

五种保障社会使命稳健性的价值创造机制对组织的决策和执行能力有着不同的要求。这些机制侧重于不同的组织活动，例如，利益相关方管理、组织制度体系设计、商业模式设计、决策模式的设计与实施、价值链条活动的设计等。同时这些机制之间又有着深层次的内在联系，如把社会使命嵌入到商业模式和日常业务活动中有利于增强对利益相关方影响的统合性，在全价值链上系统地创造社会价值有助于发掘在社会和商业价值之间形成协同效应的机会。保障社会使命的稳健性并不要求一个组织同时采用所有稳健性机制，因为同时采用所有机制会是一个十分复杂的过程，也并非所有机制都适用于全部社会企业。尽管如此，我们鼓励一个组织努力建立和维系至少一种稳健性机制，这将使该组织的社会使命优先性得到远较于没有稳健性机制时更有效的保障。

四、结语

本文的主要观点：社会使命稳健性是社会企业与商业企业的一个核心区别，也是判定社会企业的一个核心标准。两个很重要但本文无法回答的问题：社会使命稳健性与组织的商业绩效之间是怎样的关系？社会使命稳健性较强的社会企业与社会使命稳健性较弱的社会企业相比，拥有社会使命稳健性机制的社会企业与商业企业相比，是否在获取资源、规模化、持续经营等方面具有竞争优势？一些人的回答是否定的。如有人认为社会企业比商业企业更难做，存活率更低。有人认为社会企业发展好了也就变成商业企业了，社会企业只是一个过渡阶段。

与这类观点不同，本文提出的假设是社会使命稳健性可以为社会企业带来竞争优势。例如，清晰和专注的社会使命相较于不清晰和游移不定的社会使命，更可能转化为企业的社会资本，包括利益相关方对企业的高度信任，以及基于信任形成的支持性的社会结构（如集体身份和对行为的共识）和稳定的互惠关系。这种社会结构和互惠关系可以帮助企业获得深入、持久的来自客户、员工、商业伙伴、媒体、供应商、政府等方面的支持。社会资本也可能在企业遇到财务和声誉等方面的危机时起到关键的保护作用。

社会使命向社会资本的转化可能通过至少以下两个过程来实现。

首先，社会使命稳健性机制使得组织对不同利益相关方展现出来的形象和其使命相一致，并且清晰可信。我为什么需要你和相信你？这是所有初创企业要回应的核心问题。一种产品或服务切中社会的痛点，满足社会的刚性需求对于企业初始阶段的成功固然重要，但企业的持续发展需要累积有效的社会资本。社会资本不是靠企业说出来的，也不是靠评奖评出来或媒体报道出来的。它是通过用社会使命来指导组织发展的各个方面而实现的，包括产品研发、员工管理、客户定位、营销、定价、合作伙伴选择、组织文化建设等。也就是说，社会资本是靠在日常行为的各个方面持续呈现出清晰和一贯的组织形象，从而塑造牢固的利益相关方预期而逐渐形成的。组织在面临困难和诱惑时的选择会强化或弱化正在累积的组织形象。许多企业看似有清晰而坚定的社会使命，但是缺乏淘汰可能弱化这一使命、强化可以凸显这一使命的行为能力，也就是缺乏社会使命稳健性机制。这样的企业很难建立起有效的社会资本。

其次，利益相关方围绕企业的社会使命形成集体身份，并认同于这一集体身份，是另一个重要的建立社会资本的过程。这里的关键问题是，利益相关方是否把企业的使命看作是大家共同的使命，并愿意为之做贡献？你的员工是否理解你的使命？你的客户和业务伙伴是否不仅仅是和你做生意，而更是因为在做生意的同时能帮助解决社会问题而感觉很好？如果一个企业能够把“我”的使命变成“我们”的使命，那么在其他企业难以获得资源时，它就可能更有效地获得资源，也可能更有效率地扩张。实现这种转变的前提条件是组织具有稳健的社会使命。

一个组织是否可能因为它是社会企业，具有稳健的社会使命优先性而做得很成功？有哪些因素会影响社会使命稳健性和组织成败之间的关系？又有哪些机制在起作用？这些问题有待研究和实践来回答。

企业篇

企业社会创新：演进、机理及路径选择

□ 吴绒　叶锐 *

● **摘　要**

企业社会创新（CSI）是以企业社会责任（CSR）为基础的新型商业模式，企业通过践行产品功能创新、公益组织创新、生态流程创新等活动，实现企业核心业务与社会责任的深度融合。本文通过梳理 CSI 理论研究成果，探索 CSI 维度与内涵，揭示 CSI 三阶段演进，分析 CSI 演进的驱动因素及其作用机理，最后提出 CSI 路径选择。研究表明，在企业内外部环境驱动因素的协同作用下，通过价值共创载体（产品—公益—生态）和价值共创主体（企业—顾客）的重构，形成 CSI“价值洞察→价值创造→价值传递与转化”三个阶段演进，最终实现 CSI 共创商业价值和社会价值目标。

● **关键词**

企业社会创新；企业社会责任；价值共创；驱动因素；路径选择

企业社会责任（Corporate Social Responsible，CSR）大多数都关注与商业无关的社会或环境问题，诸如植树扶贫、赞助希望小学、提高成人技术素养等这类传统做法。这些做法的社会责任和核心业务是相互独立的，即公益事业与商业分离，导致改善企业运营环境（或其竞争环境）的效果不佳。企业试图在社会责任与商业两者之间创造人为的重叠，但他们还没有找到真正融

* 作者简介：吴绒，哈尔滨商业大学管理学院教授、硕士研究生导师；叶锐，哈尔滨商业大学管理学院企业管理专业硕士研究生。

合的方法。

领先的公司试图转向企业社会创新（Corporate Social Innovation，CSI），期望在提升企业效益的同时，与利益相关者合作，共同为社会提供商业解决方案。从通用电气（GE）到可口可乐（Coca-Cola），再到旅行者保险（Travelers Insurance），各行各业的公司都开始意识到社会创新的力量，将其视为推动业务增长的一种战略。CSR已不足以满足企业可持续经营的需要，企业必须向CSI模式转型。

一、企业社会创新的内涵

1999年，Kanter最早提出CSI的概念，指出CSI是利益相关者创造和传递价值的一种新的创新范式。企业在产品、流程和商业实践三个层面开展CSI活动，可以有效消除社会问题，达到价值最大化。买生等（2012）基于科学发展观，将CSR划分为市场责任、社会责任、环境责任和科学发展四个维度。Peloza等（2011）将CSR解构为产品、公益和商业实践三个维度：产品维度关注企业所创造的价值属性及其与价值属性相关的产品属性；公益维度关注企业实践组织方式和互动方式的价值传递；商业实践强调企业在生态保护治理机制方面的价值创造。CSI是在CSR实践中引入创新能力，可表现为上述三个维度的不同创新资源：提出产品新的功能，引入新的公益组织方式，引入新的生态治理手段。

本文认为，CSI是将CSR融入商业运作中，通过商业运作和创新手段，在解决社会问题的同时，收获经济回报，实现企业与社会双重价值的一种商业创新模式。

二、企业社会创新演进

本文从价值共创的“价值洞察→价值创造→价值传递与转化”三个阶段探究CSI的演进。

（一）价值洞察：基于内外部环境挖掘产品功能及顾客价值

CSI价值洞察阶段，价值共创的载体是产品，企业依靠强大的研发能力、资源控制率，以卓越的品质、合理的价格立足于国内外市场。通过内部优化降低生产成本，重点强调产品的功能特性，产品收入成为企业盈利的主要来源，顾客是这些产品的被动接受者。价值共创主体是企业，价值创造方式趋于单一、线性和静态，整个价值创造过程的目标仅为企业盈利，没有考虑顾客具有的主观能动性，亦没有将顾客纳入价值共创体系，更忽视了顾客体验互动等蕴藏的无形价值。企业通过技术转移和嫁接快速完成产品创新，并为更高层次、核心技术突破与升级提供了必要条件，如创新方向逐步确定，技术能力不断积累，以及技术、市场、政策等创新要素的逐步成熟。同时，该阶段的 CSI 相对简单化且具有“脆弱性”，其创新产品的单一性难以应对技术、市场、政策环境的不确定性。基于价值洞察的启动阶段是 CSI 不可或缺的一环，也为下一阶段的演进奠定了基础。

（二）价值创造：以顾客价值导向为核心构建竞争优势

CSI 价值创造阶段，价值共创的载体仍依靠产品，但由于顾客需求和市场环境变迁，企业意识到自身消除社会问题的重要性，价值共创载体也稍做调整，演变为产品、公益双重结构。一方面，企业通过完善产品种类、提升产品功能，并提供一系列售前、售中及售后服务方式来差异化产品。在社会问题日益严峻的情况下，企业开始将公益作为解决社会问题、满足社会需求的重要工具，以此获得顾客的支持与鼓励。企业通过公益组织创新与顾客体验互动，而公益组织创新不仅是改变组织规则、流程、程序、制度等显性资源，而是彻底改变代表组织属性或认知层面的组织惯例，促使顾客认知和行为发生改变，顾客认知的改变则是促成公益组织创新的关键之处。另一方面，企业开始意识到顾客在整个价值共创过程中的能动作用，并开始重视顾客体验价值。企业通过差异化产品，丰富产品的市场营销策略来提升顾客的消费体验，最大限度提高产品的使用价值，从而增强顾客黏性，赢得顾客信任，其价值共创主体也由企业向顾客过渡。这一阶段的演进致力于企业产品系列化开发，建立良好声誉和品牌形象，形成市场竞争优势，从而促进价值共创的实现。

（三）价值传递与转化：基于核心能力优化实现价值网络可持续发展

CSI 价值传递与转化阶段，由强调产品主导下的各类主体协同，转化为以企业为代表供给主体和以顾客为代表需求主体的协同升级，核心能力协调一致，构建以“产品研发与创新、社会公益、绿色产业链”三位一体为核心的市场营销模式。基于价值传递与转化的可持续发展阶段致力于推动CSI迈向成熟稳定，强调创新与需求的对接以及顾客体验主导下的创新。从价值创造载体来看，企业由单一的“产品化”思维转变成“产品、公益、生态”多元化发展思维。从价值共创主体来看，供需之间价值创造主体发生了重构，企业不再是唯一的价值创造者，顾客也不再是单纯的价值消耗者，而是价值的共创者，企业与顾客共同创造价值。通过价值共创方式，顾客作为需求端代表融入CSI主体中成为价值创造的共同体，企业应该根据顾客需求提出相应的价值主张，然后整合利益相关者进入价值共创网络，通过互动连接及共享资源，更好地传递和转化出顾客能够感知的价值。企业价值目标的实现取决于如何更好、更有效率地满足顾客需求及提升顾客体验，在为顾客创造和传递价值的过程中谋求自身商业价值。

综合CSI三阶段演进，可以看出价值共创载体由产品单一化逐步演变为“产品、公益、生态”多元化，价值共创主体由企业向顾客需求主导下的企业供给端与顾客需求端协同演进。CSI在不断整合内外部创新资源基础上，创新方式由“机械化”向“有机化”不断演进。CSI是打破企业原有边界的开放式创新，已经远超出CSR应当负担固有社会责任和简单的公益，而是更加考虑多重底线，协同多方利益，提供更多价值的商业模式，更加注重吸纳企业外部资源、协同企业内部资源的共同创新。

三、企业社会创新机理

（一）驱动因素

依据Amit等（2001）相关研究，CSI过程中的新颖性、互补性和效率性等内部特征之间的相互作用，推动了商业价值和社会价值的逐步形成，促使CSI不断演进升级，驱动企业与顾客共创双重价值的目标。其中，新颖性强调利用新产品、新流程和新体系为企业和顾客创造价值，其背后体现了创新性；互补性是发挥价值网络各成员所拥有资源能力的协同效应来提供价值，其背后体现了整合性。依据 Mirvis 等（2016）相关研究，雇员参与、新兴合作模式以及 CSR 的局限性这些外部因素的相互作用，推动企业进一步开展 CSI，创造出更大的商业价值与社会价值。其中，雇员参与、新兴合作模式、CSR 局限性在 CSI 演进过程中分别体现为多方参与性、开放性和超社会责任性等外部特征。因此，本文将 CSI 演进的驱动因素概括为两大环境动因：整合性驱动、创新性驱动和效率性驱动三大企业内部环境动因；多方参与性驱动、超社会责任性驱动和开放性驱动三大企业外部环境动因。

1. CSI 演进的企业内部环境动因

（1）整合性驱动。

整合性是指企业识别、获取、配置 CSI 资源，并通过协同性整合及运用各类创新资源构建竞争优势的能力。企业重新构建组织架构能够提升资源管理能力，进而增强应对外部市场变化的能力，发挥价值网络组织各成员的资源协同效应，提升企业竞争优势。

在“价值洞察”→“价值创造”过程中，协同性整合产品功能与公益组织等创新资源。一方面，实现横向资源整合，即在现有产品种类、服务功能和技术的基础上，通过对顾客需求和消费理念变化的识别与分析，驱动企业进行产品与服务的升级，培育新的产品品牌和异质资源能力。另一方面，实现纵向资源整合，即调整公益组织结构，通过实行顾客体验的价值共创公益营销理念，提升企业社会绩效。在“价值创造”→“价值传递与转化”过程中，进一步加强资源协同整合效应。基于企业整合能力和价值共创营销策略，打造“品牌多元化、公益平台化、产业链绿色化”等战略体系，促进组织间产品、公益、生态等各类资源的整合程度。可见，推进 CSI 进程中整合和培育新的资源与能力，有助于企业拓展市场边界与资本，不断提升其内在与外在的资源或能力整合性才能发挥协同增值效应，为 CSI 实现提供可能。

综上，企业通过加强纵横向资源整合，实现产品、公益、生态等创新资源和能力的协同，提升组织间创新资源的互补性。因此，整合性越高，越有利于 CSI 演进，其作用机理可以概括为提升整合性→创新资源协同效应→ CSI。

（2）创新性驱动。

创新性是指 CSI 的构成资源及相关关系的创新程度。CSI 产生于高度动态化的市场环境，其内涵及架构与传统CSR不同，面对新的社会情境和新的商业机会，企业必须对内部创新资源及其连接范式进行革新，灵活应对不一致冲突，把握市场机会，提升创新性驱动CSI。

在“价值洞察”→“价值创造”过程中，首先，识别市场机会，树立企业产品价值定位，专注于企业产品类型；其次，拓展现有业务，提供创新功能的产品，进一步巩固多元化的产品结构。在“价值创造”→“价值传递与转化”过程中，更新品牌价值主张；提供创新的产品及服务，逐渐形成丰富的产品功能链；重新与顾客建立新的关系，完善顾客体验渠道，构建线上线下品牌粉丝社群，形成顾客参与互动的新方式。

综上，企业通过加强创新性，革新产品种类与功能，组织自身定位、业务范围、互动关系等资源，形成企业竞争优势。因此，创新性越高，越有利于CSI演进，其作用机理可以概括为提升创新性→竞争优势构成→CSI。

（3）效率性驱动。

效率性是指为实现交易成本的降低和运营效率的提高，组织通过增强各项活动之间的交互作用，以提升组织适时反应能力，获取最大的投入产出比，从而改善企业绩效。表现为减少信息不对称，优化组织结构及运营流程，提高资产利用率及降低成本的能力。推动CSI所形成的价值结果反映了企业的效率性驱动。

在“价值洞察”→“价值创造”过程中，“互联网+”思维结合大数据等技术，提高资产利用及服务效率。一方面，通过搭建大数据雷达平台，扫描、抓取顾客存留于线上线下各类场景中的数据。另一方面，针对大数据分析和解读，形成涵盖品牌资产管理、顾客洞察、产品设计、媒介策略、渠道管理等方面专业、精准的定制化服务生态体系，有效提升各项工作效率，满足顾客个性化、差异化的多层次需求，提升顾客满意度。在“价值创造”→“价值传递与转化”过程中，整合线上线下渠道，简化生产中间流程，提升响应速率，实现多元供需的快速匹配，强化效率性。

综上，企业通过加强效率能力，优化组织结构，引入新兴信息技术，减少不必要的中间环节，快速匹配供需和提高运营效率等措施，提升自身CSI效率性。因此，效率性越高，越有利于CSI演进，其作用机理可以概括为提升效率性→组织整体运营能力→ CSI。

2. CSI 演进的企业外部环境动因

（1）多方参与性驱动。

多方参与性是指组织跨越企业边界构建基于各个利益相关者连接互动的网络关系，吸引参与者进入价值网络，进一步扩大网络规模以创造价值。CSI 通过形成以顾客和企业的互动连接为核心，构建顾客、企业及供应商、合作伙伴等利益相关者持续互动、合作、交易的网络组织结构，获得商业价值与社会价值。

在“价值创造”→“价值传递与转化”过程中，企业构建顾客参与、互动的共赢互利生态圈。一方面，满足顾客对产品消费需求的同时，通过社区、企业、媒介等渠道传播绿色消费理念。另一方面，连接顾客、完善服务体系、建立情感联系以提高顾客体验价值。基于“产品创新”“社会公益”“产业链共赢”等可持续发展体系为顾客提供全新体验与价值创造方式，增强顾客与企业的连接、互动程度，强化价值网络关系，提升了多方参与性。

综上，企业通过提升价值网络成员参与性，重构交易流程，完善顾客体验以及获得价值网络效应等措施，提升自身 CSI 参与性。因此，参与性越高，越有利于 CSI 演进，其作用机理可以概括为提升多方参与性→价值网络效应→ CSI。

（2）超社会责任性驱动。

超社会责任性是指 CSI 不仅承担法律和道德义务，而且要考虑多重底线，同时协同多方利益，提供有价值的创新性解决方案，这是企业的一种长期战略性投资。依靠低成本、销售环保产品，重塑社会关系，建立公众和顾客的信任，呈现良好的公众形象，这些举措将给企业带来巨大的商业价值与社会价值。

在“价值创造”→“价值传递与转化”过程中，颠覆传统意义上的 CSR，建立可持续发展的企业责任创新体系。一方面，围绕产业链参与企业融资难、慢、贵问题，搭建专门服务于上下游合作伙伴的融资平台，探索出以“核心企业承担实质性风险责任”为特色的产融结合模式，带动产业链成员持续发展。另一方面，依托线上线下服务，向顾客讲授专业知识，优化顾客体验渠道。企业将核心业务与社会责任相结合，在解决社会问题同时将其蕴藏的社会价值转化成商业价值，能够驱动 CSI 水平提升。

综上，企业通过颠覆传统 CSR，构建新型的社会责任价值网络，与产业链成员价值共创共享，推动产业链的可持续性发展。因此，超社会责任性越高，越有利于 CSI 演进，其作用机理可以概括为提升超社会责任性→责任升级可持续→ CSI。

（3）开放性驱动。

开放性指 CSI 是一种打破企业原有边界的开放式创新，企业重新审视顾客以及市场的需求新变化，注重吸纳企业外部资源以及协同内部资源共同创新。随着社会和环境问题的日益加剧，企业从关注内部的经济效益转向协调外部资源以促进可持续发展，从内部削减成本、减少组织层级和价值提取重组转向开发具有社会价值的新产品 / 新服务以及发掘新市场，实现多边共赢。

在“价值创造”→“价值传递与转化”过程中，构建开放式创新平台，细分市场实现价值共创。一方面，联合相关企业搭建“创客 + 顾客”共创交互式的产品平台。顾客借助互联网技术，通过需求表达、产品咨询、交互测试等环节，参与到创新产品研发的行列；而创客则透过需求洞察、产品研发、推广测试成为创意实施者。另一方面，基于对顾客需求的充分认识，企业细分市场领域创造价值新渠道，满足特定顾客个性化需求。因此，开放性驱动为企业把握市场变化、洞察消费趋势提供方向，将社会问题中隐藏的社会价值挖掘出来并转化为商业价值，形成新的盈利模式。

综上，企业通过吸纳外部资源，挖掘细分市场、开拓潜力消费群以及优化盈利模式等措施，不断提升自身 CSI 的开放性。因此，开放性程度越高，越有利于 CSI 的演进，其作用机理可以概括为提升开放性→细分市场挖掘价值→ CSI。

（二）理论模型

按照“驱动因素→作用机理→演进阶段”的逻辑，基于价值共创理论，构建 CSI 演进机理理论模型（见图 1）。CSI 演进机理有其独特性，在企业内外部环境驱动因素的综合作用下，推动CSI沿着“价值洞察→价值创造→价值传递与转化”三阶段持续扩张和升级。具体来说，包括价值洞察，基于内外部环境挖掘产品功能，构建顾客体验新情景；价值创造，以顾客价值导向为核心构建竞争优势，创造顾客体验价值；价值传递与转化，基于核心能力优化实现价值网络成员可持续发展，共创商业价值与社会价值。

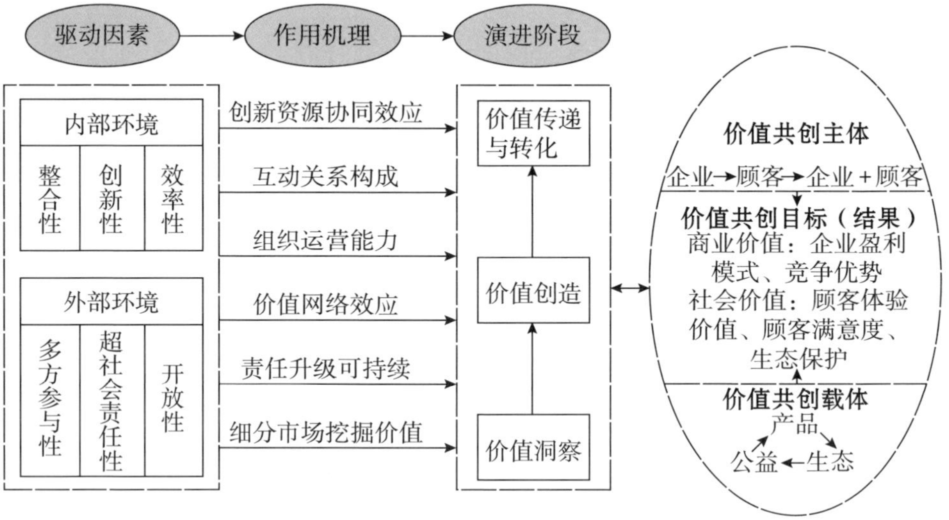

图1　CSI演进机理理论模型

四、企业社会创新路径选择

企业社会创新路径可从产品功能创新、公益组织创新和生态流程创新三方面选择开展，以此实现商业价值与社会价值共创（见图2）。

（一）精准定位顾客价值需求，引导产品功能创新方向

1. 改进产品实用性

实用性是产品功能的基本属性，即针对某一消费群体改进产品、服务或网络平台的功能定位，增加新的功能或功能组合，满足顾客实际需求，例如，伊利研发出改善乳糖不耐受人群的“舒化奶”。

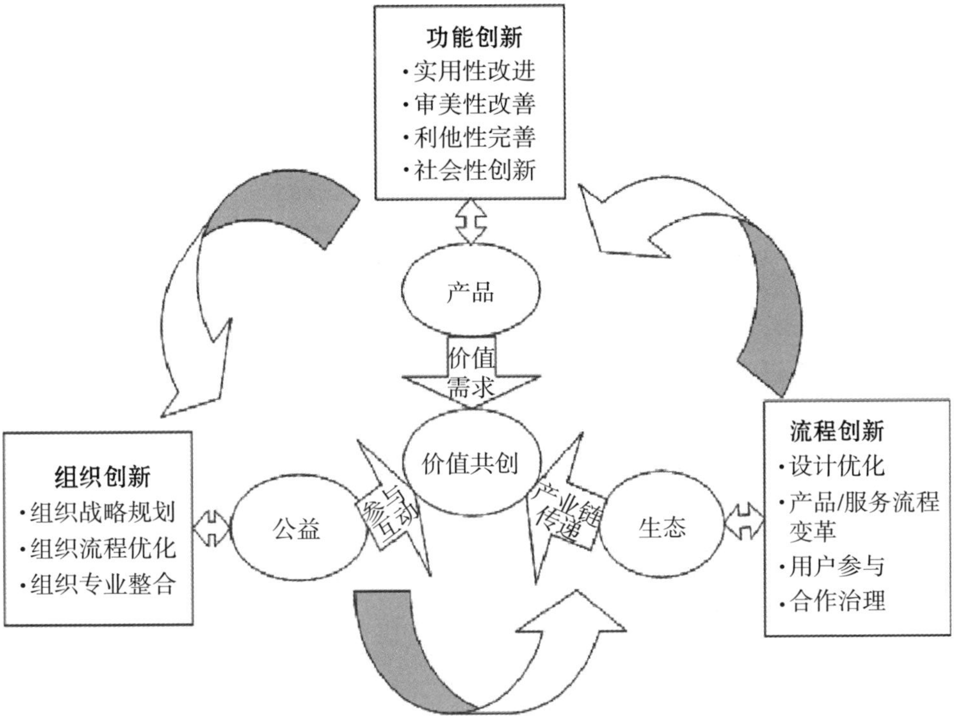

图 2　企业社会创新路径框架

2. 改善产品外观审美性

审美性则基于顾客对产品外观的吸引力和愉悦感知，随着顾客审美需求的快速提升，为产品外观和形式创新提供了动力。产品审美性改善要超越技术和知识范畴，向精神层面推进，通过在产品外观形式上注入新的审美元素，满足顾客对美好事物的精神追求。例如，丹麦设计师雅各布森设计的“天鹅椅”“蚁椅”等，尽管在本质上没有改进，但因其外观符合消费者的审美而畅销不衰。

3. 完善产品利他性

利他性有助于培养和提升顾客帮助他人和社会的认知能力，通过产品生产过程中的资源节约和可持续性利用等实现产品利他性。

4. 创新产品社会性

社会性帮助顾客提高人尊或自尊类价值，顾客发现在消费过程中给自身带来不一样的心理感受，可通过购买体验、消费体验和服务体验等与产品建立起情感联系。企业通过产品社会性创新，开发出具有一定社会责任属性的产品新功能，进而创造顾客乃至全社会都能体验的价值。

（二）鼓励利益相关者互动，利用互联网实现公益组织创新

1. 构建公益组织战略规划体系

组织战略规划要求将企业公益目标与核心业务对接并转化为切实行动，并形成利益相关者价值共创、收益共享、风险共担的机制。例如，制订专项组织公益计划，设立公益性创业基金，鼓励企业参股、投资内部创业项目，促进公益目标与组织创新深度融合。

2. 持续优化公益组织流程

组织流程优化侧重于关注公益实施过程中的企业决策优化过程以及关注捐助者和接受者之间不断变化的关系。积极利用大数据、云计算等互联网技术，及时发布公益组织创新的先进经验与典型做法，降低利益相关者的信息获取门槛和时间成本。推进“互联网＋公益”平台搭建，促进信息与资源共享，持续优化组织流程体系，使更多优质资源服务大众。例如，利用 VR 技术为顾客提供身临其境的公益现场参与体验。

3. 深入推进公益组织整合发展

公益组织整合涉及企业公益实践的专业化程度以及在运营过程中与利益相关者协同程度。培育公益组织文化，提升关键公益专业化能力，探索打造跨职能、跨组织、跨区域协同组织创新平台。企业通过组织整合创新实现与顾客体验互动，促使顾客由传统的认知和行为向新思想、新理念的方向转变，让顾客成为公益组织创新的主人，让他们参与到公益组织建设中，建立起新公益认知理念。

（三）倡导产业链传递，提升生态流程创新绩效

1. 设计优化以引导生态流程创新

通过优化和重组产业链流程中的环保要素实现生态流程创新，在企业生产系统的设计环节进行补充、优化和转变，以减少生产和消费活动对环境的影响。推进绿色设计、绿色生产和绿色销售理念传播，鼓励供应商、生产商和经销商参与产业链生态设计，建立绿色生态产业链。

2. 持续推进产品 / 服务生态流程变革

企业进行生态流程创新很大程度上依赖于创新所获得的利益，而企业在产品 / 服务过程创造的附加值可以在改善生态流程及其环境中发挥关键作用，如在产品 / 服务过程中生态知识、绿色生活方式的分享，将会很大程度带动生态流程创新。

3. 培育良好生态理念，鼓励全员参与

在企业外部环境中，用户（顾客、社群、供应链伙伴等）是企业进行流程创新的重要价值节点。要成功地开展生态流程创新，企业需要预见到市场上对生态创新的接受度，利用社交媒介传播生态理念，让用户参与企业生态流程建设环节，进而从用户的创造性中获益，开发新的产品和服务，并确保用户能够接受。

4. 制定生态治理方案，加大合作治理力度

生态治理方面的创新旨在提供资源使用过程的制度解决方案，可能导致企业、政府或整个社会出现新的组织或结构变化。通过向全产业链传递生态理念，建立完善的生态治理与监督机构，保障治理成果。同时，建立起覆盖绿色包装设计、绿色生产、绿色消费、绿色治理等在内的上、中、下游的绿色产业链创新体系。加大企业、政府、社区等合作治理力度，提高管理效率和执行效率。

参考文献

［1］买生，匡海波，张笑楠. 基于科学发展观的企业社会责任评价模型及实证［J］. 科研管理，2012，33（3）：148-154.

［2］江积海，王烽权. O2O 商业模式的创新路径及其演进机理——品胜公司平台化转型案例研究［J］. 管理评论，2017，29（9）：249-261.

［3］SAUL J. Book highlight—Corporate social innovation［J］. Global Business and Organizational Excellence，2011，30（5）：78-87.

［4］MIRVIS P，HERRERA M E B，GOOGINS B，et al. Corporate social innovation：How firms learn to innovate for the greater good［J］. Journal of

Business Research，2016，69（11）：5014–5021.

[5] KANTER R M. From spare change to real change. The social sector as beta site for business innovation [J]. Harvard Business Review，1999，77（3）：122–123，210.

[6] VARADARAJAN R. Innovating for sustainability：A framework for sustainable innovations and a model of sustainable innovations orientation [J]. Journal of the Academy of Marketing Science，2017，45（1）：14–36.

[7] PELOZA J，SHANG J. How can corporate social responsibility activities create value for stakeholders？ A systematic review [J]. Journal of the Academy of Marketing Science，2011，39（1）：117–135.

[8] AMIT R，ZOTT C. Value creation in E–business [J]. Strategic Management Journal，2001，22（6–7）：493–520.

从企业社会责任到社会创新：发展和伦理问题

□ 林洁珍　黄元山*

● **摘　要**

对企业社会责任（Corperate Social Responsibility，CSR）的期望及驱动企业活动的因素会随时间而变化。最初，CSR 通常与慈善事业有关，须符合社会性的绩效标准，避免与公司生产、分销的相关负外部性（negative externality），并受制于不同外部法规和社会规范。CSR 和社会创新之间存在着密切的相互依赖关系。CSR 的演变意味着资本主义的演变：从追求自身利润最大化的模式到创造共享价值的模式。本文将研究 CSR 和相关伦理问题的发展并得出如下结论：通过提高透明度，与其他非牟利机构建立创意伙伴关系以及审慎的政府法规和有效的社会影响评估（Social Impact Assessment，SIA），CSR 能在社会价值创造和促进社会创新方面发挥更有效的作用，但它并不能替代政府满足所有社会需求，政府仍应持续为有需要的人士提供终极的社会福利。

● **关键词**

企业社会责任（CSR）；社会创新；社会企业；社会影响评估

* 作者简介：林洁珍，香港大学香港经济及商业策略研究所名誉高级研究员、香港浸会大学经济系荣休教授、上海社会科学院经济伦理研究中心客座教授；黄元山，香港大学专业进修学院客座副教授。

一、引言

CSR 概念演进至今几十年。如何培育企业家具有社会责任感的相关讨论早于 20 世纪 30 年代开始。现代企业社会责任的研究可以追溯到霍华德·鲍文（Howard Bowen）于 1953 年出版的《商人的社会责任》一书。

真正的辩论始于 1962 年，当时米尔顿·弗里德曼（Milton Friedman）强烈认为，社会责任理论从根本上是颠覆性的，“企业者接受社会责任，而不是为股东尽可能赚取更多金钱，这将彻底破坏我们自由社会的基础”；并在 1970 年再次表明“企业的社会责任是增加其利润”。他的论点是基于经济理论和自由主义的道德概念：股东对其资产拥有财产权，也理应获得这些资产之回报。

不过，约瑟夫·麦奎尔（Joseph McGuire）1963 年却对 CSR 有更广泛的观点，尽管他也承认经济责任仍是首要关注点。自那时起，社会责任便以多种不同方式被概念化，并没有达致普遍认同的定义。有人甚至认为，不应该存在“一刀切”的定义（Marrewijk，2013），因为不同机构的状况或会随着时间和空间而变化。

随着利益相关者（stakeholders）对企业期望的改变，CSR 政策和计划也相应有所变化。过去 20 年，利益相关者对企业的期望已经从避免为社会带来负面影响演进为主动积极解决社会问题，例如不平等和贫困、环境恶化及气候变迁等，并且不限于本土，甚至推及全球。不能满足利益相关者期望的公司，将可能面临诚信和声誉损失的社会风险，由此影响其长期可持续性；具有良好 CSR 绩效的公司则可能获得良好的信誉和经济效益。企业社会绩效于是成了企业能否持续发展的关键。

越来越多的企业把社会创新视为可持续发展动力（Osburg，2013），并将预期的社会和环境绩效，作为企业创造共同价值观和社会创新的新机遇。CSR 的演变代表着资本主义的演进，从追求自身利润最大化的资本主义到创造共享价值的创造性资本主义。

2016 年，哈佛大学的一项研究表明，大多数的“千禧一代”都不支持资本主义。因此，面对人们对大企业和资本主义的信任日益恶化，CSR 和资本主义的演变就显得尤其重要。本文将研究 CSR 和相关伦理问题的发展，以及它们如何与社会创新产生关系。

二、企业社会责任和社会创新

（一）关于 CSR

企业在从事经济活动时，社会预期企业能为利益相关者创造社会价值，这种预期甚至超越法律法规的最起码的要求。但对 CSR，目前并没有达致普遍认同的定义。

世界企业永续发展委员会（WBCSD）在可持续发展领域对企业社会责任做出如下定义：企业社会责任是一项永续的承诺。企业行为必须有道德感，并在致力于为经济发展作出贡献的，同时兼顾改善工作环境以及提高员工家庭甚至扩及社区和整个社会的生活品质。（WBCSD，1999）更具体且广为研究人员所接受的定义可见于阿吉斯（Aguinis）和格拉瓦斯（Glavas）2012 年的文献，其中把 CSR 定义为“将利益相关者的期望，以及经济、社会和环境绩效的三重底线（triple bottom line）纳入考量之特定背景的组织行动和政策。”

CSR 可由不同动机来驱动（Prieto-Carrón，et al.，2006；Garriga，Mele，2004）。当它被视为一种责任和义务时，它的驱动力可以是道德动机（moral motivations）或合规驱动（compliance-driven）；也可以由利润动机驱动，面对社会压力和政治考量，为改善声誉而作的权宜之计；或者是旨在提高市场估值和财务业绩的策略动机（Bruyaka，2013）；还可以是超越合规和利润的动机，单纯出于对地球、人类潜能或社会责任的关怀；也可以是寻找一种平衡和功能兼具，在经济、社会和生态环境领域创造有价值的企业绩效表现，并与所有利益相关者取得共赢的解决方案（Marrewijk，2013）。概言之，CSR 没有达致公认的定义，而是因应不同机构的发展、意识及目标而有不同的定义。

就 CSR 的实践而言，开发 CSR 的一个重要意义，便是发展其与各种国际 CSR 标准的相互作用，包括 ISO 14001（环境管理体系标准）、ISO 9000（质量管理体系标准）、SA 8000（社会责任管理体系标准）、“全球联合国契约组织”（UN Global Compact）关于人权、劳工权利、环境和反腐败的原则、GRI 标准指标以及 ISO 26000（社会责任指南）。CSR 的标准可以带来许多有益结果，包括 CSR 的实施、对 CSR 的支持、促进利益相关者参与、持续改善和提高企业声誉。这也可以提高自我督促的效应，毕竟若被视为一个负责任的主体，就更容易采取负责任的行为，而也可能令外部执行成本减少。

然而，常用的 CSR 标准却存在两大弱点。第一个弱点是概念不适当。标准或许适于处理技术性问题，但在定义和处理复杂的社会和伦理问题时，存在各种方法上的困难。采用 CSR 标准的过程将牵涉额外成本，对小型企业来说可能会太昂贵，而且 CSR 标准的采用基本上是自愿制，缺乏合法性以及强有力的合规机制。如果发展过程要有效用，除了表现层面，标准的制定应涵盖成本和自愿两个通则（Deckle，et al.，2014）。另外，三重底线方法亦缺乏整合。CSR 有可能不会融入企业的不同部门，而只限于负责 CSR 或持续发展的部门（Sridhar，Jones，2013）。若能将整合性报告（*Integrative Reporting*）融入整个策略管理中可能会更为有效。此外，还有一个重要的问题，CSR 标准不能推动系统性的变革。虽然它们能有效地帮助一个特定机构来改善其社会、道德和环境层面的绩效，但当面对国家或全球性规模的问题时，仍需要公共政策层面的思考。

第二个弱点是标准化的国际准则和一般标准都忽视了的一件事，即 CSR 的相关概念和维度在不同文化背景下可能有所差异。例如，根据对中国 630 名 CEO 和企业家的大型调查（Xu，Yang，2010），除西方所见的六个常用维度，中国文化下的 CSR 还有三个独特的维度，即就业、商业诚信及社会稳定和进步。

还有研究（Lin-Hi，Blumberg，2017）指出，尽管企业对 CSR 有所承诺，但违反基本劳工标准的行为仍然普遍存在，例如童工、危险性工作条件、工时过长以及工资低廉等。这其中有许多原因，包括全球化竞争的压力、利润最大化、短期盈利主义以及国际供应链的复杂性，而这些问题在新兴市场国家尤其严重。工人的福祉通常都不是管理上的优先事项，政府也未必愿意负责任地执行劳工标准。只要客户不愿意鼓励企业在这方面的努力，那么供应商层级确保工作环境的计划就难有成效。作为买家的企业必须保证负责任的标准并不会伤害企业的竞争力。对伦理消费的支持也是推动 CSR 的必要动力，但这种支持经常是缺乏的。以伦理方式生产的产品价格往往较高，消费者常常因价格高而不愿意购买。如果消费者不愿意为“良心”消费支付更高的价格，也就无法鼓励“良心”生产。

CSR 评级的不足在富士康身上便可见一斑。该公司在 CSR 调查中得分很高，两次调查都排名第七（Oxfam HK，2008，2009）。富士康在供应链组别调查中也获得较高分数，更一直被纳入“恒生可持续发展指数”。然而，2010 年富士康工厂有 18 名负责生产 iPhone 和 iPad 的员工选择了自杀，这说明工人的一些基本需要可能得不到保障。据哥伦比亚广播公司的新闻报道指出，生活条件和工作规则有可能令一些工人感到孤立和无助，但这些情况都没有充分反映在 CSR 的调查数据内。

（二）企业的可持续性发展

随着时间的推移，企业可持续性概念在 CSR 的文献中频繁出现，经常与社会创新概念有关。“可持续性”通常被定义为在环境、经济和社会层面的发展能力。企业可持续发展创造了利益相关者的长期性价值，在商业运营的同时顾及生态环境、社会和经济层面，透过充分的透明度，以加强与利益相关者的沟通（Osburg，2013）。

为实行良好的管理工作，金融机构投资者关心其财务投资的长期性回报多于短期性利润。基于伦理因素，对社会责任投资（Socially Responsible Investment）的兴趣亦日益增加。投资者希望通过良好的（同时避免差劲的）可持续性投资，影响商业行为，表达对企业提高透明度的预期，并可鼓励上市公司发布可持续发展报告，向潜在投资者传达其可持续发展的信息。一些国家和地区的监管机构（如中国内地和中国香港），甚至强制性要求上市公司发布可持续报告，以维持透明度以及金融市场的公平性，试图吸引国际金融机构投资者，这对金融市场发展甚为重要。

为鼓励投资者参与社会责任的投资，领先的金融机构便创建可持续发展指数。以美国道琼斯可持续发展指数和香港恒生可持续发展指数为例，其只涵盖了拥有高度可持续性指数的成员。结果发现，社会责任投资股票组合的平均表现比市场指数相对较好（Cheung，et al.，2010；Brzeszczyński，McIntosh，2014）。还发现，投资者会惩罚那些企业社会绩效处于低水平的高盈利公司（Lourenço，et al.，2012）。而市场激励和政府的谨慎法规，则可推动社会责任投资以及企业可持续发展。

随着公共部门的资源减少，越来越多的企业被要求为解决社会问题作出贡献，此举远远超出传统的CSR。这意味着创新的业务解决方案，必须超越利润最大化的传统目标。企业面对具有挑战性的社会需求，社会创新可能是企业实现可持续发展的最佳方法。

CSR和企业可持续发展是多面性的。CSR涉及不同的组织层面，故不同形式的创新都可与企业社会责任相关系（Grieshuber，2013）。以CSR及可持续的领导，便可大幅减少招聘、培训成本及降低营业额，从而创造良好的社会绩效。对社会负责的雇主，其价值观更具有吸引力，因而有可能吸引类似价值倾向的人。

（三）社会创新

根据熊彼特（Schumpeter）的研究，创新是实现生产要素的新组合，也可以理解为组织采用能创造价值的新东西。因此，社会创新包括一个概念转变的过程，或是一项发明转变为创造社会价值的解决方案（Osburg，2013）。

社会创新已经被以各种方式定义过。欧洲商学院（European Business School）把社会创新定义为“面对社会挑战的新解决方式，有情景化的、有具体目标，并着重于促进公共利益”。解决方案可能有情景化（contextual），但基本概念是推动公共福利。欧盟委员会（EU Commission）把社会创新定义为“符合社会需求、创造社会关系和形成新合作模式的新想法。”这些创新可以更有效地解决未被满足的产品、服务及模型的需求。社会创新也可被定义为“面对社会需求和问题，发明新的解决方案、确保支持并付诸实现的过程。”从这个角度来看，社会创新既是一种方法，也是一种成果，还是一种思维方式，并将此思维方式应用于解决社会问题之上（Intel China，2014）。莫维斯和古金斯（Mirvis，Googins，2012）将企业社会创新定义为“一种策略，结合独特的企业资产（企业技能、创新能力、管理敏锐度、规模能力等）与其他领域的资产合作，共同创造突破性的解决方案，以解决影响商业和社会可持续性的复杂社会、经济和环境问题。”在此我们可以发现，与其他领域合作的理念成为社会创新的要素。创造和融入社会创新代表着 CSR 迈出了新的一步。而 CSR 的转型需要利用创新动力来突破传统平台和落伍的过程（Googins，2013；Crets，Celer，2013）。

根据奥斯堡和施密特皮特（Osburg，Schmidpeter，2013）的观点，社会创新概念超越了传统的 CSR，因为它为公司的责任添加积极主动和前瞻性的部分。CSR 的传统目标是作为良好的企业公民做对的事情。传统方法是去解决跟公司核心业务相关的社会问题。然而，社会创新的方法是为市场创造解决方案，并为参与其中的利益相关者创造共同价值。社会创新概念应该融入企业的核心创新过程。如果社会创新概念被视为临时的或非核心业务的解决方案，便会面临在经济不景气时被牺牲的潜在风险（Osburg，Schmidpeter，2013）。

2011 年，波特和克莱默（Porter，Kramer）在《哈佛商业评论》（*Harvard Business Review*）发表了一篇题为《创造共享价值》的重要文章，指出企业可以在赚取利润的同时解决社会问题。根据波特和克莱默的说法，企业可以通过三种不同的方式来实现上述目标：重新设想产品和市场、重新定义价值链中的生产力，以及在公司所处的位置上建立支援性的产业集群。

虽然社会创新的领域经常强调创造共同价值，但应当指出，在某些情况下，CSR 有可能不会创造共同价值；而从伦理观点来看，这仍然是好的（Rangan，et al.，2015），因为一些 CSR 计划旨在为社会，而不是为企业本身创造商业价值。重要的是，CSR 应该令企业的社会和环境活动与其业务目标和价值观相一致。若是如此，CSR 的活动便可降低风险、提高信誉，为业务成果作出贡献，这一切都是好的。但投资是个道德决策，需充分考虑良好的管理、竞争优势和成本效益（更高的社会效益及更低的社会成本）。除此之外，企业可能需要牺牲股东的利益，来纠正对其他利益相关者的损害。此举的伦理基础可在亚当·斯密（Adam Smith）《道德情操论》一书关于正义的讨论中找到，如果企业有义务纠正损害，股东的所有权利便要服从于其他利益相关者的所有权利（Brown，Forster，2013）。基本上，CSR 是个伦理概念，而不仅是商业概念。

至于企业应该在多大程度上支持 CSR 举措，我们可以再次从亚当·斯密处获得一些见解。他认为，每个人首要及优先的任务自然就是照顾好自己，而且没有人会比自己更适合此任务，所以这是理所当然的（Brown，Forster，2013）。根据亚当·斯密的逻辑，企业管理层应该考虑自身能力，自行决定是否应该参与 CSR 计划。

事实上，从伦理角度来看，强调 CSR 双赢可能是存在问题的（Mazutis，Slawinski，2015）。如果一家企业只在拥有即时回报情况下才参与 CSR，那便有可能错失对社会产生积极影响的机会。另外，这种对利益的注重会让人怀疑这个企业在 CSR 上的努力是否真诚，因为其中暗示除非有实际效益，否则此企业便不会参与 CSR。这种思维方式可能会削弱 CSR 的真实性，以及人们对企业的信任。

而过分强调由私营企业创造共同价值，亦有可能会削弱政府的责任。企业本身的社会创新其实大体上无法处理现实中迫切的社会需求。一切依靠创新和自己来执行的概念，可能会使社会的注意力从结构性不平等和环境危机中转移，而这是必须通过政府政策的根本改变才能处理的。

（四）与社会企业的联系

社会企业指的是通过企业模式实践社会创新的一个机构。社会企业的概念因国家而异（Defourny，Nyssens，2010），但它包含两个基本要素：社会和创业精神。具有社会目标，但没有创业精神、新颖性和价值创造的企业，不能被定义为社会企业。它有时会发生在非政府组织，或政府资助的社会计划当中，以传统方式扶贫，协助弱势工人就业，这些方式只涉及重新分配，而不是以一种新颖方式创造社会价值。

社会价值能在不同领域中被创造。“工作整合型社会企业”（Work Integration Social Enterprise，WISE）即在生产领域中创造价值。社会企业雇用弱势群体、绿色企业和以社区为主的社会企业，也能在此领域中创造价值。“市场创造型社会企业”（Market Creation Social Enterprise）在消费领域中创造价值，并创造过去不存在的市场，或改变现有的市场。

社会企业可在行销设计和分销渠道中创造价值，借此接触目标消费者，例如中产阶级良心消费者或特定弱势群体。一些有盈余的社会企业通过分配剩余收入来支持某些社会议题，进一步创造社会价值。有些社会企业通过社会资本和社区建设，结合不同的利益相关者和社区资源以创造价值（Center for Entrepreneurship，2014）。

社会企业可能源于企业对 CSR 的倡议。一个以利润为导向的企业或许看到了回应社会需求的机会，但不清楚是否可以持续发展。企业或许把小规模社会企业项目放在独立的业务范畴，并申请政府或慈善基金来尝试。当社会企业项目获得成功后，便可与现有的企业逐步整合。这种方法于 2007 年被诺华（Novartis）采用，该企业在印度开展了社会企业项目 Arogya Parivar（健康家庭），试图帮助新兴市场中数百万无法获得医疗保健的穷人（Pfitzer，et al.，2013）。随着整合型组织的出现，营利与非营利之间的界线便变得不那么清晰了。

虽然社会企业因其社会目标而日益受到欢迎，但应该注意的是，与商业企业家相类似，社会企业家的动机可能是“不纯粹的利他主义”（impurely altruistic）。他们受多重动机驱使，包括自我实现、成就和职业独立性（Bacq，et al.，2016）。根据经验发现，社会企业家似乎投射出一种脆弱的企业家形象，因此或许更不太可能实现他们的使命。社会企业的社会取向不等于就是伦理的（Chell，et al.，2016）。在经济企业家精神与社会企业家精神之间似乎有着连续性。我们应该避免把社会企业家精神理想化，同时贬低经济企业家精神。

（五）透明度和社会影响评估的重要性

CSR 计划和社会企业，甚至政府政策，其效力都可通过透明度和社会影响评估（SIA）的有效措施来提高。当某些企业声称是为了社会目标，而不是为了利润所建立的，并且已获得私人慈善基金或公共资金的财政支持，透明度对其诚信建立便尤为重要。

如果 CSR 与企业的商业核心目标相关联，CSR 将被认为更具真实性；而若能让利益相关者感到真实，他们将更能相信该组织执行 CSR 工作的努力（Mazutis，Slawinski，2015）。企业应该通过透明以及有效的社会成果报告来承担责任。

近年来，一些大型国际会计师事务所正积极地为企业界制定 SIA 框架。SIA 也可作为一种评价基准及认证。B 型实验室（B Lab）是一家为营利性企业提供企业认证的非牟利机构，通过“B 影响力评估”（B Impact Assessment）检视营利公司在企业治理、工人待遇、客户服务、社区策略和环境政策上的表现。感兴趣的公司可向 B 型实验室申请“B 型企业”认证，他们将获得有关上述五个维度 170 个问题之影响评估。满分 200 分，评估得到高于 80 分及以上，同时符合法律要求的企业，便能获得认证证书。而认证代表着遵守可持续性的原则，特别是在创造积极的社会和环境价值观方面。营利性企业不仅能因为认证获得竞争优势，还可通过将表现与之前的分数及其他认证公司的绩效进行比较，从而提高自身绩效，并创造更积极的影响。截至 2016 年，已有 1728 家获得认证的 B 型企业。

此外，基于结果的评估能帮助确认利益相关者的需求，从而协助改善产品和服务，更进一步满足利益相关者。识别社会问题只是社会创新的第一步。解决方案必须通过创业实现并向公众传播。SIA 能强化政府政策以及企业、社会企业和非政府组织的产品和服务，并促进公众改变心态接受新的产品或服务。SIA 改善社会创新的过程可以通过下图来说明。

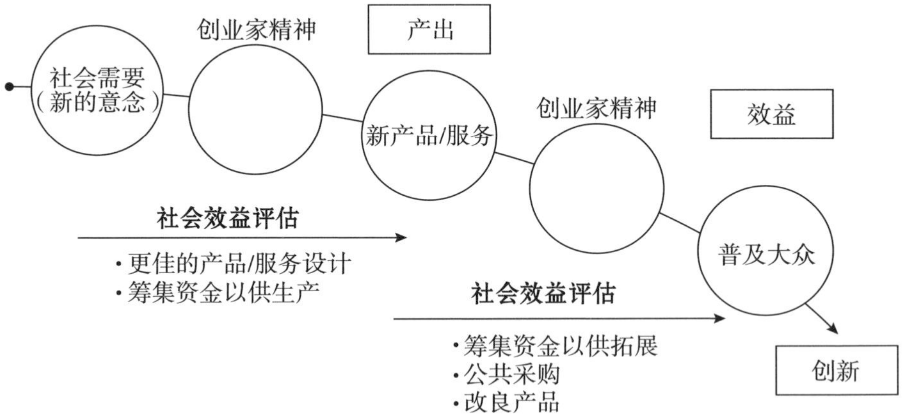

SIA 改善社会创新的过程

SIA 通过以下方式加强社会创新的生态系统：①促进社会成果的竞争（如在政府采购、基金授予 / 筹资和非政府组织的评估）；②结合商业活动；③更好的政策制定与能力建构（团结香港基金，2016）。另外，发布具良好设计的SIA能够提高企业实现社会目标之善意的可信度和真实性。而且，如果没有有效的SIA，无效益的社会计划便可能不会被揭露，而来自非政府组织、政府和慈善基金的资金亦可能获得授予或继续。这违反了良好管理的伦理，并会成为降低进步及影响社会创新的诱因。

三、结论

在过去几十年里，利益相关者对CSR的期望已经不仅是避免企业对社会的负面影响，而是希望积极解决诸如不平等和贫困、环境退化和气候变迁等社会问题。随着利益相关者对企业的期望不断演变，CSR政策和计划也在不断发展。CSR并没有通用的定义。CSR的动机是混合性的，从获得信誉和财务回报的策略手段，到与其他社会领域创造共享价值，甚或出于纯粹的伦理回应，企业迎接自己身处的社会经济背景所带来的挑战。社会创新是企业追求持续发展的一种极具前瞻性的方式，因为企业通过与其他社会领域合作创造社会价值，并将社会效益融入其商业模式。

CSR的演变代表资本主义从追求自身利润最大化的模式，迈向共享的创造性模式，旨在创造共享价值和良好利润。CSR对于成熟型企业来说具有很大的潜力，能吸引不同利益相关者创造共同价值，甚至参与新兴国家的社区建设，毕竟要当地政府来做可能效率不彰，而小型社会企业又无法独力达成。

事实上，由企业承担社会事务的混合型组织正在出现。在今日的资本主义中，营利和非营利之间的界限已变得不那么清楚。在经济企业家精神和社会企业家精神之间似乎存在连续性，我们应避免把后者理想化，同时贬低前者。

然而，我们应该谨慎，不要过分强调通过企业创造共享价值以满足社会需求的力量。伦理考量可能要求企业甚至在付出经济代价的情况下参与CSR，而CSR的双赢也可能是有问题的。此外，提高透明度和对有效社会影响评估的应用，对于提高CSR的真实性以及建立对公司的信任，进而影响CSR的有效性都至关重要。

此外，同样重要的是，企业没有能力代替政府在社会福利方面的作用，因为它们基本的功能本质上是由经济需求驱动的，因此不能指望市场会确保企业永远依社会的利益行事。有社会使命的组织规模相对较小，并且经常依赖政府或其他企业的支持，它们不太可能解决整个经济都面临的不平等和贫困、环境恶化及气候变迁等结构性问题。因此政府应当扮演好监管者的角色，保证市场的公平性及透明度，并善尽为社会有需要的人士提供福利的终极责任。

［本文英文原文为“第六届国际企业、经济学与伦理学学会（ISBEE）世界大会”会议论文，大会主题为“企业和经济发展中的伦理、创新和福祉”，现由作者根据会后的修改稿译为中文。作者感谢陆晓禾给予的宝贵意见以及方皓宏提供的研究协助。］

案例篇

爱乐融聆听计划：听障儿童立体化救助模式

一、社会问题背景分析

（一）听力障碍及影响

听力障碍包括听力损失和耳聋两种情况。衡量听力的标准是听阈值。听阈值是指人耳能听到的声波存在的下限值，即当声波高于听阈值时才能听见。正常听力的衡量标准是双耳听阈值为 25 分贝及以下，听阈值不在此区间的人就有听力损失，就是我们常提到的“耳背”。按照目前最常用的听力损失分级标准，双耳听阈值的区间可以划分听力障碍的程度，成人双耳中较好的一耳听阈值在 40 分贝（不含）以上被视为残疾性听力损失，儿童听力残疾的标准是 30 分贝（不含）以上。平均听阈值在 81 分贝或以上则被认为是极重度听力障碍。极重度听力障碍者表现为极难听到声音，即使佩戴助听设备也只能听到有限声音，必须依赖唇读或手语交流，通常被称为“耳聋”。

听力障碍的成因分为先天性原因和后天性原因。先天性原因表现为母体妊娠过程、分娩过程中或出生后不久产生听力损失，具体包括遗传性因素、早产、生产并发症、低体重等。后天性原因可以在任何年龄段导致听力损失，包括传染病、用药、耳部感染或外伤、噪声、老龄化、不健康的生活方式等。

人类通过感官来了解世界，听觉是重要的感官之一，人们通过听觉感知外在环境，通过听觉学习语言、参与日常活动。听觉在儿童学习语言、智力发展和融入社会中都发挥着至关重要的作用。听力的功能性障碍会带来沟通和社交障碍，导致听障群体在日常生活中的孤独感和沮丧感，更容易产生行为和自尊问题。在社会层面上，听障群体在医疗、教育、就业上的一系列问题，不仅导致听障群体与社会的脱节，也造成了巨大的经济负担。对听力障碍的认知和干预不足，也产生了大众对听障群体的歧视问题。

世界卫生组织的数据显示，全球约有4.66亿人患有残疾性听力损失，其中包括3400万名儿童。我国是世界上听力残疾人数较多的国家之一，约2780万人，其中0~6岁的听力残疾儿童约有13.7万人，每年新增听障儿童2万~3万人。听力障碍是每个普通人都有可能面临的健康问题，很多人发生的听力损失往往没有得到及时的识别和干预。据世界卫生组织估计：除非采取行动，否则到2030年将有近6.3亿人罹患残疾性听力损失；到2050年，这个数字可能会上升到9亿人以上。与此同时，人口老龄化、职业噪声污染、不健康生活方式等因素导致的大众听力损失程度日渐升高，成为一种常见的慢性疾病。因此，大众听力健康的倡导和保护是一个迫切需要付出干预行动的社会议题。

（二）解决听障问题可以采取的措施

《中华人民共和国宪法》《中华人民共和国民法典》《中华人民共和国义务教育法》《中华人民共和国残疾人保障法》等法律都对保护残疾人权益做出规定。据2019年发布的《平等、参与、共享：新中国残疾人权益保障70年》白皮书："中国已形成以《中华人民共和国宪法》为核心，以《中华人民共和国残疾人保障法》为主干，以《残疾预防和残疾人康复条例》《残疾人教育条例》《残疾人就业条例》《无障碍环境建设条例》等为重要支撑的残疾人权益保障法律法规体系。"此外，我国积极响应联合国残疾人保护相关的国际工作，于2007年签署了联合国《残疾人权利公约》。我国残疾类别划分为视力残疾、听力残疾、言语残疾、肢体残疾、智力残疾、精神残疾及多重残疾七类。与其他残疾类型相比，听力残疾于外表没有显著特征，在现实生活中往往表现为一种不被注意和容易被忽视的"无形残疾"。同时，听力残疾是一种程度严重的永久性听力障碍，一旦失聪，听力障碍一般将伴随终生，不可逆转。听障问题具有特殊性，其解决也需要政府部门、企业、康复机构、社会组织和公众的共同参与。听障康复是综合运用医学、教育、职业、社会等手段消除功能障碍的影响，帮助残疾人增强能力，重返社会的过程，听障问题的解决需要从听力诊断、听力治疗和听障群体社会融入三个方面着手。

在听力诊断上，新生儿和婴幼儿的听力残疾并不一定导致言语障碍，成人听力损失中有一半是可以预防的。及早对听力损伤进行筛查和识别，便能够让听障群体正常参与社会生活。我国于2009年将听力筛查列为新生儿疾病筛查必查项目，医院的耳鼻喉科、体检机构等均提供听力损失诊断服务。

在听力治疗上，需要预防免疫、医药治疗、听力医学及康复人才培养、听力辅助仪器、人工耳蜗手术、康复训练、家庭辅导等医疗和康复服务作为支撑，目前的行动集中在听障儿童救助上。在政府层面，2009年中央财政启动了贫困聋儿抢救性康复项目，地方政府陆续出台了针对听障儿童的救助政策。除政府力量外，以企业在基金会设立救助项目和公益组织专项救助项目为代表，企业、公益组织也广泛参与了听障儿童的救助事业。对比中国约13.7万名的听障儿童，目前的救助距离听障儿童全覆盖依然存在一定差距。在其他治疗措施中，听力医学及康复人才培养、听力设备研发、康复服务等方面的能力和投入普遍不足。

在社会融入上，需要面向听障儿童提供学前训练、特殊教育、融合教育等教育支持和无障碍建设，面向大众需要进行消除歧视和听力保健知识普及等倡导措施。经过学前训练、特殊学校教育和融合教育的科学指导，听障儿童可以顺利融入社会，与其他的残疾类型相比，听障儿童融入社会的效率也更为显著。另外，在大众听力损失成为一种常见慢性病的情况下，倡导大众听力保健、预防大众听力损失也成为消除听力障碍社会歧视的有力措施。

二、社会创新机构发展介绍

（一）机构基本介绍

爱乐融聆听计划（以下简称爱乐融）设立于2016年10月，是在中国听力医学发展基金会下设立的专项基金。中国听力医学发展基金会成立于1995

年12月，是由国家卫生健康委员会主管，在民政部登记注册的全国性公益组织，宗旨为救助弱势听障人群，推动全民听力健康的社会普及，促进中国听力医学和言语康复及其科研教育事业的发展。爱乐融旨在为弱势听障群体提供治疗、康复、上学、培训、就业等公益救助服务，达到减轻困难家庭负担，帮助听障儿童全面康复，强化听障儿童家庭教育和呼吁更多社会公众关爱听障人群、关注听力健康的目的。

（二）业务体系设计

在听障儿童救助方面，根据实践中探索出的不同救助内容，爱乐融以筹款为导向划分了不同的救助业务板块，包括助听设备及手术费用支持、康复教育费用与融合教育费用支持、耳蜗设备维护费用支持、康复教师及听障儿童家长培训、全纳资源教室支持（见下表）。另外，爱乐融还将探索为听障老年人提供助听器支持和听障群体就业创业支持。

爱乐融听障儿童救助业务信息

业务板块	内容	费用	完成情况（截至2022年）
助听设备及手术费用支持	耳蜗设备	不高于50000元/人	人工耳蜗及手术费用资助76人，助听设备支持25人
	助听设备	不高于10000元/人	
	手术费用	不高于8000元/人	
康复教育费用与融合教育费用支持	康复教育费用	14000元/人/年	共计718人
	融合教育费用	6000元/人/年	
耳蜗设备维护费用支持	助听设备定期更换电池	1400元/人/年	共计1978人
	人工耳蜗定期调机	1155元/人/年	
康复教师及听障儿童家长培训	培训	不高于550元/人/天	2181人
全纳资源教室支持	绘本、玩具、音乐教室	不高于10000元/间	700余间
	多媒体教室、感统训练教室	不高于30000元/间	

（三）筹款体量与筹款来源

自成立以来，爱乐融截至2022年的累计筹款额突破了4000万元，2016—2022年年度收入支出统计如图1所示。2020年受疫情影响，筹款额与上一年相比有所下降。爱乐融的筹款来源包括公众筹款、企业和政府购买服务，其中公众筹款比例达到了80%以上。在公众筹款中，以明星公益和粉丝公益带动的互联网筹款为主要来源，筹款平台为腾讯公益、支付宝公益、新浪微公益等公开募捐平台。截至2022年年底，爱乐融与包括朱一龙、杨紫在内的20位明星艺人建立了爱心大使级别的深度合作关系，得到了多家明星粉丝会的捐赠支持。

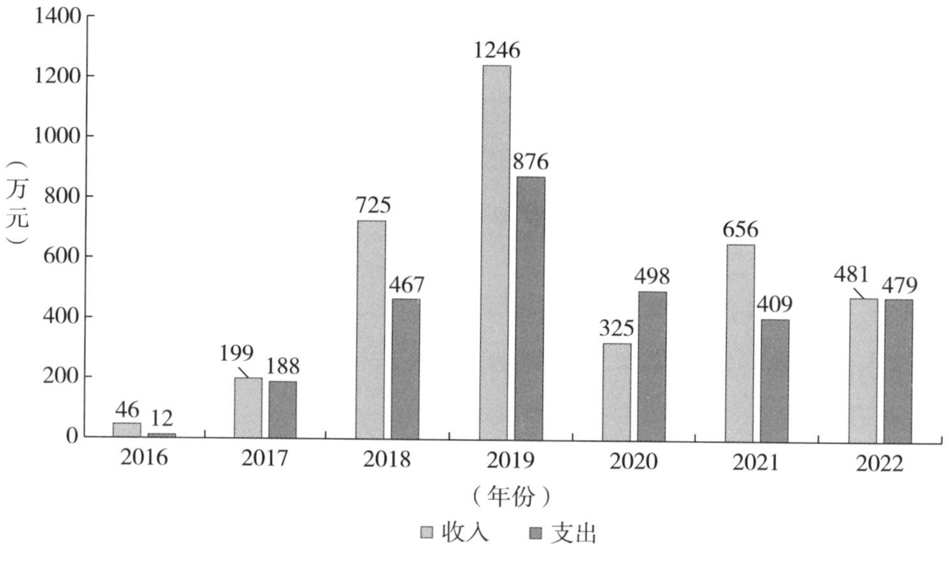

图1　2016—2022年爱乐融年度收入支出统计

三、案例创新点分析

（一）坚守职业公益人的公益触动与初心

爱乐融的发起人王丽娟，在发起专项基金之前，曾在知名律所和奢侈品公司任职，后来担任北京某救援队队长，从事地震救灾和救援工作。2014年起王丽娟就职于中华社会救助基金会，担任专项基金部主任一职，负责中华社会救助基金会专项基金的管理工作。2013 年，王丽娟来到北京市海淀区的一家民办听力言语康复中心，第一次接触到了听障儿童。入职中华社会救助基金会后，王丽娟负责救助听障儿童的“聆天使公益计划”专项基金管理。在一次项目调研中，王丽娟见到了一个因爸妈在外打工春节不能回家的云南省土家族小女孩，小女孩正在画画，纸上是一个小孩子在放鞭炮的画面。王丽娟跟小女孩说话，但是小女孩没有回应，依然在画画。旁边的老师见状给小女孩戴上了助听设备体外机，小女孩听到了声音才开始答话回应。康复园的老师解释道，“为了节省助听设备的电池钱，小女孩平时不戴体外机，只能一个人在静默的环境里。”而且，如果通过手术给小女孩植入人工耳蜗，正常情况下 1~2 年就能开口说话，和普通孩子一样上幼儿园和小学，过上与普通人一样的生活，并且在外表上也基本看不出异常。老师的解释让王丽娟意识到，现代听力医学的发展，能够帮助听障儿童回归到有声世界，给孩子以及整个家庭都带来巨大的希望和命运的改变。帮助更多听障儿童成为王丽娟植根内心的一项事业。

2014 年，王丽娟曾在中华社会救助基金会参与“河仁－聆天使计划”项目，由河仁慈善基金会捐赠人民币 1000 万元，在为期一年的时间内为 75 名贫困听障儿童提供耳蜗、手术及康复训练费用。2016 年，王丽娟自己成立机构，发起专项基金，从事听障儿童救助工作。而今，她已在帮扶听障儿童的领域中工作了 10 余年，倾注了巨大的心血。她希望尽可能接触到、了解到、帮助到这些孩子，让他们像普通孩子一样健康、快乐成长。

（二）听障儿童立体化救助下的深度干预

爱乐融为听障儿童提供助听设备及手术费用支持、康复教育费用与融合教育费用支持、耳蜗设备维护费用支持、康复教师及听障儿童家长培训、全纳资源教室支持等，在救助探索中逐渐形成了听障儿童立体化救助的业务体系。爱乐融的资助范围涵盖了听力筛查、人工耳蜗手术、助听器配备、康复教育、融合教育、教师和家长培训、民办康复机构软硬件设施援建等，成为目前全国为数不多的提供听障儿童立体化救助的专项基金。

听障儿童康复是抢救性的工作。听障儿童植入人工耳蜗或佩戴助听器后，需要进入专业的听力言语康复机构进行专业康复，这是一项长期性的工作。

孩子们的语言学习与矫正、心理建设、沟通能力训练等都需要家长的积极参与。然而，很多家长由于经济条件受限以及康复理念不强，造成很多孩子的康复进程半途而废，前功尽弃。

爱乐融成立伊始，即把支持听障儿童接受完整的康复服务作为重要目标，为他们提供1年康复费用的支持。同时，爱乐融将康复教育延伸到了教师层面和家庭层面，为听力言语康复教师提供专业培训，提升教师的专业康复技能；为听障孩子家长提供培训，增强家长的康复理念，坚定家长的康复信心。2018年，爱乐融“听障儿童家庭服务综合支持项目”成为中央财政支持社会组织参与社会服务示范项目。爱乐融邀请国内知名讲师，为听障儿童家长提供家庭康复知识、与孩子进行沟通的方法以及营造良好家庭康复环境的技巧。同时开展康复机构园长研修班，为康复机构提供培训及分享交流机会，帮助机构园长提高管理和风险应对等方面的能力，更好地为听障儿童提供康复教育资源。在康复教育之外，爱乐融还提供融合教育支持，对贫困听障儿童到正常幼儿园一个月的学习费用进行资助，并以制作公益短片的形式，倡导幼儿园、普通孩子的家长打破固有偏见，为戴有助听设备的听障儿童融入社会提供最后一公里的支持。

爱乐融的关爱无微不至，从捐赠保暖袜、文具，改造康复机构的食堂和寝室做起，到开发出多媒体教室、玩具教室、音乐教室、舞蹈教室、阅读教室、康复教室、绘画教室等全纳资源教室的改造支持，爱乐融对每个教室类型都进行了专门的调研，形成了全纳资源支持的业务板块。

全纳资源教室为听障儿童提供与普通儿童同样的硬件环境，提高听障儿童的康复和融合质量。以玩具教室为例，爱乐融在雅文基金会实地学习了适合听障儿童的玩具教学法，即通过使用高仿真的玩具来提高听障儿童的教学效果。从雅文基金会学习归来后，爱乐融立刻投入到了玩具教学法的研发中。两个月的时间内，爱乐融在华北、华中和华东合作的康复机构中各选择了两家机构，与园长和老师们共同研讨实际教学中能用到的玩具品类，最终确定了468件玩具教学物资清单，定制了一套符合听障儿童教育特点的专业玩教具。

在爱乐融听障儿童救助模式中，听力言语康复机构是十分重要的一环。

爱乐融支持的康复机构均是在民政或工商部门注册的民办听力言语康复中心。通过对康复机构成立时限、硬件条件、教学情况、师资比例、个案管理等方面的评估，爱乐融建立起定点康复机构的审核标准。成为定点机构后，康复机构可根据听障儿童的实际需求，申请爱乐融提供的帮扶和救助服务。截至2022年，爱乐融已经支持了全国221家民办康复机构（其地域分布见图2）。

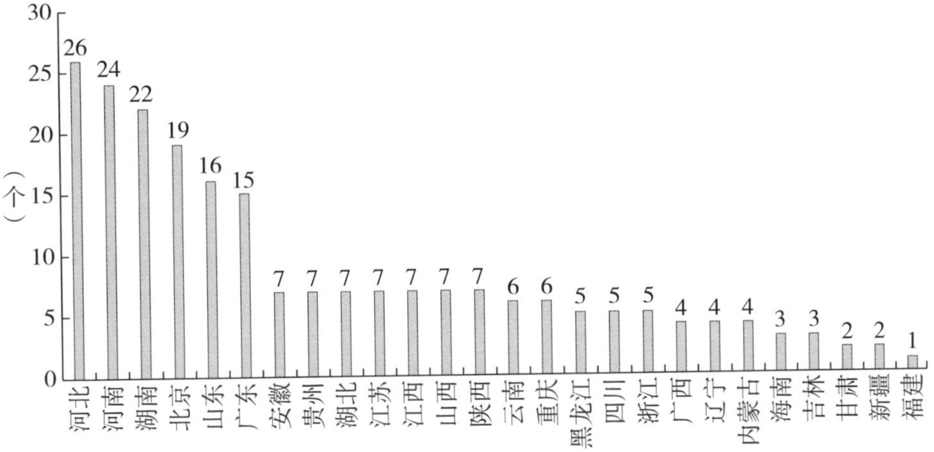

图2　爱乐融合作221家康复机构地域分布统计

（三）深耕明星公益，实现筹款突破

作为个人发起的公益专项基金，爱乐融的发展与互联网平台及明星公益的发展紧密相关。在发起爱乐融之前，王丽娟已经为很多明星策划了多场公益活动。2016年10月8日，爱乐融成立当天，王丽娟即通过明星生日会的方式募集了首笔善款。2017年，在与各位明星达成公益合作的基础上，爱乐融邀请艺人担任爱心大使，并发起了“绘出新声”公益项目，推出各明星和听障儿童共同创作的公益T恤，在新浪微公益平台的筹款额达到24万元，捐款近5000人次。2018年，爱乐融邀请朱一龙担任爱心大使，“95公益周”期间，朱一龙在新浪微博转发了爱乐融在支付宝平台的筹款链接，号召大众关爱听障儿童，筹款达到70万元，创造了明星带动粉丝捐赠的现象级模式。2019年，爱乐融邀请杨紫担任爱心大使，持续呼吁社会各界关注听障儿童。2020年，作为爱乐融的爱心大使，杨紫邀请爱乐融共同参与了Coach（蔻驰）2020

秋冬系列以“友爱与共”为主题的广告短片拍摄，爱乐融资助的听障小朋友以家人的身份出现短片中。目前，爱乐融以明星公益开展的大型筹款活动每年可以达到 3~4 场，筹集善款规模日益增大。

与明星达成公益合作，需要公益组织具备良好的公信力、策划宣发能力。爱乐融每年在“全国爱耳日”“全国助残日”“中华慈善日”等活动节点会策划不同主题的公益活动，公益主题活动的策划能力直接影响明星艺人的参与支持意愿，同时调动社会公众的广泛参与，形成活动的矩阵热度。2019 年“全国爱耳日”，爱乐融策划了“让耳朵休息一天”主题公益活动，呼吁社会公众在这一天摘下耳机，关注听力健康，关爱听障人士，话题的线上点击阅读量超过 2.7 亿。2020 年，爱乐融联合新浪微博星光公益联盟和知名粉丝应援平台，发起了“万物皆可奏”公益主题活动，倡导因疫情困顿于家中的公众，利用身边一切可以发出声音的物品，创作一段独家的音乐作品，用音乐传递温暖和能量，用耳朵感受生活的美妙和创作的乐趣。每有一人参与“万物皆可奏”活动，爱乐融将捐赠 1 名听障儿童一天的助听设备电池费用。5 天内，“万物皆可奏”话题阅读量达到 6900 万，实际参与原创人数 1570 人，最终爱乐融为 333 个听障儿童提供了一年的助听设备电池支持。

爱乐融建立起的“名人 + 公益”合作模式，需要明晰合作的标准和原则，并引导明星正确认识公益。在明星公益的合作中，需要深入了解娱乐圈明星公益生态和明星的公益合作需求。在选择合作的明星艺人方面，知名度不是唯一标准，除此以外更注重其公益事业关注程度，公众形象正面、积极。在进行公益合作之前，需要详细掌握明星艺人的舆情。辨别明星公益和公关洗白之间的区别，杜绝与污点艺人合作，珍惜自身公益品牌形象。凭借娱乐明星生态的深耕和明星公益的合作经验，爱乐融形成了选择明星公益合作的准则，坚守公益价值与独立性，避免公益成为明星牟利和商业资本的附庸。

公益组织需要引导明星正确看待公益，能够坚守公益价值底线，在项目设计和活动策划执行上推陈出新，避免公益行业在明星公益上的低水平恶意竞争。爱乐融的明星公益合作中，遭遇过同行仿造抄袭爱乐融的模式，并刻意降低项目资助标准，雇用相关媒体蓄意抹黑。公益项目不是一个标准化的商品，项目设计不同，干预深度不同，执行地域不同，评估标准不同，都会造成表面一样的公益产品有不同的经济成本和资助标准。利用大众对公益产品理解的信息偏差，刻意降低同质公益产品的资助标准来谋取更多的资源，只会造成明星公益和粉丝公益上的恶性竞争，也对大众理解公益目标造成偏差，对公益的长远发展造成损害。

（四）为粉丝应援提供公益化解决方案

互联网技术发展的背景下，网络社区拉近了普通民众和公众人物之间的距离，扩大了粉丝的规模，形成了独立的话语体系和规则。在消费主义的影响下，产生了打榜、控评、应援等一系列娱乐消费行为，这些消费式应援受到了一定的社会诟病。出于寻找更理性的应援方式以及提升偶像正面形象的目的，公益应援得到了粉丝、偶像、社会公众的认可，成为粉丝应援的新风向。近年来，在互联网筹款平台上，明星代言的公益项目得到了粉丝积极的捐赠响应。特别是在明星出道日、生日等应援节点上，粉丝自发组织的公益应援活动及其力度都会明显增多、增强。捐赠不仅可以为公益项目的受助人带来实际的帮助，更会通过粉丝的宣传，让更多关注汇集到公益项目，形成良好的互动循环。

爱乐融为粉丝公益应援打造了从渠道链接、公益单品选择、公益证书颁发、公益项目实施到公益项目宣传反馈的服务闭环，打造出为粉丝公益应援提供综合解决方案的平台。爱乐融已经与1000多家粉丝团达成了合作，在粉丝公益应援的筹款“市场”开发中保持了筹款的稳定性。

爱乐融的全网打通，可以为粉丝提供多平台的捐赠渠道，提供粉丝应援“一起捐”的设立支持。同时也细分了不同业务板块的救助服务内容，包括教室建设支持、康复费用支持、耳蜗手术费用支持、听力设备维护支持等，为粉丝公益应援提供了多元化的公益单品。在粉丝公益应援的宣发环节，爱乐融为粉丝微博宣传提供包括话题、标题、开场语、项目背景、配图等全文案指导，以保障传播效果。在公益项目的反馈环节，爱乐融提供项目实时监测结果和项目结项的反馈报告，部分项目反馈还包括听障儿童亲手做的手工礼物，官方微博提供的项目反馈直发等。全链路的支持和及时、专业的项目反馈让爱乐融在粉丝团体中建立了公信力，实现了持续的合作，逐步建立起长效机制。越来越多的粉丝及其团队也更多在意公益本身的价值，对听障群体，特别是听障儿童，给予了长期的关注。

爱乐融聆听计划专项基金基于发起人的公益初心，秉承对听障人群的福祉建设，探索和建立起以助力听障儿童的全面康复和发展为核心的立体化救助模式，并开创了“名人 + 公益”“互联网公益赋能康复机构”“免费专项培训”的模式。一个坚定的发心，集合资源优势，立足听障人群实际需求，开创影响更广泛的运行模式，成就了千百家庭聆听世界的愿望。

创基金①：中国设计教育的助力者

一、创新背景

中国正从“设计大国”向“设计强国”、从“中国制造”向“中国创造”迈进，在这个转型过程中，大力发展“创新设计”正式成为国家创新驱动发展战略的重要组成部分，并将成为中国制造技术创新、制造结构调整、发展方式转型的关键，这也给中国的设计教育提出了诸多问题与挑战。

20世纪初，德国包豪斯设计学院的成立被视为现代设计教育的诞生。中国现代设计及设计教育源于20世纪80年代的工艺美术教育。根据北京师范大学特聘教授许平带领的课题组所掌握的数据，截至2016年年底，我国包括普通高校、高职高专、独立学院在内的各类高等学校中，开设设计专业的院校保持在2000余所的高位。随着设计专业在高校的普及，设计教育所面临的困境也随时间在不断变化。

清华大学美术学院苏丹教授在其《思维和身体：当代设计教育转型研究》（由深圳市创想公益基金会资助完成）成果报告中提到，尽管数个世纪以来，设计教育模式几经变迁，甚至也出现了凤毛麟角的超现代教育模式典型，但大部分的设计教育仍旧是传统的，教育系统是僵化的，无法适应产业升级和社会分工细化的社会经济结构。

① 深圳市创想公益基金会，简称创基金。

2022年9月13日，国务院学位委员会、教育部印发《研究生教育学科专业目录（2022年）》，设计学科专业目录中将设计学列为交叉学科。许平教授课题组提供的数据显示，在2000余所开设设计及相关专业的高校中，艺术类院校所占比重从1982年的86%下降到2%，而非艺术类高校所占比重高达98%。在综合性院校和工科院校设计教育占绝大比例的院校学术背景下，艺术类院校在学科结构方面的矛盾进一步凸显，而工科类院校在人文教育、审美教育方面学科资源与教学经验相对匮乏的困境也会加剧。

这些亟待破解的问题，既需要教育体制机制创新，也需要来自社会公益的专业支持与助力，从而形成多元力量汇聚推动设计教育的跨越发展，培养出面向未来的具有前瞻创新思维的设计师。

创基金直面设计教育的新痛点与新需求，从社会创新的视角出发，角色定位于“中国设计教育的助力者”，成为公益力量在该方向的探索者与创新者。

二、创新机构发展历程

（一）基本介绍

2014年11月，创基金成立，旨在助力中国设计教育发展，让设计创造更大的社会价值。基金会的原始基金亦来自创始设计师们的个人捐赠。2019年，在创基金成立5周年的慈善之夜上，创基金正式发布了“设计向善，共创未来”的全新使命愿景。

（二）业务体系介绍

自2014年创立以来，创基金在设计教育、学术研究、人才帮扶、行业倡导、国际交流等方面进行了业务尝试。开展的项目广泛覆盖了研究机构、公益组织、业内专家、青年设计师、大学生等受众。创基金目前开展的项目包括创想实践营、设计教育助力计划、设计公益交流和志愿者行动，主要面向设计专业的学生和设计师群体。2015—2020年，创基金累计收入近7500万元。从筹款结构上看，创基金的大额捐赠来自设计行业相关的企业或设计师个人，包括了家具、厨卫陶瓷、展览、投资、文化艺术、设计咨询等设计相关企业。来自设计行业的企业捐赠方有强烈的社会责任感，基于对理事的信任和对基金会工作的认可，大部分捐赠方保持了持续捐赠。创基金也与多家企业建立了公益战略合作伙伴关系。2020 年受疫情影响，以企业捐赠作为主要收入来源的创基金的年度收入亦有明显下降。随着创基金最新业务项目的调整，目前面向大学的设计专业学生与教师群体的“设计教育助力计划”，在全年支出中占比最大。创基金业务板块介绍与面向群体如表 1 所示。

表 1　创基金业务板块介绍与面向群体

业务板块	简介	面向群体
创想实践营	为设计学院学生提供最前沿的专业知识和实践机会，以社会议题触发学生对“设计向善”如何应用到设计实践中的思考	设计专业的学生
设计教育助力计划	面向社会征集和资助围绕设计教育开展的研究、探索及创新的公益项目	高校
设计公益交流	举办创想论坛和年度慈善之夜，为设计教育提供广泛对话和探讨的平台	设计教育工作者、学生、设计师
志愿者行动	组织设计师志愿者参与公益活动	特定公众

2015—2020 年创基金年度收入支出统计如下图所示。

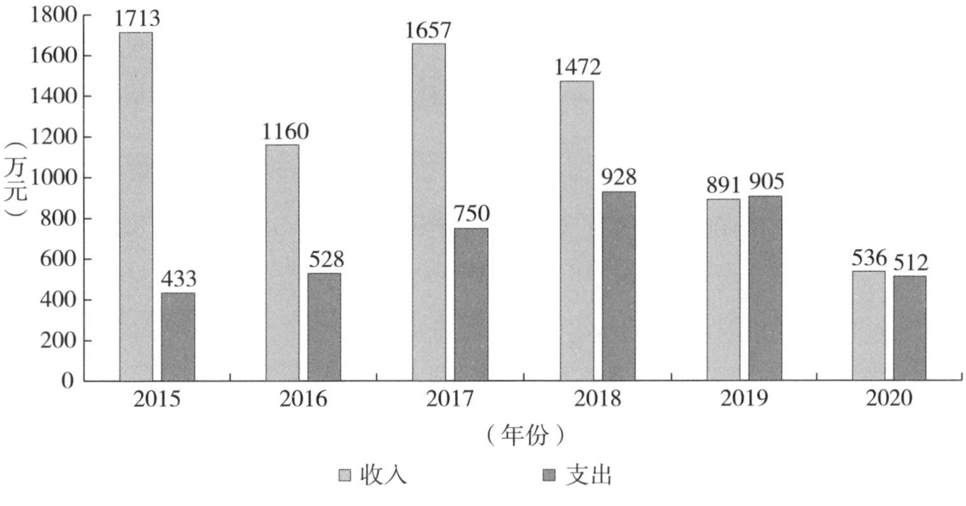

2015—2020 年创基金年度收入支出统计

三、创新机构治理的专业化

（一）设计师群体跨界公益

创基金是中国第一个由设计师群体发起成立的公益基金会，2014年，由邱德光、林学明、梁景华、梁志天、梁建国、陈耀光、姜峰、戴昆、孙建华、琚宾十位室内设计师共同创立。十位设计师理事来自不同的设计公司，严格上讲存在一定的竞争关系。但十位设计师也是志同道合的朋友，经常聚在一起探讨设计教育与传承问题。面对设计教育的一些不足，十位设计师决定成立一家基金会，希望能够借助公益的力量，为中国的设计行业不断培养和输送人才，回报行业，回报社会。设计师主动跨界参与专业公益，设计界给予了热情回应。创基金成立仪式上，超过300位设计行业代表到场并捐赠。随着公益事业的不断推进和发展，创基金新增加了张清平、陈德坚、吴滨、童岚等基金会理事，还组建了以设计师为主的志愿者队伍。设计师给创基金带来了鲜明的专业背景，创基金为设计师的理想情怀转化成有效行动提供了平台和渠道。作为一家有着专业背景的公益基金会，创基金尝试通过公益的方式影响更多的设计师在日常工作中体现社会责任理念，让那些有一定社会资源和专业能力的设计师投身公益行动，回应社会议题，并建立自己的公益方法论。中国的设计师群体数量在1700万名左右，对比2018年年末我国企业法人单位的保有量，平均每家企业大概拥有一个设计师，这为创基金在公益方向上的业务探索提供了巨大的想象空间。

（二）基金会治理走向专业化

从设计到公益，跨界带来创新，但也需要专业。在设计行业内，创基金的各位理事是在行业内声誉极高的顶级设计师。他们在创基金的成长上也投入了相当大的参与热情，做到了以基金会的业务参与为首位。所谓术业有专攻，在创基金公益事业的开展过程中，需要把设计师的感性和专业做公益的理性相结合。2019年，创基金通过引入公益人秦丹枫担任秘书长，加强秘书处在基金会组织架构中的地位，自此进入了专业化发展阶段。

2019年之前，创基金的组织架构特点是全能理事会。理事会下设立了执行理事会和管理委员会两个二级部门，理事长采用年度执行理事长的轮换制。在执行理事会下设立了教育委员会、交流委员会、资源委员会和秘书处四个三级部门。秘书处下设立项目管理部、品牌传播部、人事行政部和财务部。在基金会的治理架构中，秘书处为基金会的执行机构，一般会直属于理事会。但在创基金的组织架构中，秘书处是位于执行理事会下的三级部门，执行理事会承担了基金会大量的日常事务工作。

2019年，创基金进行了组织架构调整，秘书处的地位得到提升。在创基金的理事会下设立了战略委员会、投资管理委员会、教育委员会、交流委员会、资源委员会、志愿者委员会和秘书处，秘书处与六个专业委员会均为理事会下的二级部门。在秘书处下设立了项目管理部、品牌传播部、综合管理部三个三级部门，秘书处下的部门也进行了精简。在组织架构调整及引进职业秘书长后，创基金在项目规划、志愿者招募、品牌传播、合作伙伴、投资收益等方面的运营数据均得到了提升。

四、案例创新分析

（一）快速进行公益项目迭代

成立初期，理事会对于如何借助公益基金会推动设计教育发展没有具体思路。作为探索，创基金在2015年最先开展了公益项目征集计划，项目资助内容定为四大类别，包括课题与研究资助、教育和人才资助、文化和学术资助、设计数据与资料资助。通过征集与评审，创基金在近百个申报项目中选出了八个进行资助，包括中国传统手工艺材料图书馆、乡村学校自然美育课程、自闭症儿童艺术活动、年轻设计师游学等，其中“四校四导师”项目，让学生能够得到自己导师之外其他院校老师的指导。另外，在美育教育的主题下，开展了自有品牌项目，推出儿童自然美学课程，提出了“发现美，创造爱”的口号。在行业交流上，创基金开展了创想论坛项目，为设计行业提供了行业交流的公益平台。创基金还对在尼泊尔地震等多个大型灾害中受灾的民众进行了捐赠。以创基金业务开展的时间线来看，公益项目资助经验不断积累，资助的设计师群体得到扩大，帮扶与指导的力度不断加强，但同时资助的范围比较广，受益人群和目标并不明确。创基金 2019 年之前的业务板块如表 2 所示。

表 2　创基金 2019 年之前的业务板块

<table>
<tr><th colspan="2">业务板块</th><th>简介</th><th>面向群体</th></tr>
<tr><td colspan="2">公益项目征集</td><td>包括但不限于艺术创作、创意设计类的专业课程教学、作品展览、出版、学术交流活动、课题研究</td><td>与设计教育、艺术文化相关的技术个人、单位团体、社会组织、高等院校和科研机构</td></tr>
<tr><td colspan="2">创想奖学金</td><td>奖励在设计领域显现出突出成就的学生</td><td>在校大学生</td></tr>
<tr><td rowspan="2">创想学堂</td><td>创想学堂 A 计划</td><td>帮助贫困地区的学校及学生提高美育素质，培养艺术兴趣</td><td>设计师志愿者及在校学生</td></tr>
<tr><td>创想学堂 B 计划</td><td>帮助有专业潜质的优秀青年设计师的专业成长</td><td>青年设计师</td></tr>
<tr><td colspan="2">创想论坛</td><td>打造最具专业学术深度与广泛影响的年度设计交流公益平台</td><td>公众</td></tr>
</table>

通过几年广泛的尝试，2019 年创基金开始了战略聚焦和升级之路，围绕“设计教育”这一核心，创基金业务调整为创想实践营、设计教育助力计划、设计公益交流和志愿者行动四个板块（见表 1）。

（二）创新体系构建

在完成机构战略迭代之后，创基金将自己定位为“中国设计教育的助力者”，快速建立对应的业务体系，围绕设计教育，开展一系列的项目，以此助力设计教育的发展和行业生态的优化。

宏观层面，创基金着眼于发现和支持具有前瞻性、跨学科创新的教育模式或学科。“设计教育助力计划”先后设立“南方科技大学创新创意设计学院创基金奖助学金”和“清华大学深圳国际研究生院创基金奖助学金”，培养优秀设计人才，激发产研合作，助力设计教育领域新型学院和专业的建设；“创想论坛”与南方科技大学创新创意设计学院合作，联合多所高校共同探索多元的设计教育发展路径。

设计是实践性非常强的学科，“创想实践营”具体地回应了学科需求，突破传统设计教育封闭场所、固定教材的限制，由青年设计师、行业专家、企业代表和创基金理事一起配合高校的老师，协助学生们进行设计全流程的体验，而其中“社会议题”实践项目的设置更是与创基金的使命愿景相呼应，体现了其设计教育的价值观。

此外，作为中国设计教育的助力者，创基金在公共事件响应方面也找到与自身业务范围和目标人群契合的创新角度。2020年新冠疫情暴发后，创基金推出“湖北设计师帮扶计划”和“8分钟设计知识分享”，陪伴封控中的设计师们走出阴霾；2021年河南遭受洪灾，创基金为100名当地受灾的设计专业学生提供资助，帮助学生们顺利开启新的学年。

近几年，创基金的创新项目体系正在快速构建与布局，期待更好地回应我国新发展阶段对设计教育的需求和挑战。同济大学副校长娄永琪曾表示，中国设计时代的到来，不仅说明在中国大家普遍对设计有了认知，或说设计在中国变得重要了，更关键的是，对于设计这个学科和行业，中国要有自己的声音和独到的贡献，而且这个声音和贡献要产生全球影响！创基金作为社会力量正在参与其中。

新湖乡村幼儿园计划：幼有所育，阻断贫困代际传递

学前教育是终身学习的开端，是重要的社会公益事业。贫困地区学前教育底子薄、欠账多，普惠性资源不足，是困扰老百姓的烦心事之一，是脱贫攻坚和教育体系的短板。浙江新湖集团股份有限公司投身国家脱贫攻坚，参与东西部扶贫协作，把慈善公益优势资源集中投向贫困治理领域，把主要发力点放在深度贫困地区的学前教育上，发起实施了大型综合性公益扶贫行动——“新湖乡村幼儿园建设暨怒江州全覆盖项目”。2021 年 9 月，“新湖乡村幼儿园建设暨怒江州全覆盖项目”荣获第十一届“中华慈善奖”。

一、项目概况

“新湖乡村幼儿园建设暨怒江州幼儿园全覆盖”项目（以下简称新湖乡村幼儿园项目），旨在“为了一个没有贫困的明天”，助力实现深度贫困乡村“幼有所育”，阻断贫困代际传递。项目由新湖集团累计出资 1 亿元，以国家脱贫攻坚决战决胜最关键区域“三区三州”之一的云南怒江州“全覆盖”为重点，在中西部滇、藏、川、黔、青、鄂 6 省（自治区）深度贫困乡村建办“新湖乡村幼儿园”（包括玉树州新湖儿童村增设的新湖幼儿园）。

在云南怒江州实施“全覆盖计划”，重点目标是，到 2020 年，在怒江州新建、改（扩）建乡村幼儿园，助力怒江州基本实现幼儿园一村一园全覆盖，通过园舍条件改善，增加玩教具和幼儿图书等配备；招募幼教志愿者，加强

幼儿教师队伍建设；逐步健全完善幼儿园管理机制、教研体系、评估监测体系，基本建立广覆盖、保基本、有质量的学前教育公共服务体系，实现学前儿童毛入园率达到国家“十三五”规划确定的85%以上。

除云南怒江州外，还在云南昆明、文山8县（区）及西藏、四川、湖北、青海、贵州等省（自治区）的深度贫困乡村新建新湖乡村幼儿园，包括云南昆明的东川、寻甸、禄劝和文山壮族苗族自治州丘北、西畴、富宁、马关、广南8个贫困县（区），“世界高原第一镇”西藏亚东县帕里镇和湖北恩施、四川仪陇、青海玉树、贵州纳雍等贫困地区。

二、项目成效

截至2020年，“新湖乡村幼儿园项目”已建办249所乡村幼儿园，惠及近万名乡村幼童。项目以怒江州为重点，做到点上有效“扶到位”，出资5000万元，在全州安排新建、改（扩）建乡村幼儿园219所，已入园幼儿6045人，其中改扩建183所已经全部开园，新建36所已竣工。到2020年年底，基本实现怒江州“全覆盖”计划目标。在西藏、四川、贵州、青海、湖北、云南昆明与文山州新建的30所标准幼儿园大部分已建成投用，为当地发展学前教育有力地“搭了把手”。

“新湖乡村幼儿园项目”给帮扶地区带来了显著的正向改变，取得了积极的社会效能。一是办园条件得以改善。项目结合实际情况，制定《怒江新湖乡村幼儿园建设实施方案》，由云南省教育厅印发各地执行；各地参照《一村一园开园标准》，以保证幼儿的安全和健康为前提，满足幼儿基本学习和活动需要采购配置相关设备，幼儿园办园条件得到初步改善。二是幼童入园率得以提高。据怒江州教育主管部门初步统计，截至2020年年底，云南省怒江州学前三年毛入园率达到89.96%。三是幼教力量得以壮大。通过招募幼教志愿者等方式，填补了农村幼儿师资空白，壮大了农村幼儿教师队伍，幼教志愿者全部来自项目县，多为接受过一定学历教育和业务培训的年轻人，幼教水平总体有所提升。四是百姓获得感得以增强。“新湖乡村幼儿园”办在百姓家门口，能就近送孩子进入幼儿园，既减少了经济负担，又让家长安心从事农业或就近务工，增加了家庭收入，特别是让下一代尽早获得良好教育，为远离贫困打好基础，提供更多平等发展的机会，使当地老百姓真切感受到国家教育惠民政策和社会组织带来的幸福感。

三、社会意义

习近平总书记指出，“扶贫先扶志”“扶贫必扶志”。教育是阻断贫困代际传递的治本之策。《中共中央　国务院关于学前教育深化改革规范发展的若干意见》（2018 年 11 月 7 日）提出：“到 2020 年，全国学前三年毛入园率达到 85%，普惠性幼儿园覆盖率（公办园和普惠性民办园在园幼儿占比）达到 80%。广覆盖、保基本、有质量的学前教育公共服务体系基本建成。”办好学前教育、实现幼有所育，是重大民生工程，事关儿童健康成长，事关社会和谐稳定，事关民族未来。深度贫困乡村儿童接受普惠性、有质量的学前教育，事关国家教育公平和全面建成小康社会，是精准扶贫基础性、先导性的主战场。新湖乡村幼儿园项目有力助推深度贫困乡村，尤其是“三区三州”中幼儿教育发展滞后的怒江州，建立学前教育公共服务体系，为孩子们创造了接受幼儿教育的机会，对巩固脱贫攻坚成果和阻断贫困代际传递有着重要而深远的意义。

四、经验与启示

“新湖乡村幼儿园项目”，是新湖集团作为民营企业深度关注、大规模参与贫困地区学前教育的公益行动，是助力一个地区学前教育全覆盖的首创性扶贫实验，还首次在西藏“世界高原第一镇”建办标准的幼儿园。项目获得中国慈善最高奖——第十一届“中华慈善奖”、浙江省十大公益品牌项目、云南省脱贫攻坚奖、怒江州扶贫先进奖等一系列奖项，取得了良好的社会效益，形成了重要的社会影响力。

（一）精准站位，力求高格深远

习近平总书记指出：“把贫困地区孩子培养出来，这才是根本的扶贫之策”，“要对农村贫困家庭幼儿特别是留守儿童给予特殊关爱，探索建立贫困地区学前教育公共服务体系”。国家重大战略就是企业履行社会责任之首要任务，民生之急需就是公益的头等选择。

新湖集团开展“新湖乡村幼儿园计划”，就是在国家脱贫攻坚进入决战决胜阶段，响应党中央号召参与脱贫攻坚、开展东西部扶贫协作的一个发力点。项目瞄准了深度贫困地区特别是“三区三州”乡村学前教育覆盖水平低而带来贫困代际传递的现实背景，集中企业的慈善公益资源，开展企业有所作为的公益行动，充分体现了项目政治上的高站位，体现了民营企业的担当。

“人生百年，立于幼学”。中国幼儿教育一代宗师张雪门先生认为，天下的事业，没有比幼稚教育再伟大而重要的了。幼童正处在大脑、生理发育的重要阶段，而深度贫困地区儿童往往长期处在被忽视、缺乏关爱情况之下，孩子智力开发跟不上，将会影响他们一生。学前教育不仅具有重要性，而且具有紧迫性。同时，学前教育既是实现脱贫目标不可或缺的任务，又是政府硬性指标所未涵盖、相对着力薄弱的领域。在此，企业实施大手笔，必有大作为。“新湖乡村幼儿园计划”实施区域选择在云南、西藏、四川、贵州、湖北、青海 6 省（自治区）深度贫困乡村，并确定以云南省怒江州为重点地区，实现“全覆盖”。怒江州是脱贫攻坚决战决胜的主战场“三区三州”之一，是一个集“边疆、民族、贫困”为一体的民族自治州，是“贫中之贫、困中之困、坚中之坚”。而怒江州学前教育又是“三州”中滞后的。把怒江州作为慈善资源投放地区，牢牢抓住怒江州“全覆盖”这个关键，具有现实意义和深远影响。

（二）分类施策，力求切实有效

“新湖乡村幼儿园计划”在任务设计上，采取点面结合，同步推行。面上选择多个贫困地区，援建新湖乡村幼儿园，为当地实施学前教育有力地“搭把手”；点上选择怒江州，实施“全覆盖”，有效地“扶到位”——在凡有儿童居住的村落全部新建、改扩建新湖乡村幼儿园，在 2020 年年底全州幼儿入园率达到国家要求的 85% 的目标。

“新湖乡村幼儿园计划”在区域布局上，分以下三个层面实施。第一，“新湖乡村幼儿园计划”重点选择在深度贫困“三区三州”之一的云南省怒江州，新建、改（扩）建乡村幼儿园219所，实现怒江州幼儿园“全覆盖”。第二，在云南省昆明市和文山自治州等8个县市（区）深度贫困乡村建办23所“新湖乡村幼儿园”。第三，在云南之外的西藏亚东、四川仪陇、湖北恩施、青海玉树、贵州纳雍等地的深度贫困地区建办级村幼儿园。

“新湖乡村幼儿园计划”在建园形式上，分三种模式探索贫困山区乡村幼儿园建设形式。从实际出发，因村制宜，围绕目标，紧盯目标，分类施策。重头是出资新建标准幼儿园，建成后满足基本办园需要的玩教具、保教及生活设施设备，确保建设一所，配套一所，完善一所，建成即招生、投入使用。同时，充分考虑到怒江等地山高路远、居住分散以及一些山村是否移民搬迁尚不确定的实际情况，积极挖潜扩大增量，采取了“短平快”的补充办园形式，利用村落原有建筑如乡村公共服务设施、农村中小学闲置校舍等按“一村一园”模式改建为山村幼儿园；对原有乡村幼儿园尚有发展条件的，通过扩建增加班级，提高当地儿童入园率。因而，山村幼儿园在较短时间内高效率办成，快速解决幼儿入园问题。

（三）多方合力，力求效能叠加

新湖乡村幼儿园建设特别是怒江全覆盖项目，需要多方合力，系统赋能，以求达成效能叠加。“新湖乡村幼儿园计划”在各级党委、政府的领导下，整合了广泛的社会资源，所有参与者成为“一致行动人”，充分发挥各自优势，推动公益项目获得理想成效。

新湖慈善基金会作为项目的具体实施者，牵头负责项目策划、统筹、协调、落实。全程参与项目调研、方案制定、资金拨付及监管、进度监督、项目总结、外宣推广等项目全生命周期。

教育主管部门发挥行政主导作用，提供组织保障、政策支持，组织项目的实施落地。云南省教育厅统一部署，印发《怒江州新湖乡村幼儿园建设实施方案》，明确项目总体目标和工作原则，制定相应的工作措施，全面指导、督促项目有效开展；当地教育部门主导实施计划，用足当地政府学前教育的扶持政策，统筹落实幼儿园建设、配套、招生、教学等一系列工作，规范幼儿园办园行为，提升管理水平和保教质量。

中国发展研究基金会是由国务院发展研究中心发起成立的全国性的公募基金会，在关注“贫困地区儿童早期发展”，组织实施“山村幼儿园计划”方面有丰富经验。合作实施“一村一幼”项目，并针对新湖乡村幼儿园开展贫困地区儿童发展、教育扶贫、阻断贫困代际传递有效性的政策研究，推动各方教育扶贫成果的展示与输出，扩大成果的政策影响力。新家园协会利用自身的影响力和社会资源，成立互动平台和教育志愿者培训平台，促进双向交流。

“新湖乡村幼儿园计划”引入幼教志愿者机制，通过志愿者招募、培训、提高工作生活补助，扩大、稳定幼教队伍，提升保育水平。安排新湖乡村幼儿园的幼教志愿者参加中国互联网新闻中心、中国教育发展战略学会等单位在杭州举办的“第六届中国幼教年会”，得到云南、北京等幼教专家的现场指导等，为幼教志愿者提供学习机会。

北京、上海、昆明等地专家、幼教力量也参与到了项目实施之中。北京师范大学教师教育研究中心专家到怒江州对新湖乡村幼儿园的幼教志愿者进行岗前培训；中国发展研究基金会与哈佛大学教育学院中国农村学前教育研究小组合作，对儿童发展水平、幼儿园环境和教学质量等进行测评，进行比较研究、追踪评估；有经验的园长及骨干教师担任乡村幼儿园的教研督导员，承担教研督查指导工作，服务于项目。

新湖集团还发起了“‘手牵手同圆梦’——新湖员工与新湖乡村幼儿园结对联谊帮扶活动”，为结对幼儿园捐助书籍、教玩具、文体器具及必要的幼儿园设备；根据本单位及个人自身的特点、特长，为结对联谊帮扶的幼儿园孩子和老师提供必要的辅导训练；员工及其子女与结对幼儿园孩子开展联络联谊；联络公司开发的小区幼儿园与怒江新湖乡村幼儿园开展“园园联谊”。

“铺设五彩起跑线，托起雏鹰飞向前！”

“新湖乡村幼儿园建设暨怒江州全覆盖”项目，已经成为一个深刻改变深度贫困地区学前教育、具有深远影响的公益行动，为民营企业参与国家脱贫攻坚的公益实践交出了一份满意的答卷。